# 我的第一本
# 哲学启蒙书

### 有趣的哲学家们

董小白 著

时事出版社
·北京·

图书在版编目（CIP）数据

我的第一本哲学启蒙书：有趣的哲学家们 / 董小白著 .—北京：时事出版社，2018.2
　ISBN 978-7-5195-0116-7

Ⅰ . ①我… 　Ⅱ . ①董… 　Ⅲ . ①哲学 – 世界 – 通俗读物　Ⅳ . ① B1-49

中国版本图书馆 CIP 数据核字（2017）第 111446 号

出 版 发 行：时事出版社
地　　　址：北京市海淀区万寿寺甲 2 号
邮　　　编：100081
发 行 热 线：（010）88547590　　88547591
读者服务部：（010）88547595
传　　　真：（010）88547592
电 子 邮 箱：shishichubanshe@sina.com
网　　　址：www.shishishe.com
印　　　刷：三河市华润印刷有限公司

开本：670×960　1/16　印张：18　字数：233 千字
2018 年 2 月第 1 版　2018 年 2 月第 1 次印刷
定价：36.00 元
（如有印装质量问题，请与本社发行部联系调换）

# 序言

每一种伟大的哲学都是其创立者的自白,一种秘密的、不情愿的个人传记。

从这个角度讲,我们读哲学就好,仿佛并不需要去关注那些"下蛋的鸡"。可其实对大多数人来讲,哲学是一种有距离的事物,并不容易读懂和理解,更不用说证实或者证伪。

人们通常认为在那些"高大上"的理论背后,哲学家们过着脱离实际的生活。其实倒也不见得,或许他们是走钢索的人,但同样是在世俗的天空下。

哲学不是算卦,也不是"心灵鸡汤",而是对世间万物的解释。而敢于试图解释世间万物的人,怎能是等闲之辈?总要有些智慧,有些不甘,有些执着,有些疯狂。

这些人排队站好,真是一道与众不同的风景线。

哲学家并不像人们想象的那般无趣,否则,他们同样会成为历史的灰烬，与同时代的大多数人面目相似。他们天真又深刻，热情又冷静，荒诞又庄严。

　　从苏格拉底到康德，从笛卡尔到弗洛伊德……天才们挥洒着灵感，书写人类的思想史。世界可以有各式各样的解释，真理从来不会放之四海而皆准。最有价值的，正是他们探究的过程；最迷人的，正是他们思索的样子。

　　哲学家们在一些人眼中显得偏执而疯狂，但却改变了世界。

　　其实我们还有另外一种选择，就是先读懂他们的人生，再去品尝那颗哲学蛋。

# 目录

contents

- 001 　就是毕达哥拉斯发明了数学
- 010 　老子的心，写在《道德经》里
- 020 　孔子的十四年"穷游"
- 028 　赫拉克利特喜欢小而美
- 037 　苏格拉底没有底
- 047 　墨子的江湖，侠字当头
- 055 　柏拉图的梦
- 063 　第欧根尼综合征
- 072 　躺在亚里士多德的枪下
- 081 　孟子很爷们儿
- 087 　庄子，社会边缘的"流浪歌手"
- 096 　叛逆的求圣者奥古斯丁
- 108 　马克思曾经是叛逆青年
- 117 　大胡子恩格斯
- 127 　海德格尔的1933年
- 139 　黑格尔，脚踏实地，仰望星空

| | |
|---|---|
| 149 | 像叔本华一样悲伤 |
| 158 | 王阳明的定盘针 |
| 167 | 那些年，与弗洛伊德的相爱相杀 |
| 176 | 福柯，用极致燃烧一生 |
| 187 | 艺术狂人培根 |
| 196 | 绯闻之下的笛卡尔 |
| 206 | 休谟，一个乐观的怀疑主义者 |
| 215 | 孤独漫步者卢梭 |
| 226 | 康德的人生是一个动词 |
| 235 | 泰戈尔的绚烂夏花 |
| 244 | 罗素的三种激情 |
| 255 | 费尔巴哈两代狂想曲 |
| 262 | 萨特的虚无与自由 |
| 271 | 瞧，这个人是尼采 |
| 280 | 后记 |

「就是毕达哥拉斯
发明了数学　　　」

公元前6世纪，大约是中国孔子生活的时代。毕达哥拉斯生于爱琴海上的摩斯岛（Samos），这个传说中天后赫拉出生的地方，面积大约有四百平方公里，在数以千计的希腊岛屿中名列第八。萨摩斯岛距离小亚细亚只有几公里，天气好时甚至可以用肉眼看到对岸。

/ 一 /

对于毕达哥拉斯的出生，历史上没有明确的记载，不过，可以肯定的是他出生在一个做金匠的富贵人家，父亲不是本地人，而是腓尼基人。

传说，德尔菲神谕所选中的女祭司皮提娅怀了孩子，本来犯了滔天大错的她该被处死，但德尔菲神谕却称这孩子将是阿波罗神降世。女祭司免于一死，但却被逐出了神庙，被废去女祭司一职。一位仰慕她已久的腓尼基商人娶了这个未婚怀孕的女子，并将她带离了这个对他们充满鄙夷的岛屿，回到了女子获选为女祭司前居住的萨摩斯岛。

商人替孩子取名为毕达哥拉斯，意即皮提亚女祭司阿波罗。

幼时的毕达哥拉斯就跟着商人父亲到各处经商。九岁时被父亲送回到腓尼基，在闪族叙利亚学者那里学习腓尼基语。结束在腓尼基短暂的学习后，回到萨摩斯的毕达哥拉斯一方面接受着诗歌、音乐等系统的训练，另一方面继续跟随父亲到处经商。可以看出，虽然那时的毕达哥拉斯还没有表现出聪明早慧的一面，但在这种特殊的环境中，毕达哥拉斯早已接受了各种知识的熏陶启蒙。于是，公元前551年，毕达哥拉斯决定自己外出求学。

他来到了小亚细亚的米利都，向当时颇具盛名的泰勒斯求学。泰勒斯是人类有史以来最早留名的数学家、天文学家和哲学家，他被认为是开启了数学论证的先河。不过，泰勒斯年事已高，便将毕达哥拉斯转到自己的学生阿那克西曼德门下。阿那克西曼德在教导毕达哥拉斯后，惊异于他的聪明。

毕达哥拉斯和泰勒斯虽相差了几十岁，却成了一对忘年之交，既是师徒亦是朋友。未过多久，泰勒斯去世，两人的师徒情分也很快结束了。毕达哥拉斯又来到得洛斯岛（Delos）拜菲尔库德斯为师。得洛斯位于萨摩斯西南一百多公里，虽然面积仅三平方公里，却是希腊的宗教圣地，这里是传说中太阳神和月神的出生地。

菲尔库德斯虽然是一位神话作家，但他对毕达哥拉斯影响最深的却是灵魂不灭，轮回转世的学说。正是在这个学说的影响下，毕达哥拉斯认为他的最初前世是赫尔墨斯的儿子，叫埃塔利得斯（Aethalides）。

赫尔墨斯允许他可以选择除不朽之外任何他所喜欢的能力，于是他要求无论在生前或死后都保持对自己经历的记忆。毕达哥拉斯后来注重和谐，并试图用数的相互关系来阐释宇宙的和谐，也是受了菲尔库德斯的影响。

游学结束，等他再回到家乡时，这时的萨摩斯岛在僭主吕克拉底的统治下成了不容异端的保守社会，于是头戴花帽，身着花袍，言谈间还时不时夹杂着两句外语的毕达哥拉斯成了"异类"。毕达哥拉斯宣传阿那克西曼德的学说，企图用物理学原理来解释自然现象，冒犯了当地的政客和祭司，于是被驱逐出境了。

好在毕达哥拉斯天生就属于远方，他并没有失落，也没有颓废。他又开始了自己的背井离乡，传说有一天，正当毕达哥拉斯在一座叫卡迈尔的山中神庙静坐，他看到海边漂来一叶帆，便决心搭乘此船去埃及。接下来更为神奇的是，这个披着长发、举止不俗的年轻人从山上飘然而下，只说了一句"我要去埃及"，便自己上了船，没有任何言语了，甚至绝食绝水，连个盹儿都没有打。船夫们先是瞠目结舌，继而崇敬之心油然而生，认定他是一个神。

果然，一路风平浪静，经过三天两夜的航行，这艘船顺利到达埃及。毕达哥拉斯在埃及一呆就是十多年，他了解了这个国家的语言、历史、数学、神话和宗教。而后又因波斯人入侵埃及，被俘虏的毕达哥拉斯，又阴错阳差地去到了巴比伦，在这里他深入地学习了数学和天文。此外，他还研习了波斯人的拜火教，毕达哥拉斯后来把奇数看成是善的代表，是阳性的，而偶数就成为恶的代表，是阴性的，这种阴阳善恶理论，就是受了拜火教的影响。

在经历了十九年的流浪后，游子终于要归家了。萨摩斯人对于这个当初被轰出去的"亲人"，表现得十分热情，就连市政长官都邀请他当众演讲。不过"好客之情"并没有维持多久，议论和谩骂又开始了。萨摩斯人的态度分成了两种：一种是"坚定不移"的批判，好听的说他是狂人，难听的就说他是神经病；另一种则认为毕达哥拉斯是世间少有的智者，这部分以年轻人居多。

后来，毕达哥拉斯在山上办了个"半圆学校"，专门教授哲学和数学，当时的商人贵族虽然对毕达哥拉斯不屑一顾，但无奈人家名声在外，所以还是有很多人慕名把孩子送来学习。对于这么个"异类"，政府可不会放任其逍遥自在，先是让人把教学内容改为单纯的数学，接着就是直接把创办不满一年的学校关闭了。早已是知天命的年岁，可惜毕达哥拉斯不得不再次离开家乡流浪，而这一次，他离开了就再也没回来过。

/ 二 /

辗转来到意大利克罗托内的毕达哥拉斯，像当年一样受到了当地市政长官的邀请，让毕达哥拉斯向公众发表演说，大为相反的是，这一次大获成功，甚至权贵们和年长的公民也被折服了。于是在这里收获一大堆"粉丝"的毕达哥拉斯，创建了著名的带有特殊性质的科研团体——毕达哥拉斯学派。有意思的是，若干年后，就在这个毕达哥拉斯曾经光顾的西西里岛上还诞生了另外一个著名团体——黑手党，当然这是后话，按下不表。

毕达哥拉斯学派是一个集政治、宗教、学术合一的团体。毕达哥拉斯本人占据这个学派至高无上的位置。学派的任何科研成果，论文的第一作者也是唯一的作者都是毕达哥拉斯。毕达哥拉斯曾经谦虚地表示："既有人，又有神，还有像毕达哥拉斯这样的生物。"他还教导大家灵魂是不朽的，它可以转变成别的生物。说白了就是上辈子作牛作马，这辈子可能投胎成人。所以，世间生物都是"亲戚"。最经典的例子，就是一次毕达哥拉斯闲逛时，看见一个人正在打一条狗，他表现出非常怜悯的样子，厉声说："住手，不要打它，因为我听出了它的声音，我一个朋友的灵魂附着它。"不过，在这些所谓的"亲戚"中，有一个最为特殊，那就是豆子。毕达哥拉斯教派的戒律第一条就是禁食豆子。

毕达哥拉斯学派有一个最"神秘"的规则,那就是弟子们要对授课内容和研究心得守口如瓶。他的弟子只有在学习五年之后,才能第一次和他们的老师见面。而且,在他们的谈话中,永远不许提到"毕达哥拉斯"这个名字,而只能说"Autos epha",这就像在基督教的经文中出现上帝时,只能使用大写的"他"一样。

当然,毕达哥拉斯学派并不是在每个方面都是这么"滑稽愚昧"的。在对于女性权利方面,该学派率先倡导了男女平等。毕达哥拉斯冒天下之大不韪,允许贵族妇女参加学派举办的各类学习班,而在当时,妇女是被禁止出现在任何公共场所的。当然,身为老师的毕达哥拉斯多少还是有点"近水楼台先得月"的优势,他的老婆西亚娜就是他的学生。

毕达哥拉斯认为"万物皆数"。因此毕达哥拉斯学派整天研究自然数,他们提出了黄金分割理论,定义了奇数和偶数,他们还把物理现象同数联系起来,以证明宇宙是按照数学设计的。不过最为重要的发现是"毕达哥拉斯定理",我们管它叫"勾股定理"。

毕达哥拉斯学派认为"数"是最崇高,最神秘的,而他们所讲的数是指整数。"数即万物",也就是说宇宙间各种关系都可以用整数或整数之比来表达。不过在"毕达哥拉斯定理"产生后不久,有一个名叫希帕索斯的学生发现,边长为1的正方形,它的对角线($\sqrt{2}$)却不能用整数之比来表达。这就触犯了这个学派的信条,于是规定了一条纪律:谁都不准泄露存在"$\sqrt{2}$"(即无理数)的秘密。天真的希帕索斯无意中向别人谈到了他的发现,结果被狂热的信徒丢进了地中海。后来科学将"$\sqrt{2}$"的发现,称为"第一次数学危机"。

/ 三 /

步入晚年的毕达哥拉斯，依旧潜心于学术的研究。学派的人越多，不可避免地就会碰到"刺儿头"。西索就是那个刺儿头，他家境优渥，飞扬跋扈，横行霸道，但就是这么个"小混混"，却对毕达哥拉斯学派有着疯狂的迷恋，他一心一意要加入毕达哥拉斯学派，可惜却不被学派其他人所认同。爱之深，恨之切，于是他和自己的党羽发誓要对这个学派以有力的回击。既然加入不了这个组织，就要成为这个组织最强大的对手。

于是，一天，毕达哥拉斯在与学生聊天时，西索及其党羽烧了他们的房子，门徒们用身体在大火上搭了一座人桥使毕达哥拉斯得以脱身火海。除了年轻强壮的阿尔客普和鲁西斯之外，其他人全部葬身火海。毕达哥拉斯带领剩下的学徒向外逃走，路过一片豆子地，毕达哥拉斯和门徒都不愿践踏豆子，于是众人在豆子地前停了下来，最后被割喉而死。

这个至死都不愿违背自己理论的数学家、哲学家就这么死在了自己毕生"尊敬"的豆子前，这何尝不是另一种完美，他以无比悲壮的姿态走完了自己或固执或精彩的一生。

## 数数毕达哥拉斯都干了什么

作为最初的一批数学家、哲学家，毕达哥拉斯虽然硕果颇丰，但真正写下来成为著作的仅有一本道德教化诗——《金言》，还是个教育学著作。虽然也有一部分人对于该书作者的真实性存有疑虑，不过这都影响不了他在其他方面理论的光芒，毕竟，毕达哥拉斯是靠数出的名。

### 数——绝对理论

毕达哥拉斯学派宣称数乃宇宙万物的本原，认为"1"是数的第一原则，万物之母，也是智慧；"2"是对立和否定的原则，是意见；"3"是万物的形体和形式；"4"是正义，是宇宙创造者的象征；"5"是奇数和偶数，雄性与雌性的结合，也是婚姻；"6"是神的生命，是灵魂；"7"是机会；"8"是和谐，也是爱情和友谊；"9"是理性和强大；"10"包容了一切数目，是完满和美好，尤其是在柏拉图的侄子斯皮尤西波斯又发现，1是点，2是线，3是三角形，4是四面体，而"1+2+3+4=10"，这个发现让他们更加崇拜"10"。

### 音乐——数的应用

想知道为什么我们觉得这样的人美，那样的人丑？美和丑的标准又是什么呢？毕达哥拉斯告诉我们，这个标准就是——黄金分割比例。其实将它放在音乐部分，并不是太恰当，不过因为黄金分割比例的由来是，有一天毕达哥拉斯走在街上听到铁匠打铁的声音非常好听，他把这个声音的比例用数学的方式表达出来了，这才有了黄金分割比例。黄金分割是指将整体一分为二，较大部分与整体部分的比值等于较小部分与较大部分的比值，其比值约为0.618，而这个比例被公认为是最能引起美感的比例。所以，姑娘们想要长得漂亮也是需要数学的。

此外，毕达哥拉斯还把音程的和谐与宇宙星际的和谐秩序相对应，把音乐纳入他的以数为中心、对世界进行抽象解释的理论之中。他们认为由太阳、月亮、星辰的轨道和地球的距离之比，分别等于三种协和的音程，即八度音、五度音、四度音。

**几何——静止的数**

毕达哥拉斯学派证明了"三角形内角之和等于两个直角"的论断；研究了黄金分割；发现了正五角形和相似多边形的作法；还论证了正多面体只有五种——正四面体、正六面体、正八面体、正十二面体和正二十面体。但最重要的一个理论，也是"纠缠"了大多数学生的一个理论——"毕达哥拉斯定理"，中国习惯叫它"勾股定理"。直角三角形两直角边（即"勾""股"）边长平方和等于斜边（即"弦"）边长的平方。这看似简单平常的一句话，却是在几何、建筑、测量等各个方面最为珍贵的基础。

**天文——运动的数**

很难想象一个认为万物皆数的人会去规定宇宙是由四种元素构成的。本以为他会站在演讲台上振臂高呼，整数有多大，宇宙就有多大，素数有多少，物质就有多少。结果他却很平庸地说一切物质都由土、水、气、火四大元素构成，因为土是固体、水是液体、气是气体、火是比气体更稀薄的东西。可能是为了补偿这次低级的失误，毕达哥拉斯认为元素是和正多面体相联系的，土生于正六面体，水生于正二十面体，气生于正八面体，火生于正四面体。令人哭笑不得的是很快又有人发现了正十二面体，无奈的门徒只好说正十二面体是和整个宇宙相对应的，就像周星驰在电影中说降龙十八掌的第十八掌就是将前面十七掌融合在一起。

当然，有无厘头，也有真材实料。在公元前5世纪，水星实际上被认为成两个不同的行星，这是因为它时常交替地出现在太阳的两侧。当它出现在傍晚时，被称为墨丘利；但是当它出现在早晨时，为了纪念太阳神阿波罗，它被称为阿波罗。后来，毕达格拉斯经过研究指出它们实际上是同一颗行星。

「老子的心，
写在《道德经》里　」

　　一部《道德经》洋洋洒洒五千言，道的是宇宙的形成、万物的本源，道的也是老子那颗知音难觅的心。从古至今中国诞生过许许多多的圣人，或教育或思想，或军事或兵法，但真正的哲学家却少之又少，能达到老子这一境界的，更是寥寥无几。高处不胜寒，当后人因为《道德经》的艰涩而苦不堪言时，却忽略了那渗透在字里行间的孤独感。世移千年，真正能懂老子的人又有多少？

/ 一 /

　　所谓孤独，也就是没有同"道"者。几千年来，后人反复啃噬着老子的"道"，似近似远，但依旧沉沦在各自的"道"中。
　　老子，这位中国历史上最伟大的老者，他的学说穿越时间而成为经典，他的人生故事，却也因为种种原因被蒙上神秘的面纱。
　　作为道家的创始人，老子被世人奉为"太上老君"，如此一位"神仙"，自然被滤去了人间烟火，成为高不可攀的偶像。为了打造这样高大上的形象，传说老子的母亲怀孕怀了整整九九八十一年，最后从胳肢窝里生出了他，并且一生出来就已经是白胡子、白眉毛的老头子，没有过蹒跚学步，也没尿过裤子，俨然天生就是一位圣者。

这样的传说显然不能服众，于是也有人说，老子其实出生于公元前571年，姓李，名耳，陈国苦县厉乡曲仁里人，后来还做过周朝的室史，也就是相当于现在国家图书馆馆长。

小时候的老子聪明又好学，年纪不大，却喜欢讨论国家兴亡、战争人性或是星相占卜这样的话题。为了支持儿子，李家请了一位名叫商容的先生来做老子的家庭教师，这位商容先生精通天文地理，熟读古今中外的诗书，肚子里很有学问。在当时，老子全家人都很崇拜和信任他。

有一次，商容先生说："天地之间人为贵，众人之中王为本。"老子不像其他少年一样死记硬背，反倒问题一大堆。他问商容先生："天是什么？"商容回答："天者，在上之清清者也。"

老子不罢休，继续提问，"清清者又是什么？"商容只好继续回答："清清者，太空是也。"老子依旧打破砂锅问到底："太空之上呢还有什么？"商容无奈答："太空之上，清之清者也。"

这个时候商容心里恐怕有些按捺不住，希望老子不要再问下去了，但是事与愿违，"老师，清之清者只上呢？还有什么？"商容只好回答，"清之清者之上，更为清清之清者也。"

够了，这回看你还问什么。

"清者穷尽处呢？还有什么？"商容十分无奈，见老子并无任何想要停止的意思，只好认输，说："先贤没说过这事儿，古籍上没记载过这事儿，你别问我了。"

晚上，老子睡不着觉，又问他母亲，他母亲也没答出来，问家将，家将的脑袋摇得跟拨浪鼓一样。他有些郁闷，只好出去夜观星象，自己寻找答案。

## 二

商容没少被老子折磨，两年下来，头发掉了不少。

有一次，他照例教授老子："六合之中，天地人物存焉。天有天道，地有地理，人有人伦，物有物性、有天道，故日月星辰可行也；有地理，故山川江海可成也；有人伦，故尊卑长幼可分也。有物性，故长短坚脆可别也。"

话音落下，商容见到老子眼中那种似曾相识的东西，心想坏了。果不其然，老子再次抛出了他的棘手问题："日月星辰是谁推行的呢？山川江海是谁造的？尊卑长幼又是谁定出来的，长短坚脆是谁划分的？"

商容不自觉地擦了一把汗，心想，给他一个狠一点的答案——"都是神做的。"

老子又问，"神为什么能做这些事？"

商容道："神有变化之能，造物之功，故可为也。"

老子接着问："那神的能力是从哪儿来的，啥时候有的？"

商容再次认输："先贤没说过这事儿，古籍上没记载过这事儿，你别问我了。"

晚上，老子睡不着觉，又问他母亲，他母亲也没答出来，问家将，家将同样答不出来。他好像得病了一样，看什么都出神儿，总是忍不住去思考这些答案，连着三天吃饭都没吃出来啥味儿。

又一次，商容教授他："君者，代天理世者也；民者，君之所御者也。君不行天意则废，民不顺君牧则罪，此乃治国之道也。"

老子又问："民不是为君而生的，不服从管理倒是有可能。但是君的诞生不就是上天的行为吗？他如何还能违背天意呢？"

商容已经预料到了事情的结果，但还是奋力解释："神遣君代天理世，君生则如将在外也；将在外则君命有所不受，君出世则天意有所不领。"

老子连连摇头："老师你说的不对，神既然就是造物者，无所不能，他为什么不造一个听话的君呢？"

商容认输："先贤没说过这事儿，古籍上没记载过这事儿，你别问我了。"

晚上，老子又问他母亲和家将，结果并没有什么不同。他感觉这样下去不是办法，于是决定去请教相邑之士，走了很多地方，下雨都不知道身上湿了，迎着风也没有感觉到被吹拂。

商容越来越觉得家庭老师这行不好做，但还是硬着头皮坚持着。这天，他教授道："天下之事，和为贵。失和则交兵，交兵则相残，相残则两伤，两伤则有害而无益。故与人利则利己，与人祸则祸己。"

看着老子疑惑的眼睛，他叹了口气，说，"有什么问题你就问吧。"

老子问道："既然失和对老百姓有这么大的影响，君为啥不出面管管？"

商容努力回答："民争，乃失小和也；失小和则得小祸，然而君可以治也。国争，乃失大和也；失大和则得大祸，大祸者，君之过也，何以自治？"

老子又问："君不能自己管自己，那神干什么去了？"

商容苦笑："先贤没说过这事儿，古籍上没记载过这事儿，你别问我了。"

如同老子预料的那样，他母亲和家将也不知道这事儿，他太渴望知识带给他人生的答案了，于是只好再出去遍访相邑之士，夏天不知道热，冬天不知道冷。

/ 三 /

商容教了老子三年，来向老夫人辞行："我学识浅，今后怕是教不了您儿子了。这孩子是个天才，要想有作为，去周都发展一下吧，这里毕竟是小城市。周都遍地是人才，典籍多如牛毛，才是更广阔的天地。"

老夫人听了很高兴，但也很为难。因为此时老子只有13岁，老两口就这一个儿子，实在不放心让他孤身前行。两个人互相对望了一下，不知如何是好。

商容连忙安抚两个老人："你们别担心，我有个师兄是周太学博士，学识比我渊博，并且很喜欢提拔和教育人才，家里就有很多神童，不用交伙食费，就在那里学习。我师兄对待这些孩子，就像亲儿女一般。我已经打好招呼了，师兄也很欣赏您儿子，随时欢迎他前去。"

听了这话，老两口心中充满感激，立刻拜谢商容的推荐之恩。三天后，两个人送别老子，眼泪汪汪地挥手告别，直到老子的身影消失。

到了周都，老子拜见了那位博士，天文地理人伦都学了个遍。三年后，被博士推荐到了守藏室做吏。在守藏室里，全天下的典籍都可以找到，这回老子如鱼得水，学识越来越渊博，名声越来越响。

公元前523年，孔子对弟子南宫敬叔说："守藏室的老子据说学问特别高，我想去请教学习一下，你想不想一起去？"南宫敬叔很兴奋，说："去！我也要去！"他向鲁君报告了此事，鲁君也很支持，便派了马车和人手。

老子看孔子千里迢迢赶来，特别高兴，与他侃侃而谈并教授了孔子一番，又引荐孔子去拜访了精通音乐的苌弘，还带他去观看祭神典礼，孔子收获满满。

临走时，老子想了想，对孔子说："如果我是富商，我就应该送你一些银两，可是我比较穷，临走了就送你一些话吧。"

他说："当今之世，聪明而深察者，其所以遇难而几至于死，在于好讥人之非也；善辩而通达者，其所以招祸而屡至于身，在于好扬人之恶也。为人之子，勿以己为高；为人之臣，勿以己为上，望汝切记。"

孔子一听，躬身道谢："弟子一定谨记在心。"

送行的路上，每当孔子有所感言，老子一定会借机再次传授自己的思想，让孔子佩服得五体投地。回到鲁国，众弟子问："先生去拜访老子，见到本人没？"孔子说："见到了！"

弟子十分好奇，问："老子是个什么样的人？"孔子回答："鸟，我知道它能飞；鱼，我知道它能游；兽，我知道他能走。走的可以用网者可用网抓起来，游的可以用钩子钓上来，飞的可用箭射下来，只有龙，我不知道怎么办？龙可以乘风云而上九天，我所见到的老子，就像龙一样，他学识渊深而莫测，志趣高邈而难知，管他叫老师，我心服口服。"

/ 四 /

老子在周都的守藏室工作，但是没忘记常回家看看。数次回家之后，他劝母亲，要不干脆随自己去周都生活吧。但是老太太在陈国相邑住久了，不愿意换地方。

30多年过去了，一天老子接到消息，母亲病危。他连忙向周天子请假，但是当时没有小汽车，回到家的时候，母亲已经去世了。

这个时候的老子伤心欲绝，看着黄土一片，想到母亲这辈子的操劳，对自己的养育之恩，便难过得说不出话来，吃不下饭去，睡不着觉。不过，在他席地而坐，沉思冥想之后，忽然又觉得自己很愚蠢，仿佛一下子悟出了什么道理。一开窍的时候，顿时感觉到了困饿，于是大吃了一顿，倒头就睡去。

看到这样的反差，家里的仆人们都惊呆了。老子醒来后，解释道："人生于世，有情有智。有情，故人伦谐和而相温相暖；有智，故明理通达而理事不乱。情者，智之附也；智者，情之主也。以情通智，则人昏庸而事颠倒；以智统情，则人聪慧而事合度。母亲生聃，恩重如山。今母辞聃而去，聃之情难断。情难断，人之常情也。难断而不以智统，则乱矣，故悲而不欲生。今聃端坐而沉思，忽然智来，以智统情，故情可节制而事可调理也。情得以制，事得以理，于是腹中饥而欲食，体滋倦而欲睡。"

众人听懂了一些，但还是摇头："说的容易，智要如何统情呢？"

老子回答："人之生，皆由无而至有也；由无至有，必由有而返无也。无聃之母及聃之时，无母子之情也；有聃之母及聃，始有母子之情也；母去聃留，母已无情而子独有情也；母聃皆无之时，则于情亦无也。人情未有之时与人情返无之后不亦无别乎？无别而沉溺于情、悲不欲生，不亦愚乎？故骨肉之情难断矣，人皆如此，合于情也；难断而不制，则背自然之理也。背自然之理则愚矣！聃思至此，故食欲损而睡可眠矣。"

大伙一听，都认为有道理，于是心中都释然了。

公元前518年，老子守丧结束，返回周都。两年后，周王室内乱，王子朝带着典籍跑到了楚国。老子蒙受了失职的指责，于是辞官归隐。他骑着一头青牛，出函谷关，西游秦国去了。

途中，老子看见一片荒凉景象，到处都是残垣断壁，道路都被破坏，田园没有人管理，马匹都不用来耕种，而是被迫成为战马。看着一批拖着大肚子还在奔驰的马匹，老子感到了心痛。

话说函谷关的守关官员名叫关尹，这个人从小就喜欢观天象，爱读一些古籍，很有修养。这一天晚上，他一个人走上楼顶观星象，忽然发现了异象。东方的位置紫云汇聚在一起，大概有三万里的长度，像是飞翔的长龙。他大惊，不禁脱口而出："紫气东来三万里，圣人西行经此地。青牛缓缓载老翁，藏形匿迹混元气。"

老子的名声早已天下皆知，关尹进一步推断，莫非是老子要来了吗？于是他派人清扫道路四十里，夹道焚香，来欢迎他心中这位尊贵的圣人。

## / 五 /

关尹记得很清楚，那天午后，阳光西斜，他正想出关检视一下。这时却在关下稀稀落落的人群里看见一个老者，倒骑着青牛，晃晃悠悠地在阳光里走来。关尹心中一惊，仔细打量着这位老者，只见他发丝如雪，眉毛快要垂到鬓角，耳朵快要垂至肩膀，一副圣者模样。

关尹仰天而叹："想不到我这样幸运，这辈子能够见到圣人！"随后便狂奔向前，跪在青牛脚下叩拜。

老子定睛一看，见关尹的容貌异于常人，笑道："关大人这是为何？我只是一个贫贱老翁，可受不起大人的大礼。"关尹回答："您是圣人，请务必留宿在此，为我指点修行。"老子继续客气："我老头子哪有什么神圣之处，承受不起这样的厚爱，太惭愧了。"

关尹道："关尹不才，喜欢观天象来推测人生，近日看到紫气东来，就知道一定有圣人从西方而来，那紫气非常浑厚，像一条长龙，有三万里长。由此推断，一定不是寻常圣者，紫气之首有白云缭绕，正像是您的白发，紫气之前的青牛星，正是您的坐骑。"

老子听了仰天大笑，"小伙子，我早就听说过你，所以特意来拜会。"关尹听了这话，心中很是高兴，将老子邀请到家里，奉上座，并焚香行了弟子之礼。关尹诚恳地向老子提议，"您是这世间的大圣人，所有的智慧不应该只为自己所有，而应该开启天下人的心智，现在您又要归隐了，如果有人想要请教那真是难上加难。您为何不写书呢？我虽然才学尚浅，但是很愿意为先生做这件事情，毕竟这是流芳千古、造福后代的好事。"

老子听了这番讲法，不由得连连点头。那一刻，他想起自己年少的时候，许多问题得不到解答，那种无法言语的痛苦。

于是，一件中国文化史上的大事就此发生。

老子以王朝兴衰成败、百姓安危祸福为鉴，找到这些问题的源头，写了上下两篇文字，一共5000字左右。

上篇开头便是"道可道，非常道；名可名，非常名"，故人称《道经》。下篇开头是"上德不德，是以有德；下德不失德，是以无德"，故人称为《德经》，《道经》讲宇宙天地，《德经》主要讲为人处世，合称《道德经》。

关于老子的离世，有人认为圣人是不死的，老子就是太上老君，所以从未离开。也有人考证，他在84岁高龄时告别人间，归于天地之道。

## 老子为我们留下的文化遗产

**《道德经》**

对于中国古代哲学来说,《道德经》被称为"哲理第一书"。"道法自然"是它的核心,既包含了天地万物的规律、本性,又明确了君主应该如何治世,还有许多个人修身养性、为人处世的思想观点。

这部作品影响了中国几千年,也让西方世界为之震惊。老子哲学和古希腊哲学共同构成了世界哲学的两大源头,很多国家都有专门研究老子的研究机构,这部作品的重要可想而知。

在中国近代时期,毛主席可以说是参悟《道德经》的绝对高人。

# 孔子的十四年"穷游"

《论语》中曾说过一句话"道不行，乘桴浮于海"。当大道不行时，别人告诉我们要么顺从要么躲避，只有孔子告诉我们要坚持到底。孔子的治国之智，兴国之力绝不输张仪、商鞅，但孔子终究才是被帝王淘汰的那个。或许孔子他太懂了，他不愿委曲求全，更不愿苟且偷生。他的执着和精神历经千年，早已经融进了每个中国人的血液里。

## 一

追溯孔子的祖上，是殷商王室。

商朝灭亡后，孔氏一族被封为宋国的宗室。直到孔子的曾祖父这里，才为了躲避宗室内的斗争而住在鲁国。

孔子的父亲名叫叔梁纥，在鲁国只是一名低级武官，但是武功了得，是位大力士。据说曾经用两只手托起城门，让战友们撤退出去。孔子出生的时候，叔梁纥已经66岁，从当时的普遍寿命来看，这样的年纪生孩子是一定会引起邻居嚼舌头的，尤其孔子的母亲当时只有20岁，在世人眼中于理不合。

叔梁纥之所以在60多岁高龄娶了年轻的妻子，正是因为一辈子只有一个儿子，并且身有残疾。正妻施氏生了九个女儿，儿子是妾生的，叫孟皮。按照当时社会的无理要求，有残疾的孩子是不能"继嗣"的。

总之，66岁的叔梁纥感天动地，终于喜得儿子。孔子名"丘"。据说是因为他生出来的时候头顶是凹进去的，像尼丘山一样。字是"仲尼"，所谓"仲"，便是排名第二的意思。或许遗传了父亲武官的体魄，孔子的身高据说有1.96米，邻居都好奇这孩子到底吃什么长大的，私下里他们都叫他"长人"。认为孔子是一位文弱书生的人，那就大错特错了。

三岁那年，父亲叔梁纥去世了（已经很长寿了）。家里没了经济支柱，大老婆施氏也将孔子和母亲赶了出去。可以想象，孔子童年的物质条件不是太好。但是孔子的母亲十分坚强，不愿意自己的儿子输在起跑线上，她变卖了自己所有值钱的东西，为了给孔子的学习提供更好的条件，甚至送孔子上各类学堂，见名人，积累人脉，长见识，总之含辛茹苦地想要把儿子培养成才。直到孔子17岁时，母亲离世，孔子便面临独自生活的境况了。

后来孔子博览群书，学富五车，被世人称为"大家"，回想起自己曾经的那些苦日子，从来不讳言。他自己就说过，"吾少也贱，故多能鄙事。"在年轻时，为了养家糊口，他曾经去乡下的鼓乐队谋职，谁家有红白事，他就在队伍里吹吹打打。后来境况渐渐好转，找到了别的工作，但也是仓库管理员或者牧场管理员这类的职业。

不过，幸好孔子从来不相信"怀才不遇"这件事，不论做什么工作都很努力，并且一直勤奋好学。20岁那年，在鲁国已经是很有名的"博学好礼"的年轻人了。

很快，他也有了自己的儿子。鲁国国君为了表达对他的重视，特意派人来祝贺，应景地拎了两条大鲤鱼。此时，孔子正在为给儿子起名的事情感到头疼，见到国君的大礼，索性就定了"孔鲤"两个字。

此后，孔子在学识上的名气越来越响亮，除了更加发奋之外，也想到另外一个安身立命的方式，就是办学。当然，不收学费，有人上门表示仰慕，并拎些腊肉之类的表示诚意，孔子就会将这些有好学之心的孩子收留下来，潜心教学。随着名气越来越大，一些鲁国大夫也前来学习礼仪，并把孩子也送来修学。

孔子家俨然是一个小学堂了。这件事非同小可，因为在此之前，教育是被官府垄断的。"私学"的产生，就是从孔子这里开始的。

在这里很值得一提的是孔鲤，不同于父亲孔子，他在学识上没有太大的兴趣，甚至与孔子的几位弟子也不能相比，对孔鲤来说，学习是一项不得不完成的任务。这个孩子压力很大，小时候比较憋屈，因为孔子门下有太多"别人家的孩子"，所以更加衬托出了他的平庸。

孔鲤的一生，常常是站在父亲的影子里，没有太多存在感。不过，后来他的儿子（也就是孔子的孙子）很厉害，写了《中庸》，被后人尊称为"述圣"。

/ 二 /

到了30岁左右的时候，孔子越来越有名，仰慕者遍布各国。齐国的齐景公与晏婴出游之时，还特意拜访了孔子，向他请教了许多问题。

五年后，鲁国内乱。孔子逃亡齐国，效力于昔日欣赏自己的齐景公。齐景公甚至想为孔子分一块封地，但被晏婴拦住了。

齐景公问过孔子对理想秩序的看法，孔子说，"其实就是君君、臣臣、父父、子子。"孔子原想在齐国大展身手，但是渐渐发现权臣当道，仕途不好混，于是返回鲁国，继续接受络绎不绝想要拜他为师的人来拜访。

孔子的仕途之路很晚才开始，那一年，他已经51岁了。

最开始，孔子官任"中都宰"，也就相当于今天的山东省汶上县县长。做了一年成绩不错升官了，成了"建设部部长"，最后做到了"司法部部长"，成了高级干部。

齐鲁两国的国君举行"夹谷之会"，作为鲁定公的助手，孔子起了力挽狂澜的作用，因此得到信任。

公元前498年，孔子面临一项重大任务，就是削弱"三桓"。所谓"三桓"就是鲁桓公的三个儿子，控制着鲁国的实权。孔子主张拆除三个人所建的城堡，但因为种种阻挠而夭折，只拆了两座城墙。渐渐地，孔子对鲁国的政治环境感到彻底失望。

55岁那年，孔子对鲁国政权心灰意冷，开始周游列国。

周游列国的初衷，就是孔子觉得自己的政治抱负落空，随行带上了自己的几个徒弟，颜回、子路、子贡等人。这一走，没想到就是十四年。

在孔子的弟子中，他最得意的门生就是颜回、子路、子贡。

颜回家境很贫穷，但很聪明，孔子看见他，就想起少年时的自己，所以很喜欢他。

子路性格有点直，孔子经常责骂他。但事实上，经常被责骂的弟子常常也是心里最挂记的那一个。子路在孔子周游期间，一直侍奉他左右，尽职尽责地保护老师的安全，照顾他的日常。

子贡是位极有同情心的人，孔子十分喜欢他身上的善良和仁爱。

## 三

孔子的第一站是卫国。

开始时，卫灵公对孔子一行人十分礼遇。但是朝廷的权臣各自怀揣着不同的心思，所以难免有人进言，使得卫灵公对孔子起了戒心。孔子一气之下跑去了晋国，无奈路上被困了两次，好不容易到达晋国，又逢乱政。

无奈之下，孔子重返卫国。值得一提的是，卫灵公的妻子叫作南子，孔子出于礼仪去见过南子，结果惹出一些扑朔迷离的传闻。

南子风流的名声在外，她比卫灵公小30多岁，美貌无与伦比。史学界对她的评价是"美而淫"，总之名声颇为不好。当她邀请孔子进宫时，大家都认为以圣人的做法应该是断然拒绝。没想到孔子欣然前往，想要一睹芳容。但是万万没想到，孔子压根没见到南子的真容，只是隔着帘子聊了一些话，南子头上叮叮当当的珠环碰撞的声响一直回响在孔子的耳边。

孔子有些失望，回去之后却被弟子子路批评了一番："老师你怎么能见这样的女人呢？她有不洁的名声，难道君子不应该洁身自好吗？"

孔子作为高明善辩的老师，此时完全可以说出一番理论来表示解释自己的行为，并把这样的举动归为合理。但他的回应出乎意料，他举起双手对天发誓，"我要做了什么见不得人的事，就天打雷劈好了。"

原来圣人被逼急了时候，也是很可爱的。子路见老师这样说，也不好再责备。

回到正题，他们再度离开卫国后，孔子经过了曹国、宋国、郑国和宋国，后来还微服跑到陈国。这一路孔子遇到很多困难，也对政治有了更多切身的体悟。到陈国的那一年，孔子已经60岁。

三年后，吴国攻打陈国，孔子带着弟子逃亡。

楚昭王听闻孔子的才华，有意求贤。孔子很高兴，却不想这时候被人陷害围困。原来，陈国和蔡国害怕楚国如虎添翼，于是想置孔子于死地，师徒几人断粮七日，紧要关头子贡通风报信，冒死找来楚人营救。

在被围困的时候，粮食全部吃完，一行人饿得前胸贴后背，无法站立。但是孔子却依然若无其事，为弟子们讲学，还大声诵诗、歌唱、弹琴，极具圣人风范。

孔子脱身之后来到楚国，享受了隆重的接待和安抚，但过后却并没有被封官和重用。不久后楚昭王去世，孔子便回到卫国。

公元前484年，孔子的弟子在鲁国立下大功。鲁国君臣将孔子奉为"国老"。但这只是一种尊敬，孔子的政治抱负依旧没能得到施展。

周游列国的孔子虽然没有在政治上大显身手，但是十几年的经历，却使得他的视野和学识更进了一步。

郑国人曾描述他"累累若丧家之狗"，他淡然一笑，在追求理想的途中固然经历了不被肯定，那又如何呢？他回应道，"形状，末也。而谓似丧家之狗，然哉！然哉！"

/ 四 /

周游列国之后的孔子，潜心于自己文献的整合，还有门下弟子的教育。

公元前483年，他的儿子孔鲤去世，次年弟子颜回去世。两个自己身边最重要的人相继离去，让他的心一下子苍老许多。

颜回走后的第二年，鲁国春天狩猎，却狩到麒麟，并被士兵射杀。他认为这是很可怕的预兆，麒麟是神兽，只出现在太平盛世，现在却在乱世出现，又被残忍射杀，必有灾难，他甚至因此停止修《春秋》。六月，齐国陈恒弑杀了齐简公，孔子很愤怒。在斋戒三日之后，孔子沐浴后见鲁哀公，恳请鲁国出面。

鲁哀公没有同意，孔子又求助季孙，但是也无果。

从孔鲤去世后，悲伤的事情仿佛一件接着一件。公元前480年，子路在卫国内战中死去。孔子再次遭受重击，这个自己十分钟爱的弟子不但先于自己离开，还死状甚惨，尸体被剁成肉酱，让他心如刀绞。

身心俱疲之下，孔子预感到，自己的时日也不多了。

子贡来拜见孔子，看见垂垂老矣的老师，热泪盈眶。孔子气色不佳，要依靠拐杖来支撑摇晃的身体。孔子责怪子贡，怎么来得那样晚。他说泰山就快要倒了，梁柱就要折断了，哲人就要像树木一样枯死了。

这个悲伤的老人，一辈子的心愿就是遇见贤主，实现自己的政治主张。如今，怕是要彻底落空了。他对子贡说，前一晚他刚刚梦见自己坐在两楹之间祭奠。这句话让子贡心里一震。在古时，在东阶殡殓的是夏朝人，在西阶殡殓的是周朝人，而两楹之间祭奠的，正是殷商人。

老师的祖先，不正是殷商人吗？

七日后，孔子告别人世，终年73岁。一生中，孔子有弟子3000人，其中贤人72人。孔子去世后被葬于鲁城北泗水岸边，弟子们都深深地怀念着孔子，并为他守墓三年，子贡最为虔诚，守墓六年。

这一生中，孔子走过的诸侯国，皆在上演宫廷闹剧，弑杀父兄，谋篡君位，陷入一片刀光血影之中。孔子希望能够有一种"仁"为中心的社会秩序，用道德和礼教来治理天下，并跨越贵族和庶民之间的界限。

  这样的理想虽然没有在孔子的有生之年实现，但对后世却产生了巨大的影响，他的弟子们继承了他的衣钵，传递他的思想精髓，形成了今天具有深远影响的"儒家学派"。

  生前不如意，死后无限荣光。能够成为万世师表，孔子在九泉之下也可以安息了。

## 孔子思想精华

  孔子整理《诗》《书》《定》《礼》《乐》，为《周易》作序，编撰《春秋》。《论语》是孔门弟子根据孔子的言论所整理而成。

  孔子的思想对中国几千年影响甚大，概括他的主要思想，大概可以分为以下几个方面：

  1. 主张礼治，也就是政治制度、民俗礼节、道德规范等等。

  2. 反对封建的田赋制度而极力维护西周以来的田赋制度。

  3. 拥护等级制度，比如"君君，臣臣，父父，子子"。

  4. 主张克己复礼，也就是"非礼勿视，非礼勿听，非礼勿言，非礼勿动"。

  5. 主张"仁"，但是他的"仁"是指统治阶级内部，不包括劳动者。

  6. 天命观，比如我们最熟悉的"三十而立，四十而不惑，五十而知天命，六十而耳顺，七十而从心所欲，不逾矩"。

  7. 在教育上主张"有教无类""因材施教"和"学而不厌、诲人不倦"的精神。

  8. 在品德方面主张"宽、耻、信、敏、惠、温、良、恭、俭、让"等。

# 赫拉克利特喜欢小而美

说起赫拉克利特，知道的人应该不多，但要是说起一句话和两个人，或许就会让人有一种恍然大悟的感觉。赫拉克利特最著名的一句名言就是"人不能两次走进同一条河流"；而那两个人一个是黑格尔，另一个是尼采，他们都是赫拉克利特忠实的追随者，也在他的影响下各自在哲学领域有了相当大的成就。赫拉克利特的一生，自己走下了王座，又被别人推上了神坛，或许就像他自己说的那样"上升的路和下降的路是同一条路"，而他走的却是"赫拉克利特之路"。

/ 一 /

如果说米利都的名气，是因为诞生了古希腊哲学的几位哲学家。那么艾菲斯这个名字能够被世人记住，赫拉克利特功不可没。作为古希腊的殖民地，如果没有这样一位孤军奋战的哲学家的诞生，因而成为艾菲斯学派的标志，恐怕早已淹没在历史的烟尘里了。

其实古希腊哲学十分讲究师承，比如我们熟知的苏格拉底、柏拉图、亚里士多德，但赫拉克利特与众不同。他与主流没什么大关联，也没有导师培养，完全是自学成才，独闯天地。

阅读世界哲学史的时候，常常很纳闷，仿佛赫拉克利特就是从石头缝里蹦出的一棵独苗。不仅如此，在他成名之后，没有招学徒，也没有结婚，更谈不上传给儿子。他说，他不是任何人的学生，在自己身上就能学到一切。这话有点狂，但还真无法反驳。

其实，赫拉克利特出身很高贵，据说是王室家族的后裔，可以继承皇位的那种。不过这位兄弟显然对政权毫无兴趣，争权夺利在他看来是最无聊的游戏，他一直在追求自己的理想——放弃王位，拱手让给他的兄弟，自己却隐居起来研究哲学。

赫拉克利特出生的时候，毕达哥拉斯已经很有名气了，不知道是否受了这种影响，他从小就对哲学很感兴趣。不过，毕达哥拉斯常常不分昼夜地做数学演算，赫拉克利特则喜欢猜想和漫议，也就是我们所说的"头脑风暴"。

古代哲学家们，大多有自己的工作。但是赫拉克利特是历史上第一个职业哲学家，一辈子研究哲学，没别的工作。这样的选择，在当时的社会环境中，人们都觉得无法理解。虽然大家认为这个人怪怪的，说的都是自己听不懂的事，但是对他却保留了一丝敬畏。

/ 二 /

既然没有师承，赫拉克利特的很多哲学思考和哲学观点都是自己琢磨出来的。

比如有一次，他在小河里趟水，溪水不急不缓，凉凉地围绕着他的脚踝，像是在轻抚。享受这种舒适之余，他的哲学灵感也涌上心头："我们不能两次踏进同一条河流，它散而又聚，合而又分。"

在那一个瞬间，赫拉克利特明白一个道理，就是即便他第二次踏入,甚至是他站在原处,每一次轻抚他脚踝的溪水都是新的,貌似相同的境遇,其实是截然不同的。

这件事换作是其他人,可能会平凡得不值一提,完全不会在记忆里留下任何痕迹。但是赫拉克利特却发现了其中的奥秘,并因此而开窍,掌握了一种新的认知角度。

这里的"水"不只是"水",可以大到宇宙。宇宙原来就是这样永远变化的,所以可以推断出"万物皆流,无物常驻,宇宙中的一切都处于流动变化之中"。

在小溪流里玩水,却得到如此重要的启示。赫拉克利特心里无比激动,没有什么能表达这种情绪,于是痛哭了一场。后来,人们笑称他为"哭泣的哲学家"。

另外,我们每个人都熟悉的"辩证法"思想最初也是赫拉克利特得出来的。在他的著作中,可以到处见到这样的观点:

在圆周上,终点就是起点。

上坡路和下坡路是同一条路。

不死者有死,有死者不死:后者死则前者生,前者死则后者生。

在当时的民智条件下,这些话初读读不懂,仔细一琢磨,却能使人茅塞顿开。渐渐地,越来越多的人认识到,曾经的这位王室继承人学哲学是认真的、真诚的,不是一时兴起。

此后,赫拉克利特的名声越来越高,受到很多人的推崇和尊敬。

/ 三 /

从赫拉克利特放弃继承王位,一辈子自学哲学这个选择就可以看出,他的价值观在当时就很特别。当时的人们多数认定拥有权势者最受人崇敬和尊重。但赫拉克利特从不这样认为，相对于所有的"高大上"，他都宁愿选择"小而美"。

赫拉克利特出名以后，接到了波斯国王大流士的邀请信，当时波斯国王大流士极具权势和威望，信的大意是说：你不如到我的宫廷来吧，这里不只有最好的物质生活，还有一切最有价值的对话，对你来说，是双重的享受，绝对完全符合你的意图。

看完信之后，赫拉克利特十分不屑，并被波斯国王大流士的狂妄所激怒。他对送信的人说，"别以为高官厚禄就可以收买一个人的灵魂，那他可是太愚不可及了！"

后来想想，对送信人发脾气也不合适，于是提笔挥挥洒洒给大流士回了一封信。信中说："对于你所谓的显赫，我有一种天生的恐惧，我更满足于心灵中所有渺小的东西。因此，我不能到波斯去。"

大流士原本还在得意洋洋地等着赫拉克利特前来朝圣，不料只见送信人灰溜溜地回来。看到信的内容，他气得吹胡子瞪眼睛，但是赫拉克利特没有工作，很难找理由抓他的小辫子，只好不了了之。

赫拉克利特喜欢"头脑风暴"，不过仅限于自己思考，不喜欢与人争辩。假设有一个场合，大家为某一个话题议论纷纷，他常常是默不作声的。有人问他为什么，他若无其事地回答，"为什么要说话，好让你们去唠叨啊。"

赫拉克利特也不是完全不融入集体，他就很喜欢和小孩子玩在一起。有一次，他和一群孩子玩骰子，被一群王公大臣们看见，感到十分惊讶。他们好奇地围了上去，想看看究竟是什么吸引了这位大哲学家。看着围上来的一张张脸，赫拉克利特皱起了眉头，极其厌烦地回应道："你们这些无赖，有什么值得大惊小怪的，这难道不比你们参加政治活动更好吗？"

大臣们面面相觑，没想到碰了一鼻子灰，只好灰溜溜地走了。

/ 四 /

虽然生于艾菲斯，但是对于艾菲斯人的劣根性，他也丝毫不回避。他的好朋友赫尔谟多罗被放逐，他气愤地表示，"如果艾菲斯的成年人统统上吊，把他们的城邦扔给吃奶的孩子去管，那就对了。他们放逐赫尔谟多罗，赶走了他们中间那个最优秀的人，并且说，'我们中间不要什么最优秀的人，要是有的话，就让他同别人去别处在一起吧。'"

在赫拉克利特心里，一个优秀的人可以抵过一万个平庸的人。

波斯人攻打艾菲斯，很快便包围了这个城邦。艾菲斯人因为没有战时准备，并且平时的生活方式又太不节制，很快就面临了粮食紧缺、生活资料供给不上的局面。

为了应对这种危机，人们被召集在一起商量解决办法，但是自私的人们谁也不愿意放弃自己的奢侈生活，因此大家都有意地回避着议论其他。

面对这样的同伴，赫拉克利特无可奈何。他不说一句话，就安静地坐在那里，只带着大麦面包和水，饿了便充饥，渴了便解渴。艾菲斯人本来在等着他的提议，但是看到这样的情景，内心清楚了问题的根本，于是纷纷散去。

对待哲学，赫拉克利特是个严肃而刻薄的人，尤其是对待一些人们惯常认为的大师，他也不给面子，比如《荷马史诗》的缔造者荷马，赫拉克利特竟然说要用鞭子抽他一顿。

还有名震天下的毕达哥拉斯，赫拉克利特对他也十分不屑，并公开表示他认为毕达哥拉斯如此刻苦，如此崇尚计算，不过就是理解力太差，只会死记硬背罢了。

对于这一点，他有一个很特别的观点，直到现在也常被人拿来说。很多人觉得，只有经常读书才能渊博，只有博学才代表智慧。他却认为，大量的学习并不会给人带来悟性。有太多大学里面的教授，读了一辈子书，教了一辈子书，觉得自己什么都知道，其实什么也不知道。

这样的看法或许是真实的，但是太真实反而残酷。他认为，追逐知识是无止尽的，并且意义有限。在追逐知识的过程中，人们很容易迷失自己，当然也就丢失了应有的悟性。

这样的生命，难道不是苍白的吗？

/ 五 /

在当时的环境下，一个把哲学研究作为终身职业的人，是令人敬佩的，也是令人畏惧的。有人问赫拉克利特这样一个问题，"一个人的思想有底线吗？"赫拉克利特作为一个每天都在思想的人，给出了一个令人绝望的答案，"即使你走完了每一条路，也不可能找到思想的尽头。"

有人又抛出这样的问题："对于人类而言，世界意味着什么？"

赫拉克利特心想这都是什么问题，然后给出了一个个性十足的答案，"这个世界对于一切存在物都是一样的，它不是任何神，也不是任何人所创造的，它过去是、现在是、将来也是一团永恒的活生生的火，按照一定的分寸燃烧，按照一定的分寸熄灭。"

另外，他有一项言论是耸人听闻的，今天说出口定会被人唾骂。生在争权夺势的旧年代，赫拉克利特厌倦了这种反复上演的权力游戏，所以他宁愿以战争这样的激烈方式重新洗牌。

的确，当时在希腊各城邦之间，以及与邻国之间的战争都未曾停歇。弱者总是被摧毁和吞噬，强者则更加强大。他说，"战争是万物之父，也是万物之王。它使一些人成为神，使一些人成为人，使一些人成为奴隶，使一些人成为自由人。"又说，"应当知道战争对一切都是共同的，斗争就是正义，一切都是通过斗争而产生和消灭的。"如此大胆的推测，在当时很难被人们所接受和理解。

哲学家们思考的太多，以至于看待世界和解决问题的方式都与常人有很大的差异。晚年时，赫拉克利特在这方面表现得很严重。

这个孤单寂寞的老人，很少见人，常常独自一个人在野外生活，除了思考和觅食，渐渐失去了其他生活能力。他患了水肿病，想要下山回城看医生。不过见到医生时，他却又神秘兮兮询问，"请问你能不能使洪水干涸？"医生被问懵了，以为自己耳朵出了问题，再次询问，还是一样的问话。跟病人无法沟通的时候，怎么敢胡乱用药？医生无奈地摇摇头，他只好选择离开。

原来，赫拉克利特觉得自己体内充满了"洪水"，所以身体才会水肿。医生走后，他连忙跑到牲口棚里，将热烘烘的牛粪都铺在自己身上，希望可以吸干他体内的"洪水"。

赫拉克利特自己发明的"偏方"显然没用，不久后，他永远离开了这个世界，享年约60岁。

/ 六 /

赫拉克利特人缘不好，因为他谁也瞧不起，而且性格孤僻。如果当时有心理医生的话，他或许会被确诊为重度孤僻症。这个人不需要伴侣，也不需要朋友，总是独来独往。

赫拉克利特的理论，很多人都看不懂，甚至一部分搞哲学的人也觉得他的文字读不下去，但是苏格拉底不这样看。

苏格拉底去欧里庇德斯家串门，正好看见了赫拉克利特的书，于是就借来看看。看完之后他有了不同的观点，认为"我所了解的部分是美妙的，我所不了解的部分也是美妙的，只是需要一个卓越的潜水员来对它寻根究底"。

后来，到了黑格尔的年代，赫拉克利特的著作只留下了些许残篇，不过黑格尔还是同意苏格拉底的观点，说，"像在茫茫大海里航行，这里我们看见了新大陆"，如果"我们的后代永远保存最好的东西，那么关于赫拉克利特的残篇，我们至少必须说：它是值得保存的"。

赫拉克利特是一个活得潇洒自我的人，也是一个可怜、孤独的人。在古希腊，人们将他看作一个怪胎、一个不正常的人。他不喜欢女人，将女人看作是麻烦，是男人的对立面，因而孤独一生。他有思想的洁癖，因而对朋友的容忍性较差，所以一直独来独往。

赫赫拉克利特不相信永恒，只相信变化。他不相信神，并反对祭祀。他的智慧，也让他失去了自我欺骗的全部理由，因为自己的信仰而更加深刻地感受到漂泊。

## 赫拉克利特的精神遗产

赫拉克利特的哲学理论很奇特，其中"永恒的活火"就很有代表性，他觉得创造世界的既不是神，也不是人，万物的本源就是一团"永恒的活火"，这种认知在当时的条件下，的确引领了古希腊哲学的进步。

另外就是著名的"万物皆流"理论，诞生于他在溪流里玩水的那次经历，人不可能两次踏入同一条河流，也就是说，世界万物都在永恒变化，所以没有什么恒定。这个观点让很多人震惊，也将哲学思考晋升到了另外一个层次。

对立统一是赫拉克利特主张的另一个重要思想，世上有对立才会有统一，对立统一就是相互转化的，是和谐的。这样的认知刷新了哲学研究的记录，无疑是伟大的。

赫拉克利特的文字留下来的不多，只有一些残篇。他曾经写过一部《论自然》，书中分为"论万物""论政治""论神灵"三个部分，可惜没能保存下来。

赫拉克利特的残篇是他不同时期的著作遗留下来的，内容深奥，很难懂。有很多人称他为"晦涩哲人"，也有一些人能看懂并且十分喜欢他，愿意膜拜和追随他，比如黑格尔和尼采。

「苏格拉底
没有底」

　　"我与世界相遇，我自与世界相蚀，我自不辱使命，使我与众生相聚。"这是句听起来情意满满的句子，来自苏格拉底，他被称为"西方的孔子"。随着他的诞生，古希腊乃至世界文明都翻开了新的篇章。从未有任何一个哲学家，能够像他一样成为正义的化身，他留给后世的，太多太多。

/ 一 /

　　"我的母亲是个助产婆，我要追随她的脚步，我是个精神上的助产士，帮助别人产生他们自己的思想。"

　　在希波战争胜利时，希腊一个普通公民家的婴儿呱呱落地，雕刻匠对自己的妻子说："辛苦你了，是个儿子！你瞧瞧，这孩子竟生了个狮子鼻呢。"这个时候谁也没有意识到他怀里的这个孩子会成为一个伟大的先哲。

　　也许是来自家庭的影响，苏格拉底一生都过着十分简朴的生活，对衣服吃饭都不讲究，加上他本身相貌平凡，身材矮小，真的很难让人发现他就是大名鼎鼎的苏格拉底，也完全猜不到他大脑里蕴含的爆发力。

因为苏格拉底的父亲是个雕刻匠，所以他也曾和父亲学习过一些雕刻手艺，小的时候他特别喜欢读诗，像《荷马史诗》这些都是他爱不释手的。长大以后，他也曾向智者普罗泰格拉和普罗第柯等人求教，后来又跟随女智者狄俄蒂玛学习过，但大部分时间都靠他自学，30多岁时，他成为了一位不要报酬的社会道德老师。这也是他开始传道授业的开端，柏拉图是他的徒弟，亚里士多德是他的徒孙，这强大的组合真是太可敬了。

苏格拉底因为自己的母亲是位助产妇而感到非常骄傲，他说自己也要帮别人产生精神上的思想，做一个有思想的人。他每天都跑出去，在街头市场里与人谈笑风生，探讨各式各样的问题，带动他们的哲学思想，引导人们去认识真理，学会正义和善良。

他认为自己存在的意义就是改变这个虚伪冷酷的大环境，但是他这样做也引起了大势力的厌恶，伤害了他们的利益，揭露了他们伪善面具的丑恶，他们就像被踩到尾巴的猫，凶相毕露，而苏格拉底就像一只牛虻，在他们露出原形时趁机狠狠地扎进他们的皮肤。随着苏格拉底名气的增大，反对他的人数也在隐隐增加。

等到40岁左右的时候，他已经是雅典远近闻名的人了。许多人向他请教知识，上至达官显贵，下至乞丐平民，苏格拉底都一视同仁，并且常常谦虚地说："我一无所知啊，人人都是一无所知的，我们所了解的，还远远不够多。"世上只有一样东西是珍宝，那就是知识，世上只有一样东西是罪恶，那就是无知。苏格拉底曾三次参加战争，并且英勇救助过受伤的士兵，可见这个人是拥有着满腔热血的。

后来，雅典恢复了奴隶民主制，苏格拉底就被指控了，最终的结果竟是被判处死刑，他喝了毒酒，70岁卒。

人都有两面性，他也一样。他既是主张正义的先哲，又被视为雅典民主制的源头。他错了吗？谁又能说得清楚呢。若是世人都知道应该如何取舍，岂不都成了圣人？

对哲学家来说，死是最后的自我实现。灵魂从肉体的羁绊中解脱出来，终于实现了光明的天国视觉境界。

/ 二 /

有一天，苏格拉底领着自己的几个弟子去了麦地里。此时已经到了收获的季节，地里长满了金色的麦穗。风吹过去，一片麦浪，煞是好看。苏格拉底对弟子说："你们去麦地里找一个最大的麦穗，只能一直向前走不许回头，我在前面等着你们。"

弟子们虽然觉得老师的要求很奇怪，但是老师不会无缘无故要求他们去做没有意义的事，于是就都走进了麦地。

走在麦地里满眼都是麦穗，哪个才是最大的啊？弟子们看得眼花缭乱，看这株也大，那株也不小，简直得了选择恐惧症。弟子们也随便摘了几穗，但是总觉得不够大，就随手扔掉了。他们一边找，一边低着头向前走，努力地挑挑拣拣，想要找到最大的那颗，时间慢慢地过去了。

就在他们苦苦寻找的时候，一个声音把他们从专心致志的状态中拉了出来，"你们已经走到麦地的尽头了"。弟子们一无所获，若有所失，回头向麦地望去，每一株麦穗都在望着自己，好像很惋惜。

苏格拉底对他们说，"麦地里肯定是有一株最大的麦穗，但是你们无法发现它，即使看到也不能确定，所以你们遇到最大的麦穗就是你们刚刚摘下来丢弃的。"

弟子们恍然大悟，就如同平常说的，"有花堪折直须折，莫待无花空折枝"一样的道理。机会在人生中如同流星雨一样不停地落下，能不能抓得住是你自己的选择，上天对每个人都是公平的，切莫贪心。

爱情犹如在麦地里采麦穗，弄不好就会空手而归。苏格拉底认为最高贵的爱是男人之间的爱，反对古希腊风俗中男人对少年的爱，说男人不应该在这些尚未了解基本美德，也未定型的少年身上下功夫，他们更应该去爱一个男子并长相厮守，并强调两人间若只有美德与知识的交流最为崇高。这么奇特的爱情理论很难被世人理解。

苏格拉底的妻子是个出了名的悍妇，脾气十分暴躁，完全不通情达理，小心眼还非常爱唠叨，简直不可理喻。这经常让苏格拉底感到羞愧，不知所措，哲学家可能最怕的就是这种不讲道理的人，而且还是个女人。对于他娶这样一个夫人，大家都非常不解，但是也不好意思开口问，不过时间久了，大哲学家苏格拉底有一个野蛮的妻子基本上也就满城皆知了。有人问他："你为什么要娶一个这样的女人作为自己的妻子呢？"苏格拉底说，"擅长骑马的人总要找最烈的马去降服，骑别的马就没有了难度，假使我连我妻子这样品行的女人都可以忍受，那样恐怕再也没有什么更难相处的人和事了。"

这话听起来，很有几分"我不入地狱谁入地狱"的味道。只能说他是把当生活成了哲学的实验，才会有如此的想法。他真是为了他所坚持的信仰付出了生活的全部。

听说苏格拉底就是为了在他妻子无休无止的唠叨声中净化自己的精神才与她结婚的。举个例子，一天苏格拉底正在给学生们讲课，一起讨论学术问题，这时他的妻子突然气冲冲地夺门而入，对着苏格拉底就是一顿破口大骂，而且毫无原由，让人摸不着头脑，又跑到外面拎进来一桶水，照着苏格拉底就泼了下去，所有的学生都觉得她这样的行为实在是非常过分，以为苏格拉底会教训自己的妻子，谁知道苏格拉底看了看自己的衣服，笑着说，"打雷以后，一定会下起倾盆大雨的嘛。"这样的包容，当真是让人佩服。

苏格拉底对于自己的生活，只有一个要求，就是奉献给哲学，奉献给他的信仰。对苏格拉底而言，他的事业就是他的精神支柱，自觉、自愿、自律从而自由的精神，通过他的实践得到了光大。

/ 三 /

他不仅仅是一个优秀的哲学家，还是一个称职的老师。他认为，一个人接受教育之后，不仅自身会幸福，能管好自己的家务，而且还能使别人幸福。

他如孔子一般，主张因材施教，对于天赋较高而狂妄自大、轻视学习的人，苏格拉底认为他们好比烈性而桀骜不驯的良种马，如果从小便开始训练，就会成为最有力、最骁勇的千里马；否则，将始终是一匹难以驾驭的驽马。而对于那些以财富自夸，认为不需要受教育，财富会成就他们的人生、给他们带来幸福，拥有财富就拥有一切的人，苏格拉底就会教导他们，只有愚蠢的人才会这样想。他指出，幸福不在于财富，而在于知识，在于对人类做出了多少贡献。人只有这样，才能获得人们的尊敬。这样的理论，不管放在任何一个国家，都是适用的。有个青年很羡慕苏格拉底的博学，想知道如何获得知识，就去向他请教，苏格拉底采取了一个非常令人难忘的方式，他把这个年轻人带到了大海边，让他跳到海里，在保证他可以及时被救上来的情况下，让海水蔓延过这个年轻人的头顶，年轻人奋力挣扎才从水中浮出来，苏格拉底在他休息过后问，"你在水里的时候最想做什么呢？"年轻人想都没想就说:"新鲜的空气,想要呼吸,想大口大口的呼吸!"苏格拉底笑着说:"太对了,想学知识的时候,就用你想呼吸的力气吧。"不得不说,他的点子真是多,人往往被逼到绝境潜力才会爆发,才会拼命的努力,记住那种感觉,就会离成功越来越近。

　　上课的时候,学生问他怎样才能够探索真理,苏格拉底想了想,出去拿了个苹果回来,弟子们都不知道他要做什么,他拿着苹果告诉同学们,"闭上眼睛,聚精会神,闻闻空气中的气味"。不一会儿他问,"有没有人闻到苹果的味道?"一个同学站起来说自己闻到了。其他的同学都互相看着,并不吭声,苏格拉底又一次拿着苹果来回走着,让学生们继续闻,再次询问的时候大部分同学都说自己闻到了。不一会儿,苏格拉底又一次让学生们去闻,这次同学们全部都说自己闻到了。唯一没有举手的看到大家都举手也连忙举起了手。苏格拉底笑了笑,沉默了下来,说:"非常抱歉,其实这是个假苹果,没有任何味道。现在,你们明白了吗?"

　　这就是真理,往往掌握在少数人手中,却不愿意坚持,随着大环境而改变自己正确的信念,让人可悲可叹。

　　苏格拉底不仅教学生学术上的知识,对于学生的生活知识,也是言传身教,从中让学生发现人生哲理,他的学生有一次想得到快乐,却发现快乐难觅,生活中总会遇到不同的麻烦和苦恼,让他们困苦不堪,只好去求助老师。苏格拉底仿佛没有听到,就忙着让学生帮忙给他造船,学生们非常尊敬老师,立即着手为老师帮忙,找来了大树,又一起掏空树的枝干,还有划船的桨,最后完成了一个完美的独木船。他们把苏格拉底请上船,一起唱着歌,划起了船。苏格拉底这时才开口问:"谢谢你们,船做的非常好,你们现在觉得自己快乐吗?"学生们都觉得自己现在心情愉悦,非常开心。苏格拉底一边坐在船上欣赏着景色，一边慢悠悠地说:"当你有一个明确的目标，并为之努力，忙得没有时间想任何东西，不经意间，快乐他就来了。"踏破铁鞋无觅处，得来全不费工夫。

苏格拉底在没有结婚的时候，和很多朋友们一起住，每天都笑容满面。有人问他，"那么多人一起住，生活多麻烦，你怎么笑的出来?"他认真地说:"这么想就是你的不对了，能和朋友们在一起住，随时都可以一起讨论，也可以增进感情，怎么能不开心?"后来朋友们成家都搬了出去，就剩他自己了，他依然每天笑哈哈的，那个人又问:"这人多你开心，人都走了，你怎么还这么开心?"苏格拉底说:"你没看到吗，我屋子里有这么多书，每本书都是我的老师，我每天都可以同我的老师们探讨，我如何能不高兴?"

过了几年，苏格拉底也成家了，娶的就是那位不可理喻的妻子，他们搬进了一个大楼，楼有七八层高，他们住在最底层，环境差的可以，脏水垃圾什么的都很常见，那个人发现苏格拉底每天依旧笑容满面，就又跑来问:"这样的房子，你住着也高兴，这回也没有你的朋友了。"苏格拉底说:"你不知道住一楼有多好，我可以种花种菜，开辟一块自己的菜园呢!"

直到有一天，这个人遇到了苏格拉底的学生柏拉图，就问他，"你的老师怎么那么容易开心?"柏拉图说，"决定一个人心情的，不在于环境，而在于心境。"言外之意就是，你不要再去打扰我的老师了。

后来他的教学方式被称为"苏格拉底方法"，自始至终都是以师生问答的形式进行的，所以又叫"问答法"。苏格拉底在教学时获得某种概念时，并不会把这种概念直接告诉学生，先向学生提出问题，再让学生回答，假如学生回答错了，他也不直接纠正，而是提出另外的问题引导学生思考，最后一步一步得出正确的结论。它为启发式教学奠定了基础。

## / 四 /

苏格拉底的死太让人震撼，也引起了很大的轰动。苏格拉底之死对于西方法治文明具有着重大意义：兴许法律会一时枉正错直，但在世俗之城里只有一个人人必须遵守的法律，只有在每个苏格拉底都服从法律的基础上，雅典人民才有法治的保障。在这个意义上说，苏格拉底必须死，因为雅典的法律需要生存。所以苏格拉底毅然选择了赴死。

公元前399年，雅典的三位检察官指控苏格拉底有罪。他们一致认为城邦应该判苏格拉底死罪。于是，苏格拉底就被宣判了死刑，一个月后执行。在这期间，其实他是可以逃跑的，不过苏格拉底并不愿意那样做，在他眼里逃狱是一种错误的行为。根据法律规定，如果他认罪并上交罚金就可以免除死刑，但他觉得自己的行为是正义的，不愿意因为死亡而低头，他愿意用自己的死亡来作为最后一次信仰的传播。

就连看守他的人也被他的气节而感动，对他讲可以晚一点喝毒酒，并且说自己相信他是最高尚的人了，说着说着，竟流下了难过的眼泪。苏格拉底对旁边的朋友克里同说："那个人跟我很亲近，他一有空总是来和我说话。像他这样的人现在已经不太容易找到了！不过拖延是没有意义的，请你叫人把毒酒拿来好吗？要是还没有准备好，就让他们赶快准备吧。"

事已至此，克里同只好让人把毒酒取过来。不一会儿，就有一个人走了进来，手里拿着一只杯子，杯子里面装的就是毒酒。

苏格拉底面色平静地问："麻烦你告诉我，我应当怎样做？"就好像他平时和学生探讨问题一样。

那个人告诉他："你喝下这杯毒酒以后，不停地在地上走，直到你感到两脚逐渐沉重起来，你就可以躺下来，这时候毒酒已经生效了。"

苏格拉底从那人手中接过杯子，然后问他："我可以从杯子里取一点出来把它献给神吗？"

那人说："我们准备的酒中毒药分量刚刚好。恐怕是不能祷告了。"

苏格拉底无畏地道："这个我是知道的，也并不是怕死，不过是想向神祷告罢了，希望我去另一个世界，能够平安幸福！这便是我用这杯中之物作为祭奠，以此来向神许愿的用意。"说着苏格拉底仰头把毒酒一饮而尽。

看见他喝下毒酒，身旁的人都忍不住哭了起来。

苏格拉底看到大家哭成这样，很是头疼，说道："你们怎么能像女人和孩子一样呢？我听人说，作为男人，应该安静地死去。所以你们面对着我，应该镇定下来，要坚强些！"

周围的人慢慢地强忍住了眼泪。默默地看着苏格拉底不停地走动，渐渐地脚步沉重起来，于是他躺了下来。

过了一会儿，一个负责行刑的人在苏格拉底的脸上盖了一层布。苏格拉底突然将布拉开，艰难地说出了最后一句话："克里同，你过来，我曾向克雷皮乌斯借过一只公鸡，请你不要忘记付钱给他。"这是苏格拉底遗留在这个世界上的最后一句话了……

说到底，谁也没有杀死苏格拉底，因为没有人能够杀死他，是他自己杀死了自己，为世人敲响了警钟。每个人身上都有太阳，关键是如何让它发光。苏格拉底用自己的生命，照亮了整个雅典。他就像一潭清澈的湖水，温和地滋润着每一个受过他教化的人民，干净得可以看得见内心，而他的学识，也像这湖水一样，深不可测，浩瀚无边。

## 他给后世留下的宝典

他一生也没有留下太多的著作，都是在他的学生柏拉图和色诺芬的著作中的记载才得以流传下来。有关苏格拉底的生平和学说，由于从古代以来就有各种不同的记载和说法，一直是学术界讨论最多的一个话题。

他有着巨大的影响力。在欧洲文化史上，他一直被看作是为追求真理而死的圣人，几乎与孔子在中国历史上的地位相同。哲学史家往往把他作为古希腊哲学发展史上的分水岭，将他之前的哲学称为前苏格拉底哲学。他以一种对哲学的崭新理解开创了希腊哲学的新纪元，更以其灵魂转世与净化的基本思想，给柏拉图以极其深刻巨大的影响，并通过他们一直影响到古希腊、古罗马时代，乃至后世的西方哲学。

后人称苏格拉底的哲学为"伦理哲学"。因为他在哲学研究上创立了一个新的领域，使哲学"从天上回到了人间"，在哲学史上具有伟大的意义。

「墨子的江湖，
　侠字当头」

侠客精神最早可以追溯到商周时期，司马迁的史记中就专门有一章《游侠列传》。有勇气又有忠诚的人在列国四起的春秋战国时期十分吃香。而纷乱的时局下的自由气氛，让侠客这一特殊的身份，得到了一定的尊重，人性的光辉也在那个时代中闪耀。久而久之，这个行业形成了他们所特有的道德准则，这就是最初的侠客精神。

/ 一 /

诸子百家中，与"侠"关联最大的便是墨家。近代，谭嗣同在他的《仁学·自序》里提出：墨有两派，一派为"任侠"，吾所谓仁也；另一派为"格致"，吾所谓学也。在中国人的印象中，墨子是戴斗笠，穿草鞋，粗布衣服的形象，《庄子·天下篇》中写"使后世之墨者多以裘褐为衣，以跂蹻为服"。

墨子作为一个没落贵族的后裔，走的却是平民路线，少年时代他曾学过木工，做过牧童。但从《史记》中的记载可以知道他也曾受过相应的文化教育。他自称"鄙人"，同情"曾师从儒家，学习《诗》《书》《春秋》等儒家典籍。然而在学习过程中他发现自己和儒家的不同，他看不惯儒家对天命、鬼神的态度，厌恶祭祀的繁琐和劳民伤财，对儒家的奢靡礼乐不屑一顾，认为儒家都是一些华而不实的废话，"以为其礼烦扰而不悦"，于是"故背周道而行夏政"，建立起自己的体系。

墨子先是在各地聚众讲学，抨击各国暴政和儒家学说。他的理念正适合社会底层的手工业者和下层士人。于是，墨子便建立了墨家学派，也就是中国历史上第一个有很强组织性的学派，其有严格的规定和组织纪律。他的门人必须穿短衣草鞋，以热爱劳动为荣，骄奢淫逸为耻，如果有人违背了这些律条，轻者开除，重者处死。墨家的"教父"被称为"巨子"，也称"矩子"，墨家成员称"墨者"，"墨者"必须听从"巨子"的指挥，其程度可达"赴汤蹈火，死不旋踵"的地步。"墨子服役者百八十人，皆可使赴火蹈刃，死不还踵，化之所致也。"(《淮南子·泰族训》)

墨家的"巨子"腹䵍在秦国思想潮流青黄不接的时候来到秦国，将墨家的学说进行传扬，使墨家的思想在秦国上层有了一定的影响力，墨家思想开始在秦国受到重视。一天，腹䵍的儿子杀了人，按照墨家的规矩应该处死，但是秦襄王欣赏腹䵍的才华又怜惜他老而无子，于是对他说："先生你只有一个儿子，寡人已经下令不杀他，你一定要听本王的话。"但腹䵍却说："我们墨家的规矩是杀人者必死，伤人者一定要受到惩罚，禁杀伤人是原本便是天下的大义，王上你虽然赦免了他，但我身为墨家的"巨子"却不得不执行墨家的纪律。"于是腹䵍手刃了他的独子。历史上为了权势，为了利益伤害自家的亲人者有很多，但是为了纪律而杀死自己的独子的却少之又少，墨家之纪律在现今看来，正是一股清流。

/ 二 /

然而墨子的学说是充满爱的，他主张"兼相爱"与"非攻"。

"爱"并不能作为墨子学说的重点，因为"爱"之一字实在太宽泛。儒家也强调"爱"，然而它所强调的爱是有别的，孟子的"推恩说"佐证了这一点。人们先亲其亲，然后降一等去亲近同乡的人，然后再降一等去亲近更远的人，"仁者，爱人"，然而如果上升到国家的层面上，孟子的观点是君主应该先亲近他的亲人，再亲近臣子，再亲近百姓。墨子认为乱的根源是人人只爱自己，却不爱他人。如果父母和儿女交相爱，兄弟姊妹交相爱，大家都能像爱自己一样爱别人，不为自己的利益而侵害他人的利益，相反，还会因为爱而将自己的利益交给他人。所以，墨家的理想社会是无差的，因为交相爱，所以父慈子孝，兄友弟恭。

先秦的记载中：子路为蒲宰，为水备，与其民修沟渎。他看见人民正遭受灾祸，于是将自己的食物分给了百姓。孔子知道了就吩咐子贡阻止他。子路找他说："因为暴雨快要来了，我怕有水灾，才叫大家修沟渠排水，怕大家饿才把食物分发给大家，夫子你怎么能阻止我做好事呢？"孔子回答他说："人民出现灾祸为什么不上报君主打开粮仓去赈灾呢？你私自拿食物给百姓是反应国君的无能啊。"所以儒家的爱有等差，实质上是指建立在等级基础上的层层推恩的差别。儒家的爱是仁爱的，墨家的爱是尚贤的。墨家反对"爱有差"，认为"爱无差等，利人以义，施由周始"，"皆天之臣也"。所以"爱"字之前必须要加上一个"兼"。

有一则轶事，胡适偶然谈起墨学，黄侃便骂道："今之讲墨学者，皆混账忘八。"胡适默然。过了一会儿，黄侃又说："就是胡适之尊翁，亦是混账忘八。"胡适大怒，谓其辱及先人。黄侃大笑说："且息怒，吾试君耳！吾闻墨子兼爱，是无父也，今君有父，何是以言墨学？余非詈君，聊试之耳。"举座哗然欢笑。更紧接着，胡适说，"你母亲为婢（意为你妈妈是婢女）。"黄侃大怒。胡适说，"且慢。我听说你是孝子，原来是不希望别人把你母亲看得如此下等啊，还是希望别人能视你之亲若其亲啊。孟子说，孝亲之至，莫如得天下养。如果爱有等差，即便被养着，但是以婢女的身份，想必你也是不乐意的。"

我们谈论墨子的时候，都是将"兼爱""非攻"放在一起，它们也是一体两面的。在《墨子》中有这样一段，如果军队出征冬天害怕寒冷，夏天害怕暑热，那么春天出征会耽误百姓耕种，秋天出征会影响百姓收获，这样就伤害了千万百姓。出征时候的兵器铠甲丢失损坏多不胜数，牛马出征前膘肥体壮，回来后瘦弱不堪，甚至死掉的又多不胜数……国家发动战争却伤害百姓利益又有什么用呢？

没有战争就没有伤害，将"兼爱"播撒人间又催生了"非攻"。因为墨子的思想，他和他的弟子无论是当了多大的官，仍旧穿粗布衣裳，穿草鞋，吃粗粮。他对他的弟子也训练严格，所以他的许多弟子都学会了守城作战的技能，用来帮助被攻打的城池。

公元前488年，楚惠王继位，经过一段时间的治理，楚国逐渐回到了兴盛的状态，便想进攻中原。为了加强进攻力量，楚惠王特地请来能工巧匠公输般制造一种新的攻城器具——云梯。据说这种云梯可以折叠起来放在战车上，攻城时却可以架在车上升得很高，士兵就能够爬上梯子攻进城去。

于是，楚惠王决定进攻宋国。

墨子知道了这件事，花了十天十夜从宋国走到了楚国的郢都。路上艰辛不表。

他连忙去见楚惠王，说："有个人自己家里有五彩装饰的华贵车子不要，却要偷邻居的破车子；自己有锦绣绸衣不要，却要偷邻居的旧裯子；自己有大鱼大肉不要，却要去偷邻居的烂谷子，不知是个什么人？"

楚惠王听了哈哈大笑道："这个人一定是得了偷窃病。"

墨子又说："楚国方圆有五千里，宋国只有五百里，这就像那宝车和破车；楚国有云梦大泽，而宋国土地贫瘠，人民穷困，这就像那鱼肉和烂谷子；楚国物产丰富，宋国资源匮乏，这就好比锦缎与粗布裯子。所以，大王要去进攻宋国，就和那个得了偷窃病的人是一样的啊！"

楚惠王道："先生你说的是啊，但公输班已经为我造好云梯，我一定要进攻宋国！"

墨子见楚惠王执迷不悟，就对他说："我已经有了对抗云梯的方法，你如果不信，可以请公输班与我较量一下"

于是墨子解下了自己的腰带，在地上围成一圈作为城墙，又找了几根筷子作为攻城的云梯。两个人就在这个简易的沙盘上演练了起来。几次三番，公输班没有了攻城的方法，墨子守城却仍有余力。

最后，楚惠王只好放弃进攻宋国。

"大不攻小也，强不侮弱也，众不贼寡也，诈不欺愚也，贵不傲贱也，富不骄贫也，壮不夺老也。是以天下庶国，莫以水火毒药兵刃以相害也。"这就是"教父"墨子的哲学。他手下有着训练有素的弟子，多是粗布衣服，"串足胼胝，面目黎黑，役身给使，不敢问欲"，闻鸡起舞，崇尚和平。他们在弱国受难的时候会立刻倾巢而出，前往救助。

在《史记》中有记载，在楚国阳城子杀害变法的白起时，当时的"巨子"孟胜便是站在了阳城子的一面，在阳城子事败逃走的时候，他们依旧为他守城，死伤惨重。虽然墨家这次是被奸人蒙蔽，但是他们的忠诚守信以及舍身就死的侠义仍然使我们感叹。

/ 三 /

墨子拥有那么庞大的组织，自然需要金钱来维系。受《秦时明月》的影响，我们可能认为墨家是一个研究奇淫巧术的学派。可如果仅仅如此的话，墨家也不会成为"非儒即墨"的"显学"。但是墨家精于机关机械却是真的。墨子本人曾花费三年的时间来研究如何令木鸢上天，结果这个木鸢只在天上呆了一个上午便坠毁了。但是这三年的时间却为后世的人们发明了风筝。

墨子有一个徒弟名为禽滑厘，他能在一天的时间里造好一辆载重30石的战车，这个车子运行迅速又十分省力，被当时的人们所赞赏。在《墨子》一书中，"备城门""备水""备穴""备蛾""迎敌祠""杂守"都是在建筑、武器、水利、军事有重要作用的文章。

音乐也许是很多人不可或缺的生活调剂，然而墨子却主张"非乐"。"其礼烦扰而不说，厚葬靡财而贫民，服伤生而害事。"

孔子在音乐上提倡雅乐，提倡正乐，墨子反感儒家的繁文缛节，同样也讨厌儒家繁杂的礼乐文化。孔子对礼乐的态度是极度崇敬的，因为制乐是权利的象征，是以乐与礼相同，正是不平等阶级的延伸。《礼记·乐记》："天地尊卑，君臣定矣，卑高以陈，贵贱位矣。动静有常，大小殊矣，方以类聚，物以群分，则性命不同矣。"《礼记·曲礼》："礼者，所以定亲疏，决嫌疑，别同异，明是非也。"所以在孔子看来，天下大乱，诸侯争霸是不守周礼的结果，墨子却认为天下大乱的缘故就是繁杂的礼节。这也是墨子"兼爱"的思想体现。所以，墨子主张的"非乐"是站在孔子的对立面，站在儒家的对立面，站在统治阶级铺张浪费、繁文缛节的对立面。这种挑战是统治阶级难以忍受的，所以，因为"非乐"一事，墨子被宋国囚禁。在荀子的文章记载中，墨子因为"非乐"的思想险些受到刑罚。曹惠康在《墨子的非乐思想》一文中指出，那些用于祭祀、射仪、燕飨、迎宾等礼节性音乐和王公大人日常生活中的消遣娱乐之乐，都是为统治阶级服务的；而那些击击盆缶，唱唱歌谣，借以消除疲劳的"聆缶之乐"是为劳动人民服务的。在《史记·孔子世家》中有记载，在鲁国和齐国的外交席上，齐国有司请示演奏乐曲吧，孔子说："两国相会，怎么能有夷狄的音乐？"在齐国有司第二次请示的时候，伶人上场乐舞。孔子再三请示，一定要执事诛杀伶人。孔子所倡导的只是古乐和古礼。然而根据当时的形式来看，墨子所"非"的"乐"并不是我们所理解的音乐，也不是劳动人民的音乐追求，而是统治者对民众以礼乐为由的教化，反对贵族的骄奢淫逸。

　　话说了许多，实际上，墨子的内心是一片赤子的纯洁，在纷乱的时局下，他不竭地宣扬他的真挚想法，在当时，墨家仿佛一股清澈的泉水，以它自己独特的方式清洗着这个世界。然而，在世人眼里，墨子是一盏明灯，照亮了历史前进的道路。

## 墨子的组织都干了些什么

墨子是中国历史上唯一一个没落贵族出身的哲学家，墨家学说与儒家并称"显学"。他提出了"兼爱""非攻""尚贤""尚同""天志""明鬼""非命""非乐""节葬""节用"等观点。以"兼爱"为核心，以"节用""尚贤"为支点。墨子在战国时期创立了以几何学、物理学、光学为突出成就的一整套科学理论。在当时有"非儒即墨"之称。墨子死后，其弟子根据墨子生平事迹的史料，收集其语录，完成了《墨子》一书传世。

# 「柏拉图的梦」

诗人柯勒律治曾说:"一个人要么是柏拉图主义者,要么是亚里士多德主义者。"那么什么是"柏拉图主义者"呢?实际上就是就是神学家、世人和艺术家的结合体。心思细腻又才智高深,对事物抱有极强的好奇心,当别人再问要如何去做时,柏拉图主义者在思考的是为什么它会存在。那么柏拉图本人又是怎样的一个人呢?一个出生于古希腊黄金时代衰微期的智者,又是如何在其中寻求自我的?

/ 一 /

柏拉图原本不叫柏拉图,而是阿里斯托克勒斯。因为他从小肩比较宽,所以人们喊他"platus"(胸肩很宽),后被谐音词"platon"取代。其实这种现象也不稀奇,就相当于中国人管家里的胖小子喊"张胖子""李胖子",时间久了,也就成了名字。

柏拉图没有辜负自己的魁梧身材,十分擅长体育运动,尤其是摔跤,勇猛极了。当然他也不算是一个粗汉子,在古希腊,人人崇尚力与美,不像后来的文人书生们都常年待在书房里,一副弱不禁风的样子。所以当时很多剧作家、诗人、哲学家其实都是彪形大汉。

彪形大汉般的柏拉图出身贵族世家,因此接受了良好教育,而且骨子里就是个文艺青年。喜欢画画，懂音乐，尤其喜欢古希腊的史诗和喜剧，据说他本人还写过一部史诗和一部悲剧。

放到今天，这就是个出身优越的小伙子，没事喜欢健健身，沾点文艺气息。因为生父家里有皇族渊源，父亡后母亲改嫁，继父是雅典使节，常年奔走于波斯和亚洲国家，与雅典民主派领袖伯利克里关系密切。所以他也受到影响，觉得自己以后可以在政治圈发展一下。

直到17岁那年，他遇见苏格拉底。

苏格拉底当时很出名，被称为是最有智慧的人。柏拉图顿时有些崇拜，下决心要成为一名优秀的哲学青年，并拜他为师。可以说，苏格拉底让这个文艺青年的人生彻底发生了转折。

进入哲学圈以后，柏拉图开始一直跟在苏格拉底屁股后面，完全听从老师的指引，以至于他的前期作品中，总能看到苏格拉底的思想。后来尼采总说这事儿，说柏拉图这孩子被苏格拉底给耽误了。

哲学的理论发展仰赖于天才，仰赖于传承，也仰赖于不断变化的历史环境。它是必然与偶然的结合体。所以，谁超越了谁，谁模仿了谁，谁被现实所局限，谁又突破了现实局限，我们都可以欣然接受。

假使柏拉图一直踩在苏格拉底的影子里，那么历史不会记得他的名字。渐渐地，他的天赋开始在字里行间慢慢显露，人们读出了他与苏格拉底的抗衡。苏格拉底是伦理的、世俗的；柏拉图是诗歌的、政治的。

/ 二 /

大众不读柏拉图，但都津津乐道柏拉图式的爱情。那似乎是一种更纯洁、更长久的精神之爱，与欲望和世俗无关。

柏拉图能为情人互相许诺的白头到老打包票吗？恐怕他还真不敢说这个话。但在哲学家当中，他是比较早讨论爱情这件事的，并得出一个很理想的结论：真正的爱是精神之爱，你应该爱对方的灵魂而非肉体。

探讨这件事的时候，柏拉图假想了几个哲人在一起狂欢的情景，其中也有他的老师苏格拉底。他将这些对话收录在《会饮篇》里。

所有的对话都是柏拉图臆想的，他一个人将自己分裂成不同身份，开始关于爱情的讨论。不过，内容想来也不是凭空而谈，带着这些哲人的生活与特色。好多人觉得看不下去这些对话，因为冗长而晦涩，总觉得要被绕进去。其实仔细读读，里面的故事还是十分丰富的。

这段对话中，初次展现了一个我们都熟悉的观点。就是每个人来到世间，都是寻找他被劈开的另一半。柏拉图说，人在被劈开两半之前，是一个球。但是分为男球、女球和阴阳球。言外之意，就是你要寻找的，或许是异性，也或许是同性。

在这样的前提下，说着说着，这些人就把同性之爱、师生之恋等等都交代了。苏格拉底也聊得起劲，把自己那点私事都暴露了。从八卦自己的老师这个角度上来讲，柏拉图似乎不太地道。

大家都对些话题聊得起劲，最终柏拉图也给出了自己的看法。他既不赞成也不反对，但是希望把这种感情引领到更光明的地方去。终归到底，柏拉图式精神恋爱最开始说的是同性之爱，后来渐渐演变成精神恋爱。

他说，爱情就是"当你坠入爱河，其实是你眼中看到了对方身上你不具备的好的特质。可能他们冷静，你易怒；他们非常自律，你自由散漫；他们口若悬河，你嘴笨木讷"。爱情从本质上来说，是一种教育。你所找寻的那个人，身上有你成长过程中缺失的部分。

或许是纯粹的柏拉图式恋爱太难寻，柏拉图聊来聊去，都没能解决自己的个人问题，起码没有任何资料显示他结过婚。不过在各式各样的鸡汤文里，倒是一个常见的段子。

柏拉图问苏格拉底，"什么是婚姻？"苏格拉底敷衍地回答，让他去树林里转一圈，找一朵最好看的花回来。不一会儿，柏拉图捏了一朵回来，不难看，但也谈不上最好看。苏格拉底问原因，他只好说，"绕了好几圈想找一支最好看的，但体力不支，只好随便摘一朵。"

这个故事在不同主题的"心灵鸡汤"中有不同的解读，可是归根到底是不是在说，婚姻就是凑活着过呢。一个主张精神恋爱的导师，如果走入一段凑合着过的婚姻，那简直太儿戏了。

不知道是不是因为这个原因，柏拉图终身未婚，孤独一生。

/ 三 /

古代哲学家都喜欢掺和政治，不是因为他们官迷心窍。而是早期哲学的很多理论架构，都与政治息息相关，需要靠它来完成。

出身贵族的柏拉图从小就有兴趣进入政治圈，后来研究了哲学，更加跃跃欲试。可惜后来家道中落，苏格拉底又事非不断。但只要有机会，柏拉图都不会放过。

他讨厌雅典的民主制度，自己凭空想出了个乌托邦，也就是理想的国家状态，是为"理想国"。

教育平等这件事是他想到的，不过做法有点幼稚。他觉得孩子从小就被父母控制太可怜了，"理想国"必须要从娃娃抓起。所以注重从各个阶层找到智力健全的孩子，从父母手里抢过来，统一教育。

另外他觉得，身强体壮的人生才是彪悍的，所以体育教育非常重要，孩子们十岁开始就要锻炼。当时的社会环境下，政府没枪没炮，所以，魁梧的身材就是潜在的军事力量。

他主张审查制度，觉得狂热的自由太可怕了。国家统治者要过滤和净化危险的观点，以免国家走入不可控。不过他没有给统治者们太美好的生活，而是对他们要求非常苛刻。他觉得，国家的统治者就应该全心全意地为人民服务，最好不要结婚，以免牵扯时间和精力。不如每天兢兢业业，专门利国，从不利己，才能创建一个繁荣昌盛的社会。

后来，他又有些担心。教育平等之后，就业不可能平等，毕竟不是每个人都能成为统治者。所以他又发明了一套理论，说上帝造人的时候用的材料不一样，有金的，有银的，有铜的，因此他们所属的社会阶层不同，但这都是上帝的旨意，无需抱怨。不过，金、银、铜是流动的，万一父母是铜的，可以祈求上帝，子女也可能是金的。

在脑袋里构建这么一个"理想国"，占用了柏拉图太多的脑细胞。国家建设涉及方方面面，他也得挖空了心思想。假想一个体系，假想出会遇到的问题，再假想出对策，想得头发都白了。

有人不理解"理想国"，认为这就是白日梦。那么也只能说，做梦也是需要水平的。这是人类历史上的第一个乌托邦，所涉及的问题已经十分成熟和细腻，对人类思想史有着深刻的影响。

/ 四 /

为了让心中的"理想国"能够实现，柏拉图奔走一生。

这本就是提着脑袋的冒险之旅。尤其是在雅典，成功系数很低，在苏格拉底被处以死刑之后，柏拉图更不敢轻举妄动。

有一阵子，柏拉图四处游学。到过小亚细亚、埃及、意大利等地，各处均有粉丝跟随。其中一个叫狄翁的追随者，同时也是西部一个强邦的皇族人，这才让柏拉图看到了希望。

跟着狄翁来到西西里岛，见到狄奥尼修一世，40岁的柏拉图苦口婆心，希望在西西里岛建立"理想国"。但是没想到谈着谈着，因理念分歧，险些丢掉性命。狄翁极力说情，才把他救了下来，但却被当作奴隶卖掉了。

做了一年多奴隶，柏拉图经人搭救回到雅典，建立了雅典学园。20年后，西西里岛再次传来福音，狄奥尼修一世归天了，其儿子即位。60岁的柏拉图又有了希望。

狄奥尼修二世喜欢文学和哲学，经常同柏拉图一起探讨问题。不过柏拉图还是没赶上好时候，这时候宫廷政治斗争太严重，不久狄翁失势被放逐。柏拉图处于近乎被软禁的状态，后来找机会返回雅典。

后来，柏拉图总是经受不住诱惑，西西里岛向他勾勾手指，他便想去试试。因为他太希望"梦想成真"了，可惜每一次都无功而返。而后晚年时的柏拉图终于放弃了，开始将重心放到雅典学园，培养出更多根正苗红的哲学青年。

柏拉图比苏格拉底运气好，顺利活了80岁，在当时可以算是高寿。

在一次参加朋友的婚宴时，宾主尽欢，其乐融融。他悄悄退场，坐到一个角落，平静地死去。

他留给了世人一场乌托邦，从此独自走进更深的梦里。

## 聊聊柏拉图都写了什么

上有苏格拉底，下有亚里士多德，柏拉图在哲学圈中地位非常高。因为苏格拉底这个大哲学家居然没有文章传世，导致他所有的哲学思想都在柏拉图的那些对话录里。所以柏拉图的哲学著作，证明了他便是古希腊智慧的承载者。

### 《理想国》

柏拉图一生的最高理想就是：哲学家应该是政治家，政治家应该是哲学家，你中有我，我中有你。

而《理想国》写于柏拉图壮年时期，简直就是一部哲学家的治国纲要。这部作品被认为是"西方哲学大全"，所以没读过此书的人，在西方很难说自己是知识分子。

### 《会饮篇》

柏拉图式的爱情就是从这里来的，苏格拉底的同性绯闻也是从这里来的。在柏拉图的假想中，一群西方男子在酒宴上喝多了酒，你一言我一语，互相讨论什么是爱，一直聊到思想高潮。

从低级的爱，到高级的爱，最后回到爱的本质。

### 《苏格拉底的申辩》《克力同》《游叙弗伦》

苏格拉底受审前后的故事，记述了苏格拉底思想的重要作品。

《智者》

这是柏拉图晚年时期写的，哲学思想更成熟，所以被认为是柏拉图最深刻的对话录之一。

《巴曼尼得斯篇》

只能说，看懂的人很少，包括哲学专业的人。
为何？
你见过一本著作的内容，注释是译文的九倍吗？

《泰阿泰德》

泰阿泰德是柏拉图的好朋友，但是在一次战役中牺牲了。柏拉图用朋友的名字命名这本书，表达思念。此时他已花甲之年，不再是《理想国》时的激情澎湃，流露出陶渊明般的避世与超脱。

《柏拉图文艺对话录》

柏拉图所有关于美学问题的发言集，并且是朱光潜先生翻译的，没有理由错过。

《柏拉图对话集》

更多对话，更多思想，哲学百科小全书。
……

# 第欧根尼综合征

在古老、富裕、腐败而又懒散的希腊克林斯城邦里,有这样一位奇怪的哲学家,他像乞丐一般无家可归,住在一个泥土做的储物桶里,御寒的衣物只有一张毯子,所有的财产只有一根棍子、一件斗篷和一个面包袋子。他生活得像一条狗,却又逍遥自在,他的哲学理论被人们称之为是"犬儒主义",他的名字叫第欧根尼。

## 一

每天清晨,当第一束阳光照进古老的城邦时,第欧根尼便从光溜溜的地上爬起来,先搔搔痒,打个大大的哈欠,然后跑到公共喷泉边,捧着那清澈的泉水洗一下脸上的污垢,之后就站在路边向过路的行人讨要一两块面包或者几颗橄榄,如果足够幸运,能够从善良的人们手里讨到些吃食,他就会立刻蹲在地上大口大口地嚼起来,那样子,仿佛他啃的并不只是几片可怜的面包,倒像是一个尊贵的国王在享受他丰盛的早餐一样。吃完后,他还不忘再次跑到喷泉边饮几口泉水入肚。吃饱喝足后,这个悠闲的流浪汉便重新站在路边忙开了他的"公事"。

在这座城邦里，来来往往的商人、顾客、异邦人甚至奴隶都认识第欧根尼，或者至少听说过他。他在人群中自由自在地转悠，尖刻地回答着人们向他提出的问题，或者向那些递给他食物的人们道一声感谢，或者毫不客气地咒骂那些向他扔石子的坏家伙们。当然，他也很乐意向那些愿意倾听他这个"传道士"传道的人们阐释他的学说，尽管很多人都拿不准他到底是不是已经疯了。

第欧根尼师承苏格拉底的弟子安提斯泰尼，主张恢复简朴自然的生活，抨击传统教条的虚伪性，并且他认为人其实除了自然的需求必须满足之外，其他的需求都是可以放弃的，是无足轻重的。人不应当生活在舒适的环境里，而应当像苦行僧一样去生活。事实上，他的确也是这样身体力行的。在人们眼里，第欧根尼生活悠然自得，而他自己还呼吁人们同他一样禁欲和生活，这就是第欧根尼的"犬儒主义"。

在公元前4世纪的时候，很多伟大的哲学家如柏拉图、亚里士多德等还在私塾里向学生们布道，而前卫的第欧根尼早已走出私塾，走到芸芸众生里去向信仰他的学生们展示何为自然的生活，用实践去传道授业，把广袤的社会当成他的实验室和大讲堂，把熙熙攘攘的人群当成他的信徒。他经常潇洒自如地穿梭在柯林斯城邦的人群里，在大庭广众下做出一些非常"另类"的举动来。

据说，有一天中午，日头高照，而人们却惊讶地看到第欧根尼打着一盏点着的灯笼大摇大摆地走在大街上，还不时地将灯笼高高地举起来，对着街上注视他的人们端详良久，就像借着灯笼的光在仔细观察一个搞不懂的物体一般。人们问他这是在做什么，他却用充满悲伤的声音说他在打着灯笼找一个诚实的人，一个真正完整的人。原来，在第欧根尼看来，世界上绝大多数的人都活得如同行尸走肉，最多只能算是半个人而已。

第欧根尼立誓要刺破传统陋习的面纱，为人类更好、更自然地生活而奔走。他绝不像那些因为看不惯或者厌倦了喧嚣的城市生活而躲进寂静偏远的山村农庄去的消极避世的人，他积极地同现实世界做抗争，用自己的行动去改变这个他口中那个病入膏肓的世界。

在第欧根尼看来，凡是不自然的生活便是可耻的、罪恶的，人必须要学会摆脱繁文缛节的束缚，跳出传统陋习的阴霾，放弃不平等的奢侈享受。也许很多富裕的人认为他们理所应当拥有那些华丽的服饰、健壮的马匹、忠实的仆人、宽大的房子和多余的存款，但在第欧根尼眼里，这些富裕的人其实反而是为他们所拥有的这些东西所累，因为他们的快乐和生活都依赖于这些东西，他们必须为他们所拥有的这些东西绞尽脑汁、操碎了心，将所有的精力都浪费在这些东西上，为这些东西所支配。表面上看，是人拥有了这些东西，但实质上却是这些东西把人变成了奴隶，人为了拥有这些东西而出卖自己独立的灵魂，放弃生活中最为朴实长久的东西，这便是舍本逐末，是最不自然的生活方式。

有一天，第欧根尼看到一位达官贵人正在使唤他的仆人为他穿鞋的时候，他毫不犹豫地走上前去告诉这位达官贵人，终有一天，他将感受到真正的幸福，而这幸福便是当他的双手被砍掉之后，还有这位善良的仆人为他擦鼻涕的时候。

第欧根尼就是这样，他根本不将所谓的"社会规范"看在眼里，每天都快乐地生活着，悠哉悠哉地躺在铺满阳光的大地上，心满意足，看样子似乎是要比波斯的国王还得意。如果有人嘲笑他，他便毫不客气地嘲弄回去。无论站在他面前的人是谁，他都能够以最本性自然的面目面对他们。

## / 二 /

古老富饶的科林斯城邦里，人们活得醉生梦死、浑浑噩噩，直到有一天，一场严重而可怕的战争降临，躲在城邦里的人们才恍然从安逸的梦里惊醒，慌慌张张地开始重新修筑荒废良久的军事防御工事，厉兵秣马，然而他们或许还不愿意相信，这种努力早已经为时晚矣。

第欧根尼看着忙忙碌碌的人们，他学着他们的样子，将自己那只破木桶在地上推来推去。人们嘲弄他，他觉得看着人们那样忙碌，他也应该找点儿什么事情做罢了。

几天之后，翻修防御工事的人变成了成群结队地围在希腊的征服者、马其顿新王国的主宰者亚历山大周围的士兵、官员、文书、外交家和僮仆……像极了一片片黑压压的乌云。

此时的亚历山大虽然只有20岁，但却十分的老成稳重，而且聪明睿智，仪表堂堂，对女人也是彬彬有礼，很有骑士风范。像所有的马其顿人一样，亚历山大也十分喜好饮酒，只不过喝起来很有分寸，绝对不会因为贪杯而误事。此外，他还拥有马其顿人优秀的军事天赋，能够灵活而机智地指挥千军万马，并且经常取得胜利。

希腊最伟大的思想家亚里士多德曾经向作为他弟子的亚历山大传授过很多诗歌和哲学思想，并为他详细讲解了政权的形态和应用以及科学研究的方法。这使得亚历山大从13岁起就掌握了如何从错综复杂的表面现象中提取本质的、具有启发性的思想和内涵。希腊文化中最精华的部分亚历山大都有吸收。

或许也正是因为这一点，才有了后来亚历山大和第欧根尼的心灵相通和相知。

担任其父腓力二世所打造的希腊城邦联盟的首脑，并不久还被一致推举为东亚远征军司令的亚历山大开始受到无数人的追捧和投靠。各式各样的人物纷纷涌进科林斯，立誓要为这位绝代英雄鞍前马后，而唯独就住在科林斯城邦内的第欧根尼拒绝觐见这位伟大的马其顿国王。

第欧根尼拒绝了亚历山大，却反而更加引起了亚历山大的兴趣。这一天，亚历山大亲自来到了第欧根尼的"住所"，他昂首挺胸，信心十足地穿过围观的人群走到了第欧根尼的面前，人们纷纷向这位披着金色斗篷，身强体壮而又威武的国王欢呼和致敬，但第欧根尼仍是一言不发，安安静静地躺在地上，仿佛周围的一切都是不存在的一样。

最后，从伟大的老师亚里士多德那里承袭了宽宏大量品质的亚历山大首先打破了沉默，向躺在可怜的破木桶里的衣衫褴褛、邋里邋遢的第欧根尼致以了和蔼的问候。

"我可以帮你什么忙么，第欧根尼？"亚历山大温和地问道。

"当然可以，你要站到一边儿去就行，因为你挡住了我的阳光。"躺在地上的第欧根尼答道。

一阵死一般的沉默，谁都没有料到第欧根尼居然如此不给这位国王面子，要知道亚历山大可是人人敬仰的大英雄啊，能够放低姿态来造访他已是不易，现在他还要对这位大人物出言不逊，实在是太说不过去了。人们开始交头接耳地对着第欧根尼指指点点，一些胆大的甚至用手肘轻推着哄笑起来，而守在亚历山大周围的官兵们则立刻对亚历山大称第欧根尼只是个无名小卒、可笑的乞丐而已，希望他们伟大的国王立刻处置他，让他为自己对国王的不敬承担应有的惩罚，但亚历山大并没有立刻说话。

沉默着，沉默着，终于，年轻的亚历山大向躺在地上的第欧根尼点头致意道："假如我不是亚历山大，我一定做第欧根尼。"说完，便大步走出人群，只剩人们站在原地一片唏嘘。

在一般人看来，亚历山大的这句话或许是违心的，是矛盾的，但其实也很好理解。师承亚里士多德的亚历山大最能够理解第欧根尼身体力行的"犬儒主义"的精神内涵。第欧根尼自称自己是"世界公民"，他亚历山大又何尝不是？当旁人还在为了一己之私蝇营狗苟的时候，崇拜海格立斯（即赫拉克勒斯，希腊神话传说中的人物，宙斯和阿尔克墨涅的儿子，气力非凡，在历经种种劫难，完成12件大功之后最终获得了永生不死的命运）的英雄形象的亚历山大却在为了人类的进步而浴血奋战。可以说，亚历山大理解了第欧根尼，是因为他知道，在这个世界上，唯一能够按照自己的自由意志去生活的"自由"之人，恐怕无外乎他两人尔。

因为理解，所以懂得，因为懂得，所以宽容。如果不是亚历山大正好被赐予了国王的命运，也许他会是第二个第欧根尼。毫无疑问，在最深层次的思想和追求方面，他们是一致的，是同一类人。

/ 三 /

第欧根尼的"犬儒主义"和佛教所倡导的修身苦行其实是相似的，都是强调禁欲主义，将世间的一切享受都视为是身外之物而加以摒弃，这在古代不仅仅被很多人视作是一种高尚的美德，还体现了古代城邦中被剥夺了自由公民权利的贫民对希腊大奴隶主的骄淫奢侈生活的消极反抗。

有一次，第欧根尼外出旅行，走到河边时才发现洪水泛滥，难以渡河，正在岸边发愁的时候，过来一个身强力壮的人，看到第欧根尼没有办法过河，二话不说就将他背了起来，驮着他安全渡过了河。到了河对岸，第欧根尼对这位陌生人的善意帮助十分感激，又愧于自己一穷二白，无法报答眼前这位善良的人，只能对着天空叹气，而就在这个时候，这位帮助第欧根尼渡过河的人又开始背别的人渡河去了。第欧根尼便走到他的面前告诉他自己将不再为刚才他背自己过河的事情而感激他了，因为他这样做根本不加以选择，不是因为受内心自由的善良意志所驱使，而只是一种被长期压迫后形成的怪癖罢了。

或许乍一听起来，别人帮助了自己，第欧根尼不但不感谢，反而苛责其不加选择地背人过河只是一种怪癖，实在是得了便宜还卖乖，但仔细想来，也不难理解。对一个人最大的感激和拯救，在第欧根尼看来，无外乎拯救其自由意志，帮助其恢复自然的生活。这位不加选择的渡人过河的人是善良的，但他同时也是愚昧的、可怜的。因为他没有自己的独立思考，没有自己的自由生活和选择。他囿于传统的社会规则的限制，只知道无条件地接受和出力气，却看不见、也不知道自己的可悲之处，这才是最大的可悲。第欧根尼对他的指责，看似无情，实则饱含深情。他希望所有像这位无条件渡人过河的人一样的广大受苦群众都能够对自己的处境有一个清醒的认知，崇尚和追求自由，过最自然的生活。这才是第欧根尼一生所宣扬的哲思最根本的目的。

当然，第欧根尼不但是一个特立独行的人，还伶牙俐齿，讲话幽默犀利。据说曾经有一次，第欧根尼平白无故地遭到了一个秃头的人的谩骂，对此，第欧根尼则称自己是绝对不会对他进行反击的，反而更加欣赏他头发的品性，因为就连他的头发都已经因为难以忍受这颗可恶的头颅而掉光了。

还有一次，一位富人邀请第欧根尼到他家中做客，结果第欧根尼应邀前来的时候，却被势力的守门人拦住了。守门人告诉第欧根尼，如果他让第欧根尼进入主人的豪宅，将主人的屋子弄脏，他是万万担待不起的。听完守门人的话，第欧根尼立刻毫不留情地对着他的脸就啐了一口，称再也找不到比这位守门人的脸更脏的地方了。

你看，骂人却不带一句脏话，讽刺人又不带半点儿市井的泼辣气，却更加一针见血，幽默而有力，足见第欧根尼的洒脱和睿智。

在当时那些穿戴整齐的希腊人眼里，第欧根尼就像一个可笑的疯子，然而这个毫无任何家庭、名声等外在事物牵绊的外来客却能够清楚地看到那些所谓的政治、美德学说和社会秩序等传统价值的虚伪之处，他极端节俭的生活方式其实更像是用身体去反抗正经的表象游戏的体现。他的尖酸刻薄和冷嘲热讽，无一不是在极力地开启世人：政治权利、物质欲念等都是违背自然的，人如果想要获得真正的幸福，就必须抛弃那些造作而虚伪的习俗和礼节，放弃奢侈淫逸的生活，回归本性，回归自然。这种愤世嫉俗的启蒙方式是否文明合理先不论，但在当时的封建社会背景下，已经是一种巨大的思想进步了。

以天为盖，以地为庐，粗食单衣，潇洒肆意。他是永远活在自然生活中的第欧根尼。

## 第欧根尼宣扬了些什么

第欧根尼所宣扬的哲学主要是"犬儒主义"，即强调禁欲和苦行，放弃舒适的外部生活，颠覆传统价值，恢复自然朴实的理想状态的生活，崇尚自由和真实。他的这些哲学思想成为了古希腊崇尚简朴生活理想的重要基础，而尽管当时崇拜和追随他的门徒也不少，但是归到其名下的各类著作早已失传，十分遗憾，只留下了一些关于他言行的传说，但绝大多数的真实性有待考证。

「躺在亚里士多德的枪下」

他是一个"富二代",也是一个书呆子;他是一个"百科全书",也是一个哲学圣人。他的出现成了哲学界和科学界的一个转折点,从对完整世界的研究转而探寻具体问题。中世纪以前他是偶像、是神明;近世纪以来他却被遗忘、被漠视。他就是亚里士多德,一个百科全书式的学者,一个错误百出的智者。

/ 一 /

有个人,在多数人的记忆中,他一直被推翻,却从未被超越。物理学上,他认为在自由落体中,物体重的先落地,后被伽利略在比萨斜塔的实验中推翻;他认为白光是一种再纯净不过的光,后被牛顿的三棱镜推翻。生物学上,他认为燕子在沼泽地带的冰下过冬,后被一个鞋匠推翻了。天文学上,他认为地球上的物质是由水、气、火、土四种元素组成的,而天体则是由第五种元素"以太"构成的,这个不用说,稍微有点科学常识的,都知道这个理论的荒谬之处;他支持"地心说",却被哥白尼的"日心说"推翻了,虽说最后证实"日心说"也不正确,但到底他还是错了。

他就是亚里士多德，就是这么个不着调的人，却以这些"错误"的理论统治了哲学世界2000多年，与"师祖"苏格拉底，老师柏拉图并称为"希腊三贤"。

而这一切的伟大，都源于色雷斯一个叫作斯塔基拉的地方，这个小城市是希腊的一个殖民地，与诞生了亚历山大的马其顿相邻。亚里士多德出生于公元前384年的乱世，那时正值希腊的"国王合约"之后，斯巴达肆意妄为，西方世界处于一片混乱。虽然处于乱世，幸运的是亚里士多德的父亲是马其顿国王腓力二世的宫廷御医和药剂师，出生于这样的家庭虽算不上富庶一方，但也是个不折不扣的贵公子。

经济的优渥，并没有让亚里士多德变得奢侈浮华，反而他利用自己的优势，不断学习。总的来说，少年时期的亚里士多德是个典型的好学生形象。唯一不同的是，受到父亲的影响，他十分好奇也渴望了解这个充满神秘的世界，他对生物学和实证科学极感兴趣。其实这在亚里士多德后来的成就中也可窥探一二，他率先将生物学分门别类，甚至为了其专门写了些著作。不过，后来亚里士多德最终还是以哲学家闻名，这或许还要感谢老师柏拉图的引领。

/ 二 /

贵公子的日子过了没多久，亚里士多德的双亲便去世了。这也是亚里士多德人生中一个重要的转折点，因为他不得不去投奔姐姐阿利姆涅斯托斯。这也是亚里士多德跨入哲学大门的契机。姐夫普罗克森努斯与柏拉图是朋友，于是姐夫便将亚里士多德送去了柏拉图学园学习。原本只是让他去学习医术，学成后好接父亲的衣钵。谁知在学园里，亚里士多德却发现了一个比医术更让他感兴趣的东西——争论。

争论会涉及到数学、天文学、法律、政治等等，这让天生就恃才傲物的亚里士多德找到了最适合自己的东西。很快，亚里士多德就因为思想偏僻、观点尖锐、思维敏捷而在学园中小有名气，就连恩师柏拉图也曾略带讥讽地说亚里士多德是"学园的知识分子"。

虽然亚里士多德尊敬崇拜柏拉图，甚至在柏拉图死后写的悼词中赞美道："对于这样一个奇特的人，坏人连赞扬他的权利都没有，他们的嘴里道不出他的名字。正是他，第一次用语言和行动证明，有德行的人就是幸福的人，我们之中无人能与他媲美。"但这并不代表他无限认同自己的老师。相反，他们二人的关系完全就是一部"相爱相杀"的大戏。柏拉图嘲讽亚里士多德是"书呆子"，亚里士多德则说过"智慧不会随柏拉图一起死亡"。对于这个跟自己"对着干"的学生，柏拉图还真是"又爱又恨"。到了柏拉图晚年，争吵更是变成了日常生活中不可缺少的一部分。

直到公元前347年柏拉图逝世，这部大戏才落下帷幕。但著作上的辩驳才刚刚开始，翻看亚里士多德的著作，几乎每一篇都有关于反驳柏拉图观点的论述。最经典的就是"共相"之争，这个在哲学史上争论了千年的理论，就是由于亚里士多德的一部《形而上学》引起的。其实在柏拉图还在世的时候，两人就因为这个理论争论过，现在柏拉图去世了，就更没人能跟亚里士多德争辩了，于是他便大写特写自己的理论。当然，亚里士多德没想到的是，自己的一个理论甚至引发了1000多年以后的17世纪科学与宗教的大对抗。

学园并没有随着柏拉图的离世而解散，或许是因为亚里士多德把柏拉图气得不轻，或者是柏拉图不满亚里士多德把他的哲学从高洁的天上拉到了低俗的地下，总之柏拉图并没有将学园交给自己这个"才华横溢"的学生。而新的"领导"是柏拉图数学理论的拥护者，因此学园的重心转移到数学上，这让对柏拉图的数学并不感兴趣的亚里士多德很是憋闷，更何况恩师去世了，剩下的同窗没有一个能达到亚里士多德的境界，这不免让亚里士多德生出"高处不胜寒"的苦闷。于是，"吾爱吾师，吾更爱真理"的亚里士多德离开了柏拉图学园，到处游荡。

/ 三 /

亚里士多德的第一站是小亚细亚。在这里他受到了同窗兼小亚细亚沿岸的密细亚统治者赫米阿斯的盛情款待。在小亚细亚的日子里，亚里士多德专心写作和研究，在此期间，还与赫米阿斯的侄女也是养女的皮提亚结了婚。虽说皮提亚不是亚里士多德的初恋，并且亚里士多德在皮亚提去世后，又结了婚，可皮提亚在亚里士多德心中的分量，却无人可取代，因为亚里士多德曾立下遗嘱，死后要和皮提亚葬在一起。虽然最后由于"非主观"因素而食言了，但能有这份心就已经十分难得了。当然这是后话，按下不谈。爱人相伴，衣食无忧的日子没享受多久，赫米阿斯因被人怀疑串通腓力图谋进攻亚洲，而被人暗杀。于是，亚里士多德不得不带着妻子逃到了莱斯沃斯岛。

第二站是莱斯沃斯岛，这是个风景优美，极具风情的地方，不过也是在这座秀美的小岛，亚里士多德失去了自己的爱妻皮亚提。好在，悲伤之余在这里，热爱生物的亚里士多德找到了很多可以研究的动物资源。他对海洋生物进行了分类，"独一份"地将海豚划分到了哺乳动物中。不过就如开头所说的，亚里士多德还是避免不了"错误"。他主张所有植物都是无性繁殖，否认动物拥有思维，还认为大脑是用来冷却血液的，而心脏是人类意识存储的中心，甚至认为只有男人的心脏才会跳动。但是即便如此，凭借亚里士多德已有的认知，也足可以被称为最伟大的动物学家。

公元前341年，亚里士多德受到马其顿的国王腓力浦二世的邀请，做他儿子亚历山大的老师。对于如何教导一个未来的领袖，亚里士多德有着自己的蓝图。从道德、政治、科学到哲学，亚里士多德期望能全方位的培养这个未来的大帝，虽然他每天的工作看上去就只是需要为这个年轻人讲述《伊利亚特》。

公元前336年，老国王腓力被刺身亡，亚历山大继位。亚里士多德也结束了自己的"教师生涯"。因与亚历山大有着师生关系，无论是金钱、人力、物力还是土地，亚里士多德都有了很多"方便"。于是再回到雅典的亚里士多德，虽然已经年过半百，却丝毫不见疲老之态，此时的他正信心满满，满怀期待地搭建属于他的"思想乐园"。

/ 四 /

重回雅典的亚里士多德，仿佛入水的鱼，腾空的鸟，在哲学的海洋中自由徜徉。他带给了雅典最后的哲学盛世，而雅典也带给了他最后的人生辉煌。这段时间的亚里士多德是他一生中作品最多产的时期，他写了许多关于自然和物理方面的自然科学还有哲学。自己的学生亚历山大在外东征，建立兴盛的帝国，身为老师的自己更是不能落后。于是他在雅典城最豪华的体育场里创办了自己的哲学"帝国"——"吕克昂"。他与学生们被称为"逍遥学派"或者是"漫步学派"，因为亚里士多德有个怪癖就是喜欢一边漫步一边讲课。于是"吕克昂"便有了一道独特的风景线——一位身穿精致长袍的老者，风度翩翩、举止优雅地在覆满绿荫的路边上漫步，身后跟着成群的学生。老者说话细声细语，还带有点故作斯文的矜持，学生在后面学着老者，一边踱步，一边不停地记着笔记……

在亚里士多德的学园里，有许多的"课内活动"，这些活动由学生们主办，亚里士多德只在一旁聆听，或者在必要的时候提供一两句的"场外援助"和规定上的纠正，如一月一次的聚餐讨论如何进行。

凭借和亚历山大"亲密"的关系，亚里士多德还让人收集来许多珍贵的动植物、手稿还有地图，据说亚历山大为他老师提供的资金是800金塔兰，每塔兰合60磅的黄金。因此"吕克昂"除了是一所"古代第一所具有大学性质的学校"，还是雅典最大的一座图书馆、博物馆、动植物馆。而这座巨大的"宝库"不仅没被雅典人好好保管，反倒在亚里士多德死后的公元前391年，被主教德奥菲罗以"异教徒的寺院"为名下令销毁了。

对于这么个"大家伙"，一向心高气傲、典雅高贵的雅典人简直要被气炸了。从古至今便出生在这座文化圣城的雅典人，他们自诩优雅华贵，傲慢智慧。而如今在这座智慧之城里，居然有一个动物园，高贵的雅典人居然要和这些低等动物生活在一个地方。无奈人家背靠亚历山大这座"大山"，惹不起啊！

此时正把学园经营得风生水起的亚里士多德根本不会注意这些，他的全部精力都在哲学研究和教学中，他根本没有想到一场突如其来的灾祸将要降临到自己头上。

/ 五 /

人如果太得意，就不可避免会忘形，亚里士多德就是这样。亦或许，他根本不在意这些除了哲学以外的、毫无价值的东西。他忘了自己之所以能在雅典"呼风唤雨"，一部分源于亚历山大的权力。

公元前323年，亚历山大病故。这个消息传到了压抑已久的雅典城里，本就推崇自治的雅典人简直快兴奋死了。而这个兴奋要找个途径"发泄"一下，于是经雅典公民大会决议，要召回流放的雄辩演说家德摩斯提尼；于是一场浩浩荡荡的"反马其顿"的狂潮瞬间席卷整个雅典城。而有着马其顿宫廷御医的儿子、亚历山大的老师多重"罪行"的亚里士多德自然成了狂潮下的"小白鼠"。混乱的雅典城，疯狂的雅典人很快就给亚里士多德安上了"不敬神罪"，要对他处以死刑。

"不敬神罪"这可是当年苏格拉底犯的"罪"。苏格拉底为了维护国法尊严，明知是有人陷害还自愿赴死，以表忠心。和"师祖"犯了个同罪名的罪，亚里士多德并没感觉有多"荣幸"，反之"为了使雅典人不对哲学犯第二次重罪"，他决定——逃难，跑到了优卑亚岛避难。

没想到的是，逃过了死刑，却逃不过死神。一年后，亚里士多德在岛上去世，享年63岁。至于他的死因，多数人认为他是在窘困中身染重病去世的，但还有一批人坚信他是被毒死的，或者是跳海自杀的，只因为他解释不出为什么厄里帕海峡的水流每日多次改变方向。

有人说，"17世纪的科学发现浪潮中的每一个进步，都必先以推翻他作为开始。"总之，无论死因如何，亚里士多德这个"思想帝王"终于结束了自己璀璨的一生。想来，对亚里士多德意义最深的三个人——恩师柏拉图、爱妻皮亚提和爱徒亚历山大都先他而去，而自己想要说的理论，也都被学生记录了，这个最后独自一人撑起整个雅典哲学的辉煌伟人，也此生无憾了。

## 亚里士多德的"贵公子"理论们

最为"希腊三贤"中最年少的一员,亚里士多德像个"叛逆"的小孩,不断地推翻、澄清人们观念中的"绝对化"。如果说另外两人注重那所谓的"永恒",那亚里士多德则对"变化"有着兴趣。他的理论或许没有柏拉图那样超越现实的美感,倒也贵在"朴素"。

### 《工具论》

这本书可不是介绍锤子、斧子、钉子的用法,而是一本逻辑学著作,它由《范畴篇》《解释篇》《前分析篇》《后分析篇》《论题篇》《辩谬篇》六篇著作组成。"逻辑"这个每个人都会使用的东西,却难以用言语表明,而这在2000多年前就被亚里士多德总结了出来。没有逻辑,就没有科学,没有发展,因此现代社会的每一次飞跃,都烙有亚里士多德的印记。这本书可以说是亚里士多德一生中最伟大的贡献,他让逻辑变得说难不难,说简单却也不简单,总之就是个一字口诀——绕。

### 《形而上学》

能做到因为自己的一个理论,让往后近千年的哲学家们争论不休的,亚里士多德就是其中之一,而这个也是亚里士多德和柏拉图的思想里最大的差别之一。其实这本书的《形而上学》的书名是中文译者根据《易经》命名的,取的是"形而上者谓之道,形而下者谓之器",总的来说这本书就是写虚空的、精神的东西,你要自己"透过现象看本质"！说归说，如果想要真切地了解亚里士多德的思想，《形而上学》是必读著作。

### 《物理学》《气象学》《论天》《论生灭》

这四本书是亚里士多德自然哲学方面的著作，翻看这几本书，不能以现在的眼光来看待，要结合当时的社会情况来看。因为如果以21世纪的智慧来看，这几本书可能就有些天方夜谭了。毕竟在这个航天事业飞速发展的今天，没有人会相信地球是宇宙的中心，也没人会相信世界是由土、水、气、火四大元素组成。但是，这其中体现的亚里士多德的探索精神却是我们不能取笑和质疑的。

### 《尼各马可伦理学》

这本书有个不得不说的趣事，书名里的尼各马可，是亚里士多德儿子的名字。当然这本书可不是讲育儿的，后人猜测，这是为了亚里士多德纪念年少便去世的儿子，才这么命名的。这本书是西方伦理学史上第一部著作，告诉你唯有善、德，方能"幸福"。

### 《诗学》《修辞学》

这是亚里士多德为数不多的美学著作。这两本书也颠覆了很多人对亚里士多德的印象，原来"大胡子怪老头"居然还懂美学。亚里士多德的《诗学》首次系统地构建了西方文学史上的美学理论，至于修辞学也是亚里士多德发展起来的，只是当时还叫作"修辞术"。亚里士多德告诉众人，他要么不做，要做就要做第一个。

# 孟子很爷们儿

孟子（约前372—前289年），名轲，字子舆，战国时期鲁国人，是著名的思想家、政治家、教育家，孔子学说的继承者，有"亚圣"之称，与孔子合称为"孔孟"。这是最为普遍的孟子介绍，上网一查，好几页都是这一个调调，但今天想讲的孟子并不是有"亚圣"之称的孟子，而是勇士孟子，是有纯爷们气概的孟子。

## 一

儒家文化中最重要的三个人物孔子、孟子、荀子，他们有相似之处，却又不同。如果说孔子就是仁士，他谦和温顺，谨慎小心，做事常反躬自省，遇事常"舍己为人"。那么荀子就是智士，他波澜不惊，逻辑性强，他崇尚中庸，推举智谋和功用。而孟子就是勇士，他的善养浩然之气，虽千万人吾往矣，说俗气点，他就是个纯爷们。

他能够迅速、冷静、准确地对利害得失进行分析和判断。他渴望获得力量，注重集体的力量，重视人际关系。

正是这种过度认真、自信、拼劲、明朗、包容和现实性的特点，让他为中国人的人格精神奠定了浩然之气。这也是为什么当我们读到

《论语》则如沐春风，而读到《孟子》则感觉如闻战鼓。

孟子见梁惠王。王曰："叟！不远千里而来，亦将有以利吾国乎？"孟子对曰："王！何必曰利？亦有仁义而已矣。"

这是《孟子》开篇一文，说的是孟子去见梁惠王，梁惠王说："你这老头，大老远地跑来，有什么对我有利的建议吗？"孟子不高兴地说："你怎么一开口就说利啊？如果王、大夫、士子以及普通老百姓都像你这样把利挂在嘴边上，那国家就危险了。"接着他还说："你要谈的应该是仁"，"未有仁而遗其亲者也，未有义而后其君者也。王亦曰仁义而已矣，何必曰利？"面对这番耳提面命似的说教，梁惠王会有什么样的反应呢？书中没有说，但想来一定会是很尴尬的吧？

程颐认为"孟子有些英气"，英气就是"好勇之正气"，争强好胜。"英气甚害事"，孟子雄辩，义正严词，但以孔子之言比之，便可见其不足。孟子性格棱角分明疾恶如仇，他赞同"易姓革命"，认为诛一昏君如诛一独夫，这种做法是孔子所不认同的。

不只这里，孟子还有许多"英气"之举，放到现在来看也很牛气。孟子为了实现自己的政治理想，不得不和先师孔子一样，不辞劳苦，周游列国，游说诸侯，以实现儒家仁政爱民的政治主张。孟子先后游历了宋、齐、梁、滕，与齐宣王、梁惠王、梁襄王、滕文公等都有交往、交谈。在宋国，孟子一直没有主动去晋见宋君，对此孟子的学生公孙丑不解，孟子解释说："我不是宋国的卿相臣下，只是客居的文人，宋君不来见我，说明他对我的学说有一定保留，这种情况下主动上门晋见，有讨好取悦之嫌。"孟子还说到："装成笑脸，巴结别人，是一件比在庄稼地里干活还累人的事情。"因此孟子在宋国期间，一直没跟宋君见面。而在魏国，梁襄王继位，孟子晋见，面圣后有人相问，孟子语出惊人："望之不似人君，就之不知所畏焉。"就是说，梁襄王一看就不是个做君主的样子，通过交谈，发现他是一个狂妄无知、崇尚武力、毫无敬畏之心的人，指望这样的人施行仁政是靠不住的。孟子随即便带着弟子离开了魏国。

## / 二 /

在那个连孔子都不敢以"圣人"自许的年代，孟子却说："人皆可以为尧舜"，我与圣人同类，人人都有成为圣人的潜能。很明显，孟子在张扬个性方面已经远远超过了孔子。而他之所以有这种想法，很大的原因在于他的"大丈夫"理论——"居天下之广居，立天下之正位，行天下之大道。得志，与民由之；不得志，独行其道。富贵不能淫，贫贱不能移，威武不能屈，此之谓大丈夫。"正是有了这浩然之气，孟子面对君王诸侯时，才能不卑不亢，保持自己人格的尊严与独立。孟子虽然四处游说，以期实现自己的政治抱负，但他却从不以牺牲自己的人格尊严、人格独立为代价。作为个体的人，要融入社会，并且在其中谋求一个生活、生存的位置和心境，就需要适应，但是不能完全地妥协，而没有自我，这种坚持的勇气，主宰着自身的行为和认知，不为外部环境和处境的变化而改变、气馁。他不一定有大功业，但是他真正做成了自己希望做到的事。他曾向弟子明确提出自己的游说原则，"说大人，则藐之，勿视其巍巍然"。

就是这么个铁骨铮铮的大丈夫，一辈子都死心塌地地宣扬自己的仁政思想，即使到处都是困难阻力，但他仍能坚定不移地走下去，先不论他的想法合不合实际，就仅凭这一点，就令他人佩服得五体投地。也正因为他死心塌地的坚持，那些高高在上的国君才看得起他，愿意与之平起平坐，听取他的建议。其实，多数人对像孔子、孟子、荀子之类的思想家有点误解，认为他们周游列国，宣传思想，必定都是穷困潦倒，颠沛流离，如丧家之犬。其实不然，孔子官至鲁国大司寇，相当于宰相职位，而孟子，你看看他谈话的对象都是些什么人：齐景公、魏惠王、滕文公，这可都是一国之君。放到今天，这可就相当于是和国家最高领导人论述治国的方针策略。所以这些人都是当时在政界、学界大有名气的人，地位之高非一般人所能比拟。

一次，孟子打算去朝见齐王，齐王派了一个人来跟孟子说："我本应该来看你，但因身体不适，不能吹风，如果你肯来朝，我便也临朝相见，不知能否使我看到你？"

其实齐王也算是够客气的了，说本应该亲自去看孟子，给足了孟子面子，但是孟子觉得是齐王有意不想见他，于是他对使者说："跟齐王说，我也身体不适，不能去朝廷了。"

孟子继承圣人之学，是一代思想大家，心想为何君王这么对待他，因此拒不屈服。

其实孟子是装病，孟子也肯定知道齐王知道他在装病，实际上，他就是有意要为难齐王。第二天孟子就大摇大摆地去吊丧了。

谁知这齐王真是又给了孟子一个大面子，第二天居然派了医生亲自来孟子家，询问病情，并询问孟子能否上朝。

孟子这次依然不给齐王面子，很是固执地说："齐王他有他的财富，我孟子有我的仁；他有他的爵位，我有我的义，我为什么会觉得我比他少什么呢？天下公认的最尊贵的东西有三样：爵位、年龄、道德，我道德、年龄都比他大，他怎么能凭着爵位就来轻视我的道德和年龄呢？……"

齐王听了这话以后，惭愧不已。

孟子就是这样，君王休想凭着权势踏在他头上，是权势要向学问和道德低头，齐王就应该亲自来拜见他。

不过，俗话说不再沉默中爆发，就在沉默中灭亡，所以当孟子多次对齐王提出劝谏之言后，齐王就爆发了，大发脾气，满脸不高兴，孟子看到自己得不到重用，于是便要离开齐国。但孟子不相信齐王会真地弃他，于是在他离开了齐国国都以后，便在都城附近找了个地方住宿，又停留了三天，等待齐王的回心转意。

只可惜，孟子等到死，齐王也没有回心转意。

于是孟子非常愤慨："如欲平治天下，当今之世，舍我其谁？"多么有魄力的话呀，足见孟子的十足信心和使命感。

有人说孟子是寿终正寝，也有人说他是急火攻心，被张仪气死的，2000多年过去了，真相如何，无人可知。不过我们能知道的是，即使孟子通常显得很慷慨激昂，善于辩论，一副咄咄逼人的样子，但是孟子内心也是很寂寞的，因为儒家学说在春秋战国的乱世中很难得到采纳，也是不合时宜的，失败是注定的。好在，孟子生前荣耀诸国，死后万古长存。

孟子，就是个这么有个性、有气概、有骨气的爷们儿。

## 看看孟子的"抱负"

我们的"亚圣""穷游"一生，到处跟别人宣扬自己的理想，不过真正能懂得和接受的人屈指可数。好在我们现在还能从这本《孟子》中窥探一二。

事实上，《孟子》究竟是不是孟子本人所写，历史上众说纷纭，大体上可以分为三类：一是孟轲（即孟子）自著说。《孟子》的最早注释本，是汉代赵岐的《孟子章句》。赵在该书的《题辞》（即序）中第一次提到关于作者的问题，他说："孟，姓也；子者，男子之通称也；此书，孟子之所作也，故总谓之《孟子》。"后来元何异孙、宋朱熹等人也相继从各方面论证这点。二是弟子辑成说。唐韩愈首先提出这一论点，他在《答张籍书》中说："孟轲之书，非轲自著。轲既殁，其徒万章、公孙丑，相与记轲所言焉耳。"此后，宋晁公武、清崔述等人也通过谥号、论述地点与事实不符等论证了这一点。三是师生合著说。这一说法最初由汉司马迁提出，也是现今学术界较多人采用的说法，即孟子自著，其弟子万章、公孙丑等人参与。

和《论语》的"每一句都可以启迪一生，每一词都可以奉行一世"不同，《孟子》"非读全章不足以领会其神"。从《孟子》开篇的《梁惠王》就能大概知道这本书的主旨含义，整本书讲的就是孟子在各个国家"批评"各国君王。总而言之，全书基于"批评"的论调，采用欲擒故纵、反复诘难、迂回曲折的方式把对方引入自己预设的"圈套"中，表达孟子大丈夫仁义为先的主张。

# 庄子，
# 社会边缘的"流浪歌手"

战国时期，宋国有这样一个妙人，此人姓庄，名周，字子休。

他是著名的思想家、哲学家和文学家，创立了华夏重要的哲学学派——庄学。众所周知，他是道家学派主要代表人物之一，与老子并称"老庄"。他的思想别具一格，遗世独立，读起来却轻松愉快，仿佛是邀你把周身包袱卸去，同去云游四方。刘熙载曾说他写作："意出尘外，怪生笔端"，俗话讲就是，出人意料之外，猜的中开头，猜不中结尾。他修的道，大抵便是逍遥道。

/ 一 /

庄周出生于宋国的蒙，是公室后代，拥有皇室血统，故而从他的文章中不难读出一股清贵之气，却不染俗浊。过了这数千载时光，他的成长生平已无太多考究之处，但他留给后人的故事，一直广为流传，津津乐道。

最出名的，当属庄周梦蝶了。

相传有一天，庄子睡着了，梦见自己变成了一只蝴蝶，飘飘忽忽地在天上飞着，又快活又惬意，遨游在整个寰宇里，来来回回，不记得自己是谁，在梦里尽情地造作着，无所顾忌。等他醒来的时候，发现自己又变回了庄周，觉得十分惊奇疑惑，常人可能就理解为睡糊涂了，但哲学家就是哲学家，庄周说了一句非常经典的话："是庄周梦蝶呢？""还是蝶梦庄周呢？"这种问题就和哲学中的"我是谁"很相近，庄周不可能是蝴蝶，蝴蝶也不可能是庄周，可是在梦中，他们是统一的，我们只能把这件事解释为"物我合一"。庄子主张齐物我，齐是非，齐生死，齐贵贱，幻想"天地与我并生，万物与我为一"的境界。

哲学家与平常人最大的区别就在于，他们能在平凡无奇的事情里总结出哲理。材与非材就是最大的例子。

庄子携弟子去山中漫步，一路观山玩水，忽见路旁一棵大树枝繁叶茂，郁郁葱葱，长势喜人。可是伐木人却对它正眼也不瞧一下，庄子很奇怪，这没道理呀，身为伐木人要是不伐倒这样一棵树，那简直是狼放走到口的肥羊一样，庄周立即上前询问。伐木人非常不屑一顾地说："这树看着好看，其实是个草包，中看不中用，里面早就腐烂了。做船会沉到水里，做棺材用不了多久就会坏掉，做器具容易破损，做柱子会被虫子啃，这等不成材的东西，砍下来不是白费力气吗？"庄子听了很是感慨，这不成材的反倒得以苟活，成材的却难以保命。应用到人们身上就是过慧易夭啊，弟子听了纷纷感到受教。但是道理这件事，有反有正，正如世间的事有方有圆，有黑有白。

人活在世，总有不如意的时候，常觉不被理解，突然因为某件事而心情愉悦，他人也只能沾染你的情绪，无法切身体会，所以人就会感慨，难逢一知己啊！用庄子的话说，"子非鱼，焉知鱼之乐？"

说到这句话，就难免要说起一个人——惠子。惠子名惠施，是名家思想的开山鼻祖和代表人物，因与张仪不和被逐出魏国，最后回到家乡宋国，认识了庄周，经过一番高谈阔论后，两人一见如故，成为至交好友。有一次，庄子和惠子一起去濠水的一座桥上散步，一低头就看见了水里的鱼，庄子对这些小动物格外感兴趣，当即说："鱼在水里游得如此欢畅，真是快活啊"惠子想看看庄周回答不上来的样子，忍不住说了一句："你也不是鱼，你怎么知道它开心呢？"庄子想了想："你不是我，你怎么知道我不知道鱼的快乐呢？"这句话听起来既有几分和朋友的玩笑意味，也有几分无理取闹的孩子气，但从这可以看出，庄子有多么的至情至性，随着心中所想，话语便悠悠然地从嘴边荡了出来，像极了初春惊蛰时节冰雪融化溪水蹦跳着击打山石，产生出欢快的调子，极为可爱。但细细品来，有时不讲道理也是一种道理，他说的对，你不是我，你怎么能知道我心里在想什么呢？

## / 二 /

当然，圣人也不是不食烟火的神仙，也会遇到很多不可言说的麻烦事。他们的聪慧之处就是处变不惊并且富有深意地把这些事解决掉。接下来描述的庄子，则是一个处事高洁，不慕仕途的人。他有着他的大智慧，可以在那个年代活得如鱼得水，若细究起来，他只是不愿拘束，放荡不羁爱自由，一心修他的逍遥道。

说起上文的惠施，他多多少少有一些贪慕权势，在大梁做了国相。有那么一日，庄子感觉很无趣，便启程去看望自己这个好友。偏就有小人作怪，同惠子讲："庄子要来大梁，就是冲着您的相位来的呀，想要去您而代之，到时候先生会地位不保啊！"惠子也是耳根子软，相信了此人的谗言，讲实话，到底还是技不如人，不然何苦如此没有底气？他在整个国都足足搜捕了庄子三天三夜，庄子听闻也是失笑了，简直不知道说惠子什么好。于是光明正大地去见他，说道："惠施啊，你知道吗？南方有一种鸟，叫鹓雏，你听说过吗？这鹓雏从南海飞到北海，不是梧桐树它就不肯落下，不是精美的果子就不吃，不是甜美的水就不喝。而此时一只猫头鹰捡到一只腐臭的死老鼠，鹓雏从它旁边飞过去，它便仰头怒吼，生怕抢走自己的老鼠。""惠施啊，你现在还要用梁国来吓唬我吗？"庄周把自己比作鹓雏那样高贵的鸟儿也是绝非自夸，他的一生一向淡泊名利，对官场的黑暗深恶痛绝。他主张"清静无为"，曾做过漆园吏，却生活贫困，成日鞋儿破，帽儿破的形象，却如风一般地在天地间来去自由。

李白曾赋诗曰："万古高风一子休，南华妙道几时修。谁能造入公墙里，如上江边望月楼。"若说后人的文风能与庄子有相似之处的，便是这李白了，一样的浪漫肆意，纵情逍遥，文采斐然，喜好自由。不过即使是李白，也只是有几分风骨而已，难以望其项背。他们都是文学家，可李白不仅是文学家，这就是区别之处。从诗中看得出来，李白对庄子是极为推崇的，丝毫不吝赞美。

庄子不慕荣华富贵，不单单是惠子这一件事。在战国时期，庄子的名气也是很大的，自然会有人去拉拢。一日，庄子正在涡水那里愉悦地钓鱼，寂静欢喜，怡然自得。楚王差遣来的俩位大夫却在此时破坏了美好的气氛，他们是来代替楚王聘请庄子的，这俩个人说话也很客气："吾王素闻先生盛名，望请先生出山，为我王分忧，共谋大业。"只可惜庄子向来对这种事都是嗤之以鼻的，不过也没有表现出什么，自顾自地守着他的逍遥，钓着他的鱼，淡淡地说："我听说楚国有一只神龟，死的时候已经3000岁了，被楚王珍藏起来，用上好的锦缎包裹，供奉在庙堂之上。二位大夫，请你们告诉我，这只老龟是愿意死后遗骨受到供奉，还是愿意活着的时候在泥水里穿梭呢？"二位大夫不解其意，只好回答："当然是活着的时候在泥水中游来游去啦。"庄子就等他俩的这句话,顺势说道:"二位大夫请回吧!我也愿意在泥土里摇头摆尾啊!"此时才明白过来的二位大夫也不好说什么,只好怏怏而归了。兜兜转转,这二位大夫还是跳进了庄子"挖的坑"里。大概庄子早就料到会有人这么做,已经司空见惯了。

魏王曾召见过庄子,发现他衣衫褴褛,简直不敢置信,堂堂大家,怎会如此落魄,就问:"先生如此有学问,名誉天下,怎么会这般狼狈?"庄子回答得很是不客气,"在这样地世道下活着,怎么会不狼狈呢?"画外音就是,世风日下,人心不古,中饱私囊的人那么多,个个富得流油,我怎么会与其同流合污。从这件简单的小事中,就可以看出他身上的骄傲,即使蓬头垢面,也难掩风华。

在那个时代,庄子的思想是超然的,而今亦然。鲁迅先生在《汉文学史纲要》一书中评其作为:"其文则汪洋捭阖,仪态万方,晚周诸子之作,莫能先也。"庄子的理论如刀刻一般入木三分,鬼斧神工,却丝毫不晦涩难懂,反而让人深觉神清气爽,每个毛孔都如同舒张开了一样,就像是一个呱呱坠地的娃娃,望着这个新奇的世界,无欲无求,偏又不时讲出许多惊天动地的话来,自己却浑然不知。

/ 三 /

胡文英在《庄子独见》讲到:"庄子眼极冷,心肠最热。眼冷,故是非不管;心肠热,故感慨万端。虽知无用,而未能忘情,到底是热肠挂住;虽不能忘情,而终不下手,到底是冷眼看穿。"庄子虽然在老子的思想上进行了继承与发展,但他终非老子,也不是天上俯瞰众生的神,他始终无法做到无情无义,无喜无悲。他不过是在自己的桃花源中,管管闲事,发发牢骚,做一个化腐朽为神奇的逍遥人。既不跳脱,也不埋没。

有人说庄子心冷,妻子死了还在歌唱。不过,事实的真相并非如此。如人饮水,冷暖自知。你不是庄子,你怎么知道他不难过?

庄子晚年的时候,妻子离开了他,仙逝而去。惠子听说了这件事,觉得庄子此时一定悲痛不已,决定前去探望。可当走进庄子的家时,惠子一度觉得可能是自己眼花了,要么便是走错了屋子。因为庄子正坐在屋子中,用手拍打着瓦盆,摇头晃脑地唱着欢快的歌,看不出一丝悲容。惠子定了定神,发现自己好像多虑了,庄子根本不需要自己的劝慰,一时愤然,又疑惑万分,于是问:"你们成亲许多年了,她也曾与你同床共枕,为你生儿育女,忙忙碌碌,操劳艰辛。如今去世,你不哭也罢,怎么能拍着盆唱歌呢?这也太没良心了吧。"庄子想,还是不懂我啊,便告诉惠施:"我并非无情无意,我也是人啊,有着七情六欲,怎么可能不悲伤,只不过,她刚走的时候还可以难过,但我怎么可以继续难过下去呢?她的一生,就像春夏秋冬一样自然地过渡着,经历种种,最后死亡,如今她去了天地做成的大屋子里居住,安静地睡在那里,我不唱这歌送她走,却嚎啕大哭,就不好了。"惠子无法理解他这套理论,只好心里暗暗地骂了一句,"歪理"。便告辞离开。庄子眼里的生死,是不同的概念。他的悲伤,都藏在了他看似无心的歌声里。他是人,面对与自己朝夕相处的亲人突然的不告而别,他怎能不痛。正因为他对他的妻子有着真挚的爱情,所以才希望她是到另一个美好的地方幸福沉睡,换句话说,他想笑着送她走。

没过多久,惠子也离开了人世,庄子时常觉得空落了许多。有一次庄子经过惠子的墓地,看着昔日好友长眠的地方,一丝酸楚涌上心头,回过头与跟随的人讲:"早先郢地有个人在自己的鼻尖抹了一点白灰,就像苍蝇蚊子翅膀那么小,让对面的匠师用斧子削掉这一小白点,那匠师混不在意，抡起斧子舞的呼呼生风，漫不经心地把白点全部砍掉却丝毫没有伤害到鼻子，郢地的人站在那里也没有露怯的模样。后来，此事就传到了宋元君的耳朵里，他召见了匠师说：你也给我这么试试吧。匠师回答他，我曾经的确能做到，但是与我搭配的伙伴已经死了，再也没有人能与我配合默契了。"庄子望着惠子的墓碑，长叹一声，"惠施啊，你走了以后，我就再也没有对手，没人同我论辩东西了啊！"

谁说庄子心冷，生死有命富贵在天，他虽看得到，却无法改变什么。他的暖，深藏在心。

庄子思想里最重要的一处便是游世思想。《庄子》一书中很多篇章都与其有关，庄子用游戏的态度去化解凡尘苦楚，看似玩世不恭，内则包含了天地定律、生物法则，既有讽刺，又不失柔情。慢悠悠地走着、问着、写着。什么都不在乎，好似自我放弃，你怎知他不是在精神世界里奋力厮杀，与那些黑暗势力对抗。别人笑我太疯癫，我笑他人，看不穿！

庄子家中贫困，经常食不饱腹，吃饭都成问题，精神食粮再多也喂不饱肉体，庄子思虑再三，决定去监河侯处借些粮食。监河侯看庄子的样子就怕此人还不起，敷衍着说："好好好，等我把地租收了，立即借给你三百金如何？"庄子何等聪慧，听出监河侯的应付了事，生气地回答："我昨天往这里来，听到路上有喊庄周的声音，我一低头，看见车辙中，有一条奄奄一息的鲋鱼。我问它，鲋鱼啊，你为何躺在这里，又为何叫我？鲋鱼告诉我，它是从东海来的，困在这里了，向我乞求要一斗或者一升的水救活他。我说：好的，等我去游说吴越之王，开凿运河，把长江的水引来救你怎样？鲋鱼生气地告诉我，他只需要很少的水便能活，像我这样讲的话，以后去卖干鱼的地方找它好了!"监河侯听懂了庄子的意思,又不好说什么,十分哂然。

如此巧言善语也是一门学问,要是把庄学的这一处搞清楚,也是小有所成。

庄子是个不信鬼神的人,在他的眼睛里,只有纯洁的自然。庄子说:"有先天地生者,物耶?物物者非物。"所以他根本不信这等无稽之谈,他的认知里生死是"夫大块载我以开,劳我以生,佚我以老,息我以死。故善吾生者;乃所以善吾死也"。他对自己的生死,看得更是淡然,仿佛不过是个有趣的过程,游戏最后的胜利一样。

在这颗流浪在人世间的"巨星"即将陨落之前,他的弟子打算为他准备一个风光的葬礼,为他准备了许多名贵的陪葬品。庄子觉得很是没有必要,他性本爱自由,最讨厌这些虚无的拖累,又怎么会允许这样的事发生呢?故而他说:"你们不要白忙活了,天地就是我的棺椁,日月就是我身上的玉符,星星就是闪闪发光的宝石,已经拥有了着许多,万物就是我的送葬人,夫复何求,一切安好。"门徒们悲切地说:"恩师,我担心您的遗体被乌鸦和秃鹫吃掉啊,那是何等的不尊敬,我们做徒弟的也内心不安啊。"庄子忍不住笑了:"徒儿啊,你只知道地上我会被乌鸦和秃鹫吃掉,可是在地下这一切也是在劫难逃的啊,会被蚂蚁啃咬,不让我被乌鸦秃鹫吃只让蚂蚁吃,是不是有些不公平啊?"庄子临死之前依旧如此幽默,并且对于身后事看得如此通透,真是不同常人。

唐朝的白居易在读《庄子》时也写到:"庄生齐物同归一,我道同中有不同。遂性逍遥中一致,鸾凤终较胜蛇虫。"没错,他就是人中龙凤,遨游在四海天际。他的精神在后世里被不断追寻和研究,从未消散泯灭,就像他梦里的蝴蝶,扑朔迷离,令人向往。这一个流浪在战国时期的"歌手",即使是离开,也余音绕梁,三日不绝。让你只要听之闻之，便此生倾慕。

## 这个流浪歌手在最后给我们留下了什么呢？

《庄子》

《庄子》原本叫作《南华经》，是道家经文，由庄子和他的弟子们所著。汉代的时候，庄子被奉为南华真人，所以著作也由此得此名。

《庄子》与《老子》《周易》合称"三玄"。其中包含了庄子的哲学、艺术、美学与人生观、政治观等等。

中国历史上的文人们，很多都是庄子的追随者，比如李白、苏轼，陶渊明等。他的逍遥，他的看破，他的幽默，他的浪漫，都是难得的，不愧为大家。

# 叛逆的求圣者
## 奥古斯丁

"日光穿透污云浊气，自己却一尘不染。"

浪子回头金不换，但相信浪子真的会回头的人又有多少？因此我们又创造了一个与之相对的俗语，"江山易改，本性难移。"奥勒留·奥古斯丁就是那为数不多回了头的人，从魔鬼蜕变为天使，从黑暗走到光明，这其中所隐含的是一个人对生命、对灵魂的追求和拷问。奥古斯丁，一个叛逆的求圣者，穷其一生只为寻找那属于自己，也属于世人的真理。

/ 一 /

奥古斯丁，公元354年出生于北非。

父亲巴里修斯是异教徒，贫穷、懒惰、世俗。一个小官吏，担任过地方议会的会员，担任过十夫长，管十个兵丁。

妈妈莫妮卡是一个虔诚的基督徒。18岁那年嫁给巴里修斯，当年他41岁，比妻子足足大了23岁。生下一男一女，第四年生下奥古斯丁。莫妮卡是个温柔的女人，丈夫背叛她，常有风流情事，但她从未因丈夫不贞与他争吵。

家庭氛围带给奥古斯丁的是一种分裂，放荡暴戾的父亲和虔诚温柔的母亲。血液里流着不羁狂野的血，灵魂深处却藏着对生命真理的渴望。他的心灵本就是没有硝烟的战场，黑暗与光明交替，天使与魔鬼轮流执政掌权。

幼年的奥古斯丁喜欢玩一种名叫"坚皮果"的游戏。把三个贝壳和一粒豌豆一起快速摇动，谁猜到哪一个贝壳下盖着豌豆，谁就是赢家。奥古斯丁喜欢赢，为了满足小小的虚荣心，他经常偷偷作弊。然而，当其他小伙伴狡猾作弊时，他又会疾言厉色地责备别人，好像自己是正义天使一样。

奥古斯丁从小叛逆，喜欢胡闹。一次，半夜和小伙伴把梨树的果子摇个精光，却谁也不想吃，全拿去喂了猪。他并不想得到偷来的东西，而只是享受偷窃的罪恶和刺激。

他讨厌学习，还自己有一套说辞，他曾经给老师写过一封信，告诉老师他就是不喜欢学习，理由列举其中。比如，我就是厌恶算数，整天重复一加二等于三，有什么用。是啊，他说的有道理，可是在当时，不学习，就会挨打。为了避免挨打，他学着妈妈的样子拼命祷告，祷告的次数太多，结巴的毛病竟然都给治好了。

长大以后，奥古斯丁被父亲送去迦太基学习。父亲虽然好吃懒做，但对儿子的要求却极为严格，并不是我们说的那种德智体美劳全面发展，而是希望儿子文采好，能穷辩天下。那个时候和现在一样，很多年轻人会选择成为律师或公务员，旱涝保收。所以，他才会学习修辞学和哲学这两个热门学科，为仕途做准备。但这并不是一个文艺青年本心的追求。

迦太基是著名的港口城市，十分繁华，受到罗马风俗的影响，人们生活奢靡腐败得一塌糊涂。年轻的奥古斯丁难以抵抗情欲的诱惑，步入迷途。他只想恋爱，只想爱，与被爱。

17岁，一个女子走进他的生命，捕获了他的心。但可悲的是，同居15年，最后无名无分。

18岁，在我们高中还没毕业的年纪，他有了自己的儿子，取名叫阿德奥达特（Adeodatus），意为上帝所赐。也许，他真的希望，上帝可以越过这一切不堪，单单祝福。

他在《忏悔录》中写道："情欲的荆棘长得高出头顶，没有一人来拔掉它。"情欲控制了他的心灵，他被奴役了。这种经历正仿佛保罗在《新约》中所说，"肉体和圣灵相争"，"立志行善由我，行出来却由不得我"。

越害怕，越堕落，越迷恋。在污泥中打滚也会上瘾。渐渐地，奥古斯丁已经被环境同化，爱上吹嘘艳遇。看到别人艳羡眼神的满足感，像极了小时候玩"坚果皮"的感觉，虚荣心爆膨，连他自己后来都忘了那些艳遇是真是假。

19岁的奥古斯丁，爱情有了，儿子也有了，开始追求形而上的满足。他当时学的修辞学比较单调，并不会讲授真理，真理是哲学讨论的范围。但值得庆幸的是，修辞学的学生需要大量阅读古代著作，包括古罗马著名演说家西塞罗的著作。在阅读过程中，奥古斯丁逐渐相信，只有华丽的辞藻与优美的文体还远远不够，人需要追寻真理。

认为真理是人生唯一价值的奥古斯丁，遇见了摩尼教，正式成为异教徒。这对爱他的妈妈来说是致命的打击。基督徒认为，这一世只是一次旅行而已，最终的去处是死后的天堂，那里才是永恒的居所。如果和最爱的人不能在那里相聚，而要面对永远的分离，将是巨大的痛苦。

奥古斯丁痴迷摩尼教整整九年，这也是令莫妮卡心痛的九年。期间，她一度想要将他赶出家门。但一个奇异的梦改变了一切。她梦见自己站在一根巨大的木尺上，一位翩翩少年向她走来，问她，你为何如此忧愁。她说，因为我将失去自己最爱的儿子。那人让她放心，说，你看看你在哪里？莫妮卡回头一看，儿子和自己都站在同一根木尺上。

莫妮卡确信这是上帝给她的启示，她的儿子终将追寻她的信仰，归于上帝。她从梦中得到不可思议的力量，继续祷告。

果然，在摩尼教的追寻中奥古斯丁发现很多问题。真正的信心是会带来内在平安的，但他在这种神秘主义的学说，比如摩尼教占星术中，并没有任何心灵的平安，这令他开始怀疑。

摩尼教起源于波斯，是摩尼（Mani）于公元3世纪创立的。摩尼认为，人类的困境在于，每个人体内都有两种天性：一种是精神的，称为光明；另一种是物质的，称其为黑暗。在整个宇宙中，也永恒存在着光明和黑暗。救赎，即让光明和黑暗永远剥离。光明和黑暗任何新的结合都是邪恶的。

摩尼教解决了奥古斯丁关于恶的起源的疑问。莫妮卡曾经教导奥古斯丁，上帝是唯一的。但他认为，如果上帝至高无上，是绝对的善，恶就不可能是上帝所造。另一方面，如果万物都是上帝所造，上帝就不可能像莫妮卡和教会所说的那样良善和智慧。摩尼教认为恶不是上帝所造，是与之对立的黑暗所造，貌似说得通。

可是如果黑暗和光明并存，黑暗那么强大，如何来面对那最终的死亡？光明如何取胜？压倒骆驼的最后一根稻草，是一场死亡。他的一个朋友，曾信基督教，因为受到奥古斯丁的影响，离弃信仰，归入摩尼教。而这个朋友的突然离世震惊了奥古斯丁，他发现原来死亡这么可怕，而生命的存在，又滑稽有限充满无奈。

"死亡犹如一个残酷的敌人，既然能吞噬了他，也能吞下全人类。"

他在追求真理的路上，又往前迈了一大步。

/ 二 /

一面治学，一面教书。在迦太基奥古斯丁因一篇戏剧诗有了的名气。

29岁，他迁到罗马。三十而立的年纪，被委任于米兰，教授修辞学。这时他的人生继续堕落到最黑暗的境地。莫妮卡为他选了妻子，但因为年龄太小，未能完婚。虽然与之前的同居女友脱离了关系，但又和另一个女人结了不法之缘，剪不断，理还乱。在情感的泥潭里无法自拔。

这种痛苦让他需要在阅读中得到释放，这时，新柏拉图派的维克多林的传记，走入了他的生命。这本书写了维克多林自己如何在生命末端归向耶稣，让他感动。他渐渐地明白上帝才是一切真实的源头。内心一直对圣洁的渴望，却堕落到如此地步，像囚奴一样生活，让他自惭形秽。

痛恨自己的感觉，像一个人在粘稠的液体中要被淹没，可是怎么也伸展不开四肢，渐渐地被绝望吞噬。他奔向花园，跪在一棵树下痛哭。这时忽然仿佛听到孩童的声音："拿起来读吧！"他顺手拿起旁边的一本书，第一眼看到的就是这些文字："不可荒宴醉酒；不可好色邪荡；不可争竞嫉妒。总要披戴主耶稣基督，不要为肉体安排，去放纵私欲。"这是《圣经·新约》罗马书13章的一段。那一刻这些字仿佛活起来，跳跃着进入他的生命，点燃他的希望。

他知道，他没有被遗忘，这不是巧合，是上帝亲自对他说的，上帝没有离弃他。每个字都充满了力量和管教，但这种命令是幸福的，像一个知错的孩子，在父亲面前痛哭流涕，很释放，很彻底。他知道他的父亲爱他，会给他改过的机会。管教，是一种爱。与之相对的，不爱了，那就无视了，管都不想管。

从那以后，奥古斯丁心里有了夺不去的平安，他不再靠自己的努力去抵制罪恶，而是依靠上帝的能力成圣。莫妮卡32年来不断流泪的祷告，终于得到了上帝的垂听。

在回乡的路上，莫妮卡死于一场热病，终于可以无憾地回去她一直向往的天堂。当莫妮卡交代后事时，她说："随便把我葬在哪里都好，我只要求一件事，就是以后无论在何方，你们在上帝面前，要纪念我。"

37岁那年，奥古斯丁往西坡去受职为神父。40岁时，继承主教，不久，当地主教全权都归在他的手中。非洲那一带第一所修道院就是那个时候由奥古斯丁创立的，作为训练教会领袖的场所。余生，奥古斯丁都在牧养教会、宣讲福音、救济贫弱。余暇时间全部用来写作。

76岁，和母亲一样，因热病离世。

他，影响了整个罗马，乃至整个西方世界。

/ 三 /

说起奥古斯丁，一定会提及他的信仰，而说起信仰，就离不开一个人。这个人是对奥古斯丁影响最大的人，以至于奥古斯丁自己都说，他的个性中有很多这个人的影子，甚至说话方式都很相似。这个人就是莫妮卡，带他来到这个世界的人。

莫妮卡，出生在基督教家庭，相信上帝即是真理。她的生活纯朴、自律，紧守安息日。

莫妮卡是智慧且隐忍的。虽然丈夫不忠，性格暴戾，但家中却很少争吵。那时的女人们喜欢去井边打水，因为可以肆无忌惮地唠家常，经常互相哭诉丈夫的暴虐行为，掀起衣服，人人都有伤痕。但让她们惊讶的是，莫妮卡却没有。她们不敢相信这是真的。

莫妮卡淡然道，"我别无所求，只求家庭安宁。我当然知道他在外头沾花惹草，可是我并不辱骂他。他动怒时，我默不作声，却在心里为他向神祈祷，直到他停止叫喊。在他平静下来的时候，我再跟他解释我为何这样做，或那样做。这就是我的办法了。"

莫妮卡家的女仆，喜欢搬弄是非，导致她婆婆经常生莫妮卡的气。但她也不辩驳，也不顶撞，长久温顺忍耐，最后竟感动了婆婆。婆婆把女仆们的谗言向儿子和盘托出，奥古斯丁的父亲于是整顿了家规，鞭责了女仆。婆婆声明谁敢再说媳妇的坏话，同样受责，从此一家人其乐融融。

莫妮卡之所以能如此，是由于上帝在她内心亲自引导她。

奥古斯丁默默观察着母亲的所为，他一边在心底赞美母亲的宽恕待人，一边拒绝这种"软弱"。越不想成为什么人，往往就越会事与愿违，他果然越来越像自己的父亲，风流成性，浪荡不羁。

莫妮卡一生都在流泪的祷告中度过，依靠从上帝而来的力量度过每一天。最终她用贤德赢得了丈夫的心，巴里修斯在临终前一天归向基督。但教养奥古斯丁的责任，也从此由她一个人扛了起来。

毕业以后，野心满满的奥古斯丁决定要去更远的地方——罗马寻找幸福。那里是异教徒和罪恶的聚集地，恶风败俗有过之而无不及。莫妮卡的心里更加恐惧，想与儿子再见一面，令他回心转意。那天，她一夜未眠，心灵深处不住地向神祈祷。

可是，儿子已经启程。留给她的是无垠又寂寞的大海，她孤零零地站在那里，哭泣，呼喊，几乎发狂。她回到家里，安静下来，进入暗室，向上帝祷告，一种奇异的力量再一次充满心灵，她深信神一定会垂听祷告的，只是凡事都有定数。

直至奥古斯丁在花园中听见孩童之音，母亲的心才终于放下了。

莫妮卡临终时对奥古斯丁说："儿子，我一生中没有更多的喜乐大过你悔改得救的。我的工作到此为止，我的希望已经完成。但有一事，令我留恋，就是我愿在死前，能看见你轻看世俗的快乐，成为神的仆人。这样，我就心满意足了。"

奥古斯丁对于他所敬爱的母亲，有如此追述："她为我的堕落，九年之中没有停止哭泣，丝毫没有减轻痛苦，直到我悔改以后才停止。她实在是外穿妇人衣服，内藏男性的信心，包围母亲的慈爱，显出基督的虔诚。她最后的成功是儿子追随了她的信仰。"

奥古斯丁去米兰教授修辞学时，遇见了一个人，圣·安布罗斯主教，这个人放弃了在整治领域的尊贵地位，而委身服侍教会，跟随上帝。

奥古斯丁遇到自己的灵魂导师，并被其深深折服。他被主教的口才和品德所吸引。他敞开心扉，对主教述说，关于他圣洁的母亲莫妮卡，他内心复杂的情绪，那些莫名的不安和灵魂的忧伤。

导师与奥古斯丁共情，安慰他的灵魂，让他认清了曾经迷惑着的很多问题。于是，他开始意识到他曾经那么轻视践踏母亲的信仰，是多么地珍贵、圣洁。

他不再仅仅为了听演讲而去教会，他开始真正寻求和聆听上帝。

于是在公元387年，复活节的星期天，在米兰的大教堂里，奥古斯丁接受了圣安布罗斯给他进行的神圣洗礼。这是他重生的日子。那一天，莫妮卡的心饱尝喜乐，感激的泪水挂满脸颊，洗掉了之前所有的痛苦和哀怨，上帝所赐予地超过她的所求。

他在日记中写着:"啊,母亲,你赐给我双重生命。在肉体方面,你生我在这可爱的世界上;在灵魂方面,你将我生在荣光的天国里。"

"感谢母亲忠诚而持之以恒的祈祷。有了她,我才没有枯萎。"

每一句对母亲的赞美都是由衷的、美丽的。

奥古斯丁和母亲的感情是让人羡慕的。他们有着良好的沟通,可以沟通心灵深处的东西。对比我们现在,浮躁的社会,快节奏的生活,成年后与父母渐渐疏离,真正的交流是奢侈的,没有时间,没有精力,更没有欲望。

住在梯伯河口的日子里,远离喧嚣。奥古斯丁和莫妮卡常在窗边聊天,一边欣赏室外花园的美景。长途跋涉,挂帆渡海时,都有着美好的交流。他们一同向往着以后的种种,一起探讨着永生的生命,是怎样的"目所未睹,耳所未闻,心所未能揣度"。

这样的谈话让奥古斯丁产生很多灵感,也引发他更深入的思考。他与母亲谈到肉体感官的享受无论多丰美,都不如真理的美达到的境地,后来他形成了自己的美学思想,即美的分级论。

他们谈到,人的生命不是自己创造的,而是永恒的造物主创造的。因此,只要带着安静寻求的心,就可以聆听上帝的声音,上帝不用代言者,不用天使的传播,不借用云雷的震响,也不用譬喻修辞,而是直接说话,对每个人的心灵启示。

在这种交谈中,母子俩是快乐的,这种快乐让世间一切逸乐都不值一提。

莫妮卡用生命诠释了《圣经》中所说的爱,恒久忍耐,又恩慈。

/ 四 /

"没有忏悔的人生不是真实的人生；存在与虚无之间，信仰之树叶繁根深，人只是天空下纷纷孤独的影子。有勇气忏悔的灵魂才可能高高飞翔。"

奥古斯丁的伟大，在于他可以剖析自我，他剖析自己的一切，并乐于做更深的剖析。他的动机、伤感、情欲、野心、梦想、谎言、祷告、逻辑、过去、未来……他可以毫不畏惧地面对真实的自己，并在人前坦露自己，因为那个腐朽的旧我已经不在，他已在圣光的"医治"中重生。

奥古斯丁，叛逆的求圣者，他一生都在寻求绝对的真理。最终，他找到了，并且为之改变自己，奉献自己。过程曲折，结果暖心。反观我们现在，那个最初的梦想是不是已经被虚浮的追求所取代，真实的自我是否已经被人情世故左右？有人会一直和你说，妥协和软弱是"成熟"的表现，社会就是这样。倘若奥古斯丁现在活着，一定会嘲笑、会鄙视吧，因为他坚信，人对本身价值和意义的追求，永远高于对任何有形物质的追求。

他的一生，没有为安家乐业奔波，没有为仕途尊位繁忙，而是向着他认为的最荣耀、最芬芳的真理，至死不渝，无怨无悔。而那羞辱又荣耀的十字架，成为他的记号，永生的信念，留在人世，激励着许多同样痛苦的灵魂。

## 奥古斯丁的手术作品

### 《忏悔录》

本书奥古斯丁初为主教时所写,属赞美之歌的属灵自传。是宗教史、文学史或思想史上的一件大事。特别之处在于,将个人生命信仰旅程作为体验性与反思性的诗意表述。

基督教的忏悔,对奥古斯丁来说,这是每一个人与上帝交谈的唯一方式,正如大卫在《圣经·诗篇》里向神祈祷一样。忏悔是真正面对自己的勇气和希望。

### 《上帝之城》

这是一部捍卫基督教纯粹信仰的作品,是第一部教会历史哲学,左右了整个中世纪的政治发展。其写作期间超过12年,展现了世俗与神圣、帝国与《圣经》,从创造到最后审判的历史全景。《上帝之城》的信息偏重来世,真正的平安与公义社会只在天上寻见,这是一群爱神之人的命运。

### 《信、望、爱手册》

这是奥古斯丁撰写最接近袖珍书的基督教基要真理,对近世有极大的影响力,代表了他以文字教导的最短记事。

**《基督教要旨》**

这是阐释与理解《圣经》的指南，讨论基督教教师属世训练的价值，如修辞学，因此提供了人文与基督教神学结合的严谨原理，从中古到近代，长期影响着西方教育。

# 「马克思曾经是叛逆青年」

或许是马克思主义无与伦比的崇高性，让人们在不知不觉间为马克思本人也封上了一层固执呆板的外膜。或许是照片里深邃的眼眶、花白的头发和浓密的胡须，让人们自然而然地将马克思推上了神坛。褪下智者的外衣，丢掉圣人的光环，马克思也就是那个会打架、喜欢喝酒，甚至还有点不太靠谱的普通人。也许他的成就很高，但也不影响我们用常人的眼光去看待他。

## 一

马克思作为一代伟人，说家喻户晓一点也不过分。围绕在他身上的光环太多，他的伟大难以超越。很早马克思便树立了"为人类幸福而工作"的志向，却不曾想马克思也曾经是叛逆青年。

1818年，马克思出生在德国特里尔的一个犹太家庭，父亲亨利希是深受尊重的律师，并深受启蒙思想的影响，不但接受新潮流走在思想的前沿，还有一颗浪漫和艺术的心。牛顿、莱布尼茨、莎士比亚、歌德他都喜欢，拉丁文、法文、希腊文他也都会。亨利希作为一个文艺男青年，对自家儿子自然也会好好熏陶了一番，希望马克思将来能超越自己成为大律师或大法官。马克思对这位文青父亲也一直充满了崇拜和敬仰,直至马克思去世时,胸口处依旧放着父亲的照片,后来这张照片也被放入马克思的棺木中。

幼年良好的家庭教育,使得马克思在幼年得以安分健康地成长。马克思自小成绩优秀,展示出超前的才华,作为家中长子备受宠爱。马克思在17岁时便把"为人类幸福而工作"作为人生目标,亨利希看着马克思就感觉看到了律师和法官的影子。没想到马克思在中学毕业进入波恩大学后竟玩起了叛逆。

17岁的马克思听从父亲的建议选择了波恩大学法律系,一家人满心欢喜地送马克思来到学校,想想再过几年他就是律师了,心满意足地离去。马克思看着家人一脸不舍地离去后,便开始肆无忌惮地放飞自我。不懂得如何控制金钱花销的他挥霍无度,不得已将账单寄给父亲,马克思的行为让父亲感到生气并写了封信教育他。这时候的马克思不仅花钱无度,喝酒打架也一样不少。起初马克思加入了一个同乡会,聚聚会、聊聊天也没什么。然而这个同乡会并没有这么小清新,经常会在酒吧聚会喝酒,喝完酒后和其他同乡会约架。在亨利希看来,这可比乱花钱严重得多,马克思还因为打架被学校监禁过24小时。

亨利希看着马克思越走越偏,皱着眉头做了一个影响马克思一生的决定:从波恩大学转学到柏林大学。

当时柏林大学在德国的地位十分高,有一种说法是德国大学分为两类:一类是柏林大学,这里的学生无一不认真学习;另外一类是除柏林大学以外的大学,和学风优良的柏林大学相比简直都是"小酒馆"。正如黑格尔所说柏林是德意志文明的发源地。

马克思从"小酒馆"来到柏林后,见识到了比波恩大学大家一起喝酒打架更加恐怖的事情,那就是柏林大学压根没有人喝酒打架,所有人都是一副"学习使我快乐"的架势。这深深地震撼了马克思，他按耐住自己那颗躁动的心，想想一个人喝酒也无聊，一个人更是打不了架。回想起来自己曾经立志要成为"为人类幸福而工作"的人，马克思从叛逆青年变成了疯狂学霸，据说当时马克思在两个学期就学习了相当于学校20个学期才能教授完的知识。原本就有很好的文化底蕴的马克思在这一阶段大量读书，涉猎广泛，自学英文和意大利文，顺便还翻译了几本名著。马克思开始一本正经地规划自己的人生并付诸行动。他构想自创一个新的法哲学体系，为此他甚至写了300页书稿。

那个时候大学生有很多都"追"哲学家，怎么"追"呢？只能看著作、研究他们的思想观点。马克思最初是康德和费希特的追随者，但在深入地了解这两位后，马克思改变了。他发现他们并不务实，忽略了抽象原理和具体事物之间的关系，甚至还作诗讽刺这两位哲学大师的天马行空，讽刺完之后马克思开始着手解决这个问题。这个时候出了更大的问题，马克思发现自己也无法解决这个问题，这让他十分苦恼，最后竟然生了场病。在调养的过程中，马克思拿起书本继续寻找答案。果然"书中自有黄金屋"，马克思重读黑格尔著作时茅塞顿开，他发现黑格尔的辩证法很好地解决了他的困惑，抽象原理和具体现实之间的转化得到了解释。一下子马克思的病好了大半，甚至蓬头垢面地跑到街上欢呼和路人拥抱。

/ 二 /

提到马克思，不得不提的另一人便是燕妮。马克思与燕妮的爱情是他们彼此一生的阳光，从朝霞到余晖都温暖着他们。这是一个由青梅竹马到伉俪情深的故事，也是一个一见钟情又日久生情的故事。

据说马克思四岁时就和八岁的燕妮有了深厚的情谊，他们的感情和年龄成功地呈现出正比例增长。燕妮出生贵族，是当地被认为最美丽和最优雅的女子，追求者也不少，嫁入豪门的机会也是有的。然而燕妮不走寻常路，蔑视封建社会和资产阶级的所有传统观念。在马克思从波恩大学回家后，17岁的马克思同21岁的燕妮订了婚。燕妮不知道和马克思未来的生活将如何，依旧毅然决然地同马克思订婚并且等待他七年之久。

到柏林大学后，马克思对燕妮的思念之情更加浓郁，更加难以忍受。他说并非是不相信燕妮，而是从未预想过会分开这么久。给燕妮写诗成了马克思在柏林大学的日常之一，七年的异地恋让这对恋人饱受相思之苦。马克思的浪漫细胞在这一期间爆发，以至于第一年写诗，第二年写诗，第三年写诗……而且还不一定是情诗。其中有饱含深情的情诗："燕妮的名字，哪怕刻在沙粒般的骰子里，我也能够把它念出！温柔的风送来了燕妮的名字，好象给我捎来了幸福的讯息，我将永远讴歌它——让人们知悉，爱情的化身啊，便是这名字燕妮！"也有这样的诗："面对着整个奸诈的世界，我会毫不留情地把战挑，让世界这庞然大物塌倒，它自身扑灭不了这火苗。"所以当燕妮发出"我想你"这样的信件后指不定会收到哪种回复。就好比女孩子正在向男孩子在电话里倾诉思念之情，可能得到一句中气十足的"天将降大任于斯人也"。

马克思谈恋爱，心中的躁动无处安放，连给父母的书信都是情诗。明明是写给父母的，读起来却完全是写给燕妮的，家中事则一笔带过，这简直让亨利希怀疑马克思寄错了信，里面全都是自家儿子多么地思念燕妮。亨利希终于受不了了，儿子多久才寄一次信，全家满心欢喜地打开，却又失望地读完。最后亨利希不得已告诉儿子写信要好好写，不管情书还是家书。

　　23岁那年，马克思从柏林大学毕业，并在同年经过耶拿大学的论文鉴定获得哲学博士学位。大学毕业回到家中，马克思终于可以和朝思暮想的燕妮在一起了，两人想要马上结婚。显然，只有一张博士学位的证明是不够的，两人生活并没有丝毫保障，他们不得不重新考虑这一问题。一年后，马克思为《莱茵报》编撰文章，同年成为该报的主编。第二年，由于政府方面的压力使马克思离开。6月，马克思和燕妮在订婚九年后终于结婚并举行婚礼。在婚后他们还进行了一次短途新婚旅行。

　　不久后，马克思携燕妮来到巴黎，开始和卢格一同进行《德法年鉴》杂志的出版工作。

/ 三 /

　　马克思看到恩格斯发表在《德法年鉴》的《政治经济学批判大纲》，留下了深刻的印象，自此两人开始通信。这两位共同领导国际共产主义运动，拥有40年深厚革命情谊的伙伴第一次见面并没有一拍即合。马克思在担任《莱茵报》的主编时，第一次会见恩格斯。两人四目相对，只是冷淡地见了一面，便草草结束。马克思对恩格斯存有资本家的偏见，恩格斯也对马克思无感，更何况这个时候两人对于黑格尔的看法也不同，好在两人并没有就此成为彼此生命中的路人。马克思26岁那年，恩格斯路过巴黎与马克思进行了第二次会面，并在马克思家中住了十天。他们探讨了许多问题，发现两人思想高度一致，这次见面，成就了他们此后40年的共同工作。

马克思和恩格斯共同起草了《共产党宣言》，一起创办了《新莱茵报》，对后世影响巨大。对于二人而言，最重要也最能证明他们友谊的便是《资本论》，毫不夸张地说如果马克思和恩格斯没有那样坚实的情谊，《资本论》便不会诞生。

《资本论》三卷在马克思生前已基本完成，马克思却迟迟不肯出版。这本著作刚完成不久后恩格斯便很兴奋地找马克思商量出版，马克思回应说还要研读新出的书再完善才可以。恩格斯心中认为这手稿已经补充多次，字和字之间都挤着字，不知道的人还以为你骗稿费呢。这一完善十多年间只出版了《资本论》第一卷，第二、三卷是在马克思逝世后由恩格斯整理出版。

第一卷在马克思快50岁时终于要出版了，在校对结束后马克思激动万分地写了一封很煽情的信给恩格斯："这一卷能够完成，只是得力于你！没有你为我而做的牺牲，这样三大卷的大部头著作，是我不能完成的，我拥抱你，感激之至！"

恩格斯也的确为马克思做出了这般牺牲，恩格斯不喜商业但因为要解决马克思的经济问题，不得不在父亲的公司做小职员。马克思曾愧疚地说，恩格斯因为他浪费了才华，去做不喜欢的商业。恩格斯同样愧疚自己不能为马克思提供更多的帮助。恩格斯在一段时间寄给马克思的钱已经超过了自己在家中的花费。尽管恩格斯自己也困难，却依然一直支持着马克思，顺便还接济了马克思一家人。

马克思与恩格斯的友谊主要源于他们思想的共通性，马克思的很多友谊都不长久，因为马克思进步得实在太快了，大家跟不上他的步伐，时间久了便没了共同话题。恩格斯是例外，在分开的20年间他们依旧维持着思想的共鸣。他们谈论一切，时常通信。马克思常常拿着恩格斯的信自言自语，并将阅读恩格斯的信作为生活中的趣事。当恩格斯在伦敦时，他们每天都会见面，交换各自的思想和意见，有时可以沿着街道走几个小时。甚至马克思和恩格斯分别在伦敦和曼彻斯特同一时间看同一本书并且写下了同样有意思的评论。

对于马克思一家而言，恩格斯早已成为他们的一份子，像家人一样亲密。他们互相点燃了彼此生命中的那盏明灯。

/ 四 /

生如夏花之绚烂，死如秋叶之静美。

马克思晚年十分贫困，亲人接二连三的离世也给他造成了巨大打击。马克思一生精神极其富有，但生活上大部分时候是贫困的，而且是极度贫困的，游走在温饱边缘，英国潮湿的气候又为本来就糟糕的环境"增砖添瓦"。这样的生活条件让马克思的三个孩子都在儿时夭折。亨利·吉多在一岁便因肺炎而去世，一年后弗兰契斯卡也去世了。对马克思更大的打击是爱子穆希的去世，马克思十分悲痛地写信给恩格斯："可怜的穆希已经不在人世了，今天五六点钟的时候，他在我的怀里长眠不醒了，我永远不会忘记，在这个可怕的时刻，你的友谊是怎样地减轻了我们的痛苦。"

恩格斯在一定程度上缓解了马克思痛失爱子后的悲伤和苦痛，不幸的事却还没有结束。马克思与燕妮的爱情持续了一生，燕妮始终支持着马克思的事业。到了暮年，他们之间没有沧桑感，反而像热恋的年轻人一样。燕妮晚年可能患了肝癌，她十分坚强地忍耐着疼痛，马克思亦终日在她身边照顾，希望可以减轻她的痛苦。约一年后，马克思体力消耗过度，开始焦虑和失眠，患了肺炎。在有生命危险的情况下，马克思依旧在身体状况稍好的情况下都会去燕妮房间。他们眼神交汇间，仿佛回到了青年时，像他们曾经互相等待终于在一起的时候。死亡和分离并未击败他们，他们共同珍惜着最后的时光，直到燕妮离开世间的那一天。燕妮的离去带走了马克思的灵魂，"生无可恋"四个字围绕着马克思，恩格斯说："卡尔也死了。"在后来不管什么都没有让马克思从这段悲伤中走出来，燕妮的生命同马克思的生命交织在一起，一同流逝。

在悲伤中沉浸了两年，后马克思收到了大女儿突然离世的噩耗，病情加重。在两个月后，马克思安详地入眠，再没有醒来。

## 马克思干过哪些大事？

马克思成功地在大半个世界搞革命，留下了《共产党宣言》和《资本论》，创造了马克思主义、马克思哲学。

### 《共产党宣言》

本书阐明了社会发展的客观规律，指出无产阶级在推动历史发展的重要作用，也说明了无产阶级的历史使命：建设社会主义国家，资本主义国家最终将被取代。这一本小册子在历史上的作用不可忽视。

### 《资本论》

本书主要研究资本主义和社会主义，深入探讨了资本主义的原理与规律、社会主义的原理与规律、如何由资本主义向社会主义过渡等问题，分析了资本主义经济和社会主义经济，将可能出现的大部分问题规律及原理都总结出来，预见未来社会主义发展和形态，对于建设社会主义社会有重大意义。

**马克思主义**

作为近代最为复杂和精深的学说之一，涵盖了政治、哲学、经济、社会等领域，成为难以超越的一种学说，并在近代演化出了许多其他主义学说。由列宁和布尔什维克党及其创立的苏联大力宣传达到顶峰。现在仍有许多国家党政将其作为意识形态，如古巴、尼泊尔共产党、塞浦路斯劳动人民进步党、法国共产党、西班牙共产党、葡萄牙共产党、希腊共产党等。

**马克思哲学**

马克思哲学拥有预见性，在马克思去世后资产阶级出现危机才开始在世界各地传播开来。后来马克思主义分为以列宁最为著名的革命派和以爱德华·伯恩斯坦为中心将马克思主义视为一种道德标准的非革命派。革命派认为马克思主义是历史科学理论与无产阶级的世界观，是历史客观进程的一种理论反映。由广大劳动人民在实践中探索的产物，是人类优秀的历史文化遗产。这说明是金子总会发光的。

# 「大胡子恩格斯」

　　《共产党宣言》和"马克思主义",这些伟大的理论似乎在大多数人的眼里属于马克思,而恩格斯只是以"马克思好友"的身份停留在我们的脑海中。但事实上恩格斯思想的伟大毫不逊色于更广为人知的马克思,两个人的伟大没有大小,更没有高低,一个伟大的诞生,从来就不是一个人单枪匹马能铸成的。如果马克思是立于风口浪尖的旗帜,那么恩格斯就是容纳狂风巨浪的海岸,他博学而宽广,用自己的努力支持着一个伟大的诞生。

/ 一 /

　　说起马克思,第一反应是社会主义、马克思主义;而说起恩格斯,无论是同时代的人,还是后世的人总会不自觉地在前面加上一个"马克思"的前缀,马克思的挚友——恩格斯。马克思、恩格斯,仿佛成了一个人的名字,事实似乎也却是如此,或许是性格的诧异,亦或许是分工的不同,就像是在一场游戏里,既要有一马当先的战士刺客,也要有默默奉献的辅助,而恩格斯就是个"老妈子"式的辅助,再者这两个同样以"大胡子"形象深入人心的男人,更是使得许多人不自觉地将两人看作了一个人。

　　说起这浓密的"大胡子"，似乎是人们十八九世纪西方男人的共性。年纪轻轻就留着长到胸口的胡子，极像七八十岁的老头。有人说这是因为欧洲白人本就毛发旺盛，加之当时卫生条件差，所以就都留着大胡子。其实这个解释不太站得住脚，其实，蓄胡子最初是在奥地利盛行的，本意是想压制那些年轻气盛的青年们，让他们形成刻板固执的形象，便于统治。渐渐地这个风气也传到了德国，于是当时的年轻们为了让自己看上去有进取心，更成熟稳重，纷纷蓄起了长胡子，带着金丝眼镜，参加聚会的时候，黑色整齐的礼服、缓慢从容的步伐更是不能缺少的装备，要是能再有个微微鼓起的圆肚子，那就更"沉稳"了。

　　话说回来，即便是再亲密的关系，再相似的外形，终究是两个不同的人，尤其是两个同样伟大的哲学家，这种不同就更明显了。

　　大多人只知道恩格斯，却不知道恩格斯的全名，恩格斯的全名是弗里德里希·冯·恩格斯，"冯"可不是随随便便就能取的，这可是从古时候起就规定的普鲁士容克贵族的特殊标志，像是一个标记，表示其祖先有国王授予的爵位，这有点类似与咱们中国古代的名字周公、燕侯中的公、侯、伯、子、男，它不是真正的名字，只是用来表明其特殊的身份。所以说，恩格斯其实是个不折不扣的贵族公子。

　　只可惜到了恩格斯这一代，贵族家族早就没落了，转而成了一个小资产阶级的商人家庭。1820年恩格斯出生于莱茵省，这里是工业发达，是整个德国资本主义大工业发展最兴盛的地方。恩格斯的父亲是个工厂主，更是个虔诚的基督徒，他为人独裁自大，对于恩格斯这个长子，更是专横暴躁，只要有一点不顺心或是没"按上帝意志"，便会大发脾气，父亲对于恩格斯而言只是一个"狂热而专横的老头儿"。既然有了个强硬的父亲，那么温柔善良、软弱可怜的母亲则是必不可少的标配。母亲对恩格斯疼爱有加。

在这么一个极端家庭中长大的恩格斯，很早便显示出了异于同龄人的机智和独立，可是这份难得的聪慧，在这样一个商人家庭中是多余的，就像是掉进了鸡窝里的"天鹅"，越是特殊越是怪异。父亲老弗里德里希对这个"不学无术"的长子，可是"操碎了心"。在一封他写给妻子的信中写道："我在他抽屉里发现了一本肮脏的书，这是一本从图书馆借来的关于13世纪游侠故事的小说……愿上帝保佑他吧，总的来说，他是个好孩子，但我总为他担心，怕他堕落……我还发现他有些意志薄弱和思想上的浮泛。"就这样，这个天才般的少年，在父亲那里成了整天无所事事、游手好闲的"臭小子"。

不过，恩格斯可不管这些，他依旧在学校里过得风生水起，他学文学、学艺术、学音乐、学漫画，还对外国语表现出了极强的天赋。此外，恩格斯的体力也十分优秀，他极擅长骑马、击剑和游泳，而这些爱好，也跟随了恩格斯一生。

/ 二 /

对于商人来说，学习是个可有可无的东西，学得好是锦上添花，学得不好也无伤大雅，但是一个商人的儿子不会经商，这可绝对不行，作为一个多年商人的老弗里德里希决不允许这种耻辱的事情发生在自己身上，于是17岁的恩格斯不得不在父亲的强制之下提前辍学，甚至连中学都没读完最后一年。

恩格斯在父亲的安排下，先在父亲的营业所里工作了一段时间，然后又被父亲送到了不来梅的一个大型贸易公司去工作。这个位于德国西北部的一个汉萨城市，在当时并没归属于普鲁士的掌管，因此思想自由，且这里临海，商业贸易发达，经济发展迅速，对于能来到这么个大城市，又能脱离父亲的"魔掌"，恩格斯很是兴奋。

在不来梅的期间，恩格斯除了偶尔完成父亲布置的工作外，其他时间都拿来学习，在这个有着世界各地贸易往来的大商港，恩格斯找到了大量的英国、荷兰等国家的报纸和书籍，其中甚至还有一些在德国被禁止阅读的书报。就这么夜以继日的学习，年仅19岁的恩格斯就已经了解了25种国家的语言，掌握了十几门外语。

除了其他国家的语言和文化，恩格斯在不来梅最大的收获就是接触到了很多新的思想。也是在这个自由的城市，恩格斯抛弃了自己家族的信仰——基督教。这还要依靠父亲的"帮忙"，在恩格斯去到不来梅前，父亲怕他的思想会发生"偏移"，于是便将恩格斯寄托到了一个牧师的身边。没想到的是，正是在这个牧师的家里，恩格斯认清了宗教的矛盾所在，于是便毅然决然地与自小的信仰决裂。相信老弗里德里希如果知道了原由，怕是要气得吐血了。

1841年，恩格斯到柏林服兵役，在部队外恩格斯更是一名好学生。他经常利用空闲时间跑到附近的柏林大学去听课，很快便成为了一个不纯粹的"黑格尔派"。他一方面认同黑格尔的历史哲学，另一方面又"嫌弃"黑格尔局限在了哲学和宗教的问题中。恩格斯想要的是接近于生活和实践的"精神食粮"，正好另一个德国作家路德维希·白尔尼的出现，满足了他的欲望。

在白尔尼的影响下，恩格斯开始写了一些诗发表在了当时的一个激进文学团体创办的《德意志电讯》里，不过很快恩格斯又不满于这个团体的悲观论调，于是决定"自成一派"。

/ 三 /

得益于年少时对家里工人的观察和同情，使得恩格斯从小便有着"为工人做事"的理想。到了不来梅，深入了解了这个社会后，恩格斯更是坚定了幼时的想法，要推翻这个制度。

不过现如今的恩格斯羽翼尚未丰满，就只能编编小诗，写写论文来表达自己的思想。恩格斯用"弗·奥斯渥特"这个笔名发表了论文，语言直接冷酷，毫不留情地揭露了剥削阶级罪恶的一面。恩格斯没想到的是，自己的文章会为自己引来一场不大不小的麻烦。当时，恩格斯创作出《乌培河谷来信》，在社会上引起了一定的风潮，很多人猜测作者是谁，甚至有人去调查这个作者的来历，恩格斯惊恐地要求朋友不要将自己的消息公布出去，否则自己会陷入可怕的困境。于是也就极少数人知道《谢林——基督的哲学家》，这篇狂放大胆的文章是出自我们的恩格斯的手下。

很快，恩格尔就退役了。刚回到家乡不久的恩格斯，又被父亲"流放"到了英国曼彻斯特的"欧门—恩格斯"纺纱工厂。父亲的本意是要恩格斯去英国学习经商，顺道将他拽离德国日益高涨的革命氛围，不过老弗里德里希没想到的是，一次自以为万无一失的决定，又一次"帮"了恩格斯一把。

恩格斯早就对英国的工人运动有所耳闻，想要深入地了解一下，这次父亲的决定恰好是称了自己的心思。于是1842年，恩格斯来到了英国，那时的曼彻斯特正值工人运动的高潮，几百万的工人正组织签名，要求英国议会批准通过《人民宪章》，恩格斯很快就投身到了运动中。他每天晚上去访问工人，了解他们的生活情况。也是在这每晚的访问中，恩格斯邂逅了自己的第一份爱情——爱尔兰姑娘玛丽·伯恩斯。这个美丽而又骄傲的姑娘深深吸引了恩格斯的目光，在恩格斯的穷追不舍下，才最终同意和他在一起。

有了这些对工人阶级的调查，恩格斯完成了《政治经济学批判大纲》。这本反映英国工人阶级的文章，被寄到了法国《德法年鉴》发表，而这个报刊的主编正是日后与恩格斯"捆绑销售"的马克思。马克思读完恩格斯的文章，十分激动，并给恩格斯回信希望恩格斯能多写些反映工人阶级的文章。于是《英国工人阶级状况》一书应运而生。

1844年，恩格斯离开曼彻斯特，途中经过巴黎，与马克思进行了为期十天的热情访问。也就在这十天，奠定了马恩一生的友谊。

/ 四 /

回到阔别已久的家乡，恩格斯发现家乡的革命情绪和革命情况有了极大的进步，欣喜的恩格斯马不停蹄地又投身于家乡的革命斗争中。既不好好经商就算了，居然还搞革命，这下可彻底将老弗里德里希激怒了。

1845年，恩格斯觉得与家人无法共处，便离开了德国，到了布鲁塞尔。那时，马克思也因为被法国政府驱逐，也到了布鲁塞尔。两人再次重逢的这段期间，两人完成了《德意志意识形态》，改组正义者同盟，并在1848年出版了《共产党宣言》。

同年，欧洲革命爆发，恩格斯回到了德国参加人民武装起义，并出版革命运动的机关报《新莱茵报》。1850年前后，民主革命失败。由于马克思领导了工人运动，他成了巴黎"最不受欢迎的人"，于是第四次被驱逐的马克思，跑到了雾都伦敦。而恩格斯也在当局政府的打压下，生活拮据。和恩格斯的"一人吃饱，全家不饿"不同，马克思可是又有老婆又有孩子，过重的家庭负担，让马克思的生活难以为继。

于是为了马克思，为了无产阶级的未来，恩格斯决定牺牲自己。于是恩格斯又迁回到曼彻斯特，在"欧门—恩格斯"做办事员。经商期间，恩格尔也不"消停"，他不断地给各个报刊投递论文，发表自己的言论。他甚至在忙碌之余，还要帮英语不好的马克思在《纽约论坛报》上发表文章。这些文章署马克思的名，稿费也由马克思领取，即便出版成书，写的也是马克思的名字。如果说一个成功的男人，背后一定有个默默支持的女人，到了马克思这里就成了，一个成功的男人，背后有另一个会挣钱的男人。

从办事员到股东，恩格斯只用了14年的时间，而他给马克思的经济资助也在不断增加。在这14年的戴着面具生活的日子，爱人玛丽给了他最多的关怀和安慰。但好景不长，1863年，玛丽因为心脏病逝世，恩格斯受到了极大的打击。他给马克思写信表达自己的悲伤，马克思的回信却让他更是"心如死灰"，马克思对于这份悲伤这表示了一点"意外"和"震惊"，然后便大书特书自己窘迫的生活。恩格斯看到信后十分气愤，这20多年的朋友竟然如此冷酷。于是提笔写了一句"那就请便吧！"

马克思接到信后，心里十分纠结，他懊悔自己犯了个大错，又着急无法马上解释清楚。十多天后，恩格斯受到了马克思的："反思信"，看完信后，恩格斯郁闷的心情立刻变得晴朗了，回信道："我高兴我没有在失去玛丽的同时，再失去自己最老的和最好的朋友。"并且没忘了在信后附上100英镑。

/ 五 /

1864年，第一国际成立。恩格斯激动之余，仍不得不将更多的精力用在经商上。于是，便由马克思将情况告诉给恩格斯，征求恩格斯的意见，再由马克思发表。1867年《资本论》第一卷出版于德国汉堡。两年后的1869年，恩格斯终于脱离了将近20年的商人身份，他写信给马克思称："从今天起我是一个自由的人了。"从"牢笼"中逃出来的恩格斯，次年便移居伦敦与马克思再度相逢。

这两个分离了20多年的挚友，终于又在一起了。两人讨论问题的时候，经常在屋子里走来走去，各走一条对角线，走到屋角又回头继续走，直到讨论出个结果，如果当天没有结果，便第二天继续。

在这样充满激情的时间里，恩格斯完成着《自然辩证法》，但还没写完，一个巨大的打击便让恩格斯彻底停下了手头的工作。

1883年，马克思逝世。知音离去，恩格斯悲痛欲绝，仍强忍沉痛为马克思打理后事，他在挚友的墓前演说的《在马克思墓前的讲话》，真切地表达了自己对好友的尊敬和对他离世的遗憾。

在马克思逝世后，恩格斯决定代替马克思完成《资本论》。此时的恩格斯已经是63岁的高龄，他经常害怕自己会完不成这个巨大的事业。一方面马克思潦草的笔迹，只有很少人才能辨别出来，另一方面马克思的思想理念，更是只有恩格斯才能企及。在夜以继日的工作下，恩格斯也病倒了，无奈恩格斯只能请一个助手，他口述给助手，由助手抄录，可是科学研究的方面，就只能由恩格斯自己动手，对照手稿、片段一点点补充。就这样，1885年恩格斯完成了《资本论》的第二卷。然后恩格斯又马不停蹄地进行第三卷的工作。这个第三卷，恩格斯整理了十年之久，终于在1894年将第三卷出版。工作的艰辛可想而知，恩格斯有次气急败坏地对马克思的女婿说："我真想把那些手稿一把火烧掉！"

说归结底，恩格斯还是任劳任怨地出版了《资本论》，还不断地出版、翻译马克思的其他著作，自己的理论却极少发表，就连1884年发表的最有名的《家庭、私有制和国家的起源》，也将其看作是马克思的"遗言"。

/ 六 /

恩格斯比马克思多活了12年，但这最后的12年，恩格斯一点也没有"放过"马克思。无论是给好友的信中，还是对外的讲演，他从没忘记提及马克思。晚年的恩格斯患了食道癌，他不能说话，身体情况更是每况愈下。即便是如此，他仍坚持每天工作。在他那个宽阔整洁的光线充足的房间里，阅读来自世界各地的书信，这或许就是马恩之间最大的差别，即便是在最虚弱的情况下，依然要保持绅士的整洁。与马克思的随心随性不同，他的文章一如既往的严谨清晰，无可挑剔。

1895年8月5日，恩格尔结束了自己75年的人生，按照遗嘱，他将遗产一份给了马克思的几个女儿，一份给了爱人的侄女，剩下的捐给了工人阶级政党，他还要求要将自己的遗体火化后撒入大海。8月27日，几位好友划着船，将恩格尔的骨灰撒入了他生前最喜欢的英国伊斯特勃恩海边，随着翻滚咆哮的海浪，这个伟大的灵魂长存于天地间……

## 数数那硕果仅存的恩格斯著作

### 《反杜林论》

本书被称为"马克思主义的百科全书",集中当时多门科学的重要成果,来批判杜林的理论,杜林也因为这本书结束了自己的科学生命。在那样一个时代,也就只有恩格斯才能这样尖锐而又深刻地批判一个人。这本书告诉我们道德永远有个"潜规则",那就是道德是以阶级和社会为前提。

### 《家庭、私有制和国家的起源》

读完本书你会发现,原来100多年前恩格斯就在批判的东西,在21世纪的今天仍在中国的社会上演。恩格斯在这本"介绍起源"的著作里告诉众人何为家,何为国,何为爱。这本"未完待续"的著作,需要读者自己去生活里寻找属于自己的结果。

### 《费尔巴哈和德国古典哲学的终结》

这本寥寥千字的书,却被很多人认为是马克思主义哲学开始形成的标志。它说明了马克思主义哲学产生的理论来源和自然科学基础,阐述了哲学基本问题和哲学中两大阵营根本对立的原理,也由此哲学家们分成了唯物和唯心两大阵营。可以说本书是《共产党宣言》的不成熟版。

# 海德格尔的 1933 年

活着还是死去，这是哲学中的一个重大问题。"死亡哲学"是古今中外哲学家们都在不断探索的问题。海德格尔对此的回答是：生命意义上的倒计时法——"向死而生"。因此海德格尔的一生或许有遗憾，却从不后悔，他用自己的思想追求着一生的追求。

/ 一 /

如果哲学家也分类型的话，大体可分为三类：普通款、文艺款和浪子款。普通款的哲学家，视哲学如哲学，没事拿拿稿费，讲讲课程，最出格的也就是骂骂当局者，如黑格尔，没事了就回家洗衣做饭陪老婆；浪子款的哲学家，视哲学如生命，他们虽没有送花、送巧克力的浪漫，甚至连基本的衣食住行都自主不了，但俗话说的好，每个浪子的背后，总有个收拾烂摊子的英雄，如马克思、恩格斯，没钱花了找老友，没空写文章找老友，就连生了个私生子都要冠上老友的名字。而与前两种哲学家有着截然不同气质的文艺款的哲学家们，视哲学如灵魂，这类哲学家大多心思细腻而敏感，坚决将浪漫进行到底，为了自己心中的理想"抛家弃子"也不过动动口的事。海德格尔恰好就是这种人，有人说想要读懂海德格尔，那你必须先要有德语和英语的语言基础，最好还能了解一些古希腊语、拉丁语，然后要读过且读懂柏拉图、亚里士多德、索福克里斯等经典哲学家的著作，再熟练掌握尼采、康德、黑格尔、马克思等哲学家的思想，有了这些你就能初步理解海德格尔的思想了。如果还想进一步了解，那么艺术、文学、科学、数学、基督教等等，这些也是你必不可少的基础。

对于这个"20世纪最有影响力的西方哲学家""20世纪人类的全部激情和灾难"，想要读懂他，这一点点的准备是最基本的尊重。犹如他总结亚里士多德一般，他87年的漫长人生也是"他生出来，他工作，他死了"，越简单的人生越不简单。

马丁·海德格尔1889年9月26日出生于德国巴登邦的一个叫梅斯基尔希的小镇。父亲在镇上的天主教教堂任司事，在这个天主教氛围浓郁的小镇，每一家都信奉天主教，初期的海德格尔也不例外，因为家里条件不算太好，海德格尔依赖天主教的奖学金资助读完了中学、大学，也正因为这"拿人手短"的日子，即便海德格尔从心里早就厌恶天主教，却仍然不得不写一些与宗教研究有关的文章。

关于海德格尔的童年，资料不多，就连他本人也不常提起，或许是他的童年并不像其他哲学家那样坎坷悲苦，也不想某些哲学家那样天资聪颖。但大体可知他母亲是个热情开朗、果敢勤劳的家庭妇女，父亲则是一个默默工作，不多言不多语的普通人，或许平平淡淡才是海德格尔童年的真实写照。

/ 二 /

前文说道海德格尔读中学和大学是受天主教的资助，因此在海德格尔在读完小学后，便被教会送到了康斯坦茨由天主教办的寄宿学校读书。在康斯坦茨这个摩登城市，海德格尔第一次体会到了"现代精神"。老师们对教会的大肆批判，和与非天主教的世俗生的生活差距，让海德格尔开始怀疑天主教的意义。而后因为地方基金的资助不够支付康斯坦茨的急速开支，海德格尔又转到了弗莱堡读书。这时的海德格尔虽然受到摩登社会的影响，但并没有投入其中，他还是坚定地要当一个像父亲一样的神职。

直到1907年的一天，海德格尔在一位教师那里借回来一本书，即奥地利哲学家弗朗茨·布伦塔诺的一篇论文，题为《论"存在"在亚里士多德那里的多重含义》。对于这件事海德格尔在半个多世纪之后仍怀着深情回忆到，那一次尝试着去读这本虽然不太大却颇有些艰涩乏味的著作，是他"笨拙地去试着钻研哲学的开始"。但是在当时那个还是个学生的海德格尔看来这不过是一本用来打发闲暇时间的书。也许连他本人也未曾料到，就是这本书，不仅让他在青少年时期就引发了去探索"存在的意义的问题"的兴趣，而且几乎是指引了他一生的哲学之路。

1909年，海德格尔进入弗莱堡大学学习，当然那时的海德格尔主修的仍是神学专业，但已经深植于他的心里的哲学种子，在不经意的"浇水施肥"中一点点发芽。同年9月，海德格尔加入耶稣会修士见习生的行列，但在试验期结束前，他被解除了见习生的资格，因为他的心脏病发作了，被送回了家。或许上帝也不愿意荒废了这个为哲学而生的天才，总之心脏病反而保住了他心里的哲学萌芽。

1911年开始，海德格尔开始主修哲学，也兼修人文科学和自然科学的一些课程。对于半路出家的海德格尔而言，哲学并不好学，虽然在老师李凯尔特的指导下，完成了题为《心理主义的判断学说》的博士论文，获得了弗莱堡大学的哲学博士学位。但很多时候海德格尔心里隐隐觉得有些想法，却又不得其要领，将布伦塔诺的学生胡塞尔的《逻辑研究》翻来覆去读了好几遍，书都要翻烂了，却仍是懵懵懂懂。幸运的是，1916年，胡塞尔由哥廷根大学转到弗莱堡大学哲学系任教并接替海因里希·李凯尔特担任哲学讲座教授，这个天赐的良机，让海德格尔握住了开启哲学大门的钥匙。

但即便如此，海德格尔也时常不得不跳出哲学的世界考虑生活的窘境。因为读大学时，海德格尔为了摆脱经济上的束缚异常刻苦，用四年时间就拿到了博士学位。但是由于身体和转换专业的原因，他一度失去奖学金，在大学的最后两年，他只能依靠一项私人贷款和做家教维持生计。对于未来，海德格尔想过要安安分分地继续学神学，然后走自己父亲的路；也想过要遵循自己的兴趣，继续学习哲学。

最后海德格尔决定还是学哲学，不过是和神学有关的哲学。海德格尔将"中庸"之道运用自如，他很会将自己的想法和现实的要求"中和"在一起。

/ 三 /

1916年，海德格尔以一篇题为《邓·司格脱的范畴与意义学说》的论文，向弗莱堡大学申请讲师资格。通过后，海德格尔获得了弗莱堡大学的讲师资格，又在三年后被聘为胡塞尔的助手。在胡塞尔看来这个小伙子难得地对现象学有着自己的理解，因此曾说"现象学，海德格尔和我"。在认识了胡塞尔后，海德格尔无论是哲学之路还是事业之路，都变得顺风顺水。在胡塞尔的推荐下海德格尔前往马堡大学哲学系任副教授。

这对于一个"农村"来的穷小子，可是想都没想过的事情。在马堡大学，海德格尔认识了许多社会名流和哲学大家。渐渐地，海德格尔也开始"心思活泛"了起来。他开始不断在课堂上发表自己的一些理论，而这些理论很多与胡塞尔的现象学是大相径庭的，甚至带有批判性。在对胡塞尔的半批评半肯定中，海德格尔更多地是想要走自己的路。

1925年，海德格尔接替尼古拉·哈特曼出任哲学讲座教授。但因为自1916年海德格尔书面上没有发表过一篇文章不符合规定，所以海德格尔不得不将他还未完成的《存在与时间》草草结尾，并出版来充数。

没想到的是，这本书受到了强烈的关注，不仅书被看作是20世纪西方哲学中真正的划时代著作，就连海德格尔也因此而成为德国最伟大的哲学家之一。虽然书中不断提及对胡塞尔的感激和敬意，却一点也没有打动胡塞尔，他不仅在给友人的信中写道"这本著作根本不能列入现象学的范围"，甚至七年后还在演讲中直接批判以海德格尔为代表的哲学人类学化的倾向。

与事业的风生水起不同，情感上的海德格尔遇到了一点"小麻烦"。海德格尔的妻子是艾尔芙蕾德·皮特里，当时就读于弗莱堡大学政治经济系，1917年两人结婚，后为海德格尔生了两个儿子。当然皮特里不是海德格尔唯一爱上的学生，另外还有一个有名的"秘密情人"——汉娜·阿伦特。这个未来的女哲学家，在成为海德格尔的学生之后便吸引了自家老师的"关心"。阿伦特长得漂亮，打扮也十分时尚，因为经常穿一条绿色裙子，被同学们戏称为"绿衣人"。都说陷入爱情的女人智商为零，阿伦特陷入爱情后的智商估计也就为负吧，当时的阿伦特年仅18岁，正是青春烂漫时节，而此时的海德格尔已经35岁"高龄"，还有老婆和两个儿子，可惜一见"老师"误终生，阿伦特就这么"误"

了进去。

可惜,在阿伦特心潮翻腾的时候,海德格尔却"心如死水"。他一心投在了自己讲座教授的事情上。当海德格尔想起阿伦特时,突然意识到如果两人的关系被人发现了,会对自己的事业不利。于是思前想后,海德格尔还是决定将阿伦特给"打发"了:"汉娜,我给你在好友雅斯贝尔斯那里求得了一个工作,你转学吧。"就这样情感上的"小麻烦",也被海德格尔"轻而易举"地解决了。此时的海德格尔可谓是"前程似锦"。

/ 四 /

一个真正的哲学家是能容纳与自己不同理论的天才的,胡塞尔就是这类人。1928年,胡塞尔退休,即便是知道海德格尔的理论与自己已经千差万别,但他并不排斥海德格尔这个人,他承认海德格尔的能力,并推荐海德格尔回到弗莱堡大学接替他的讲座讲授的位置。1929年,海德格尔便又回到了弗莱堡大学。

再次回到弗莱堡的海德格尔,已经不再满足于"小打小闹"的教书育人,他更希望能培养"本真"的德意志人,他希望能以自己的方式"拯救人类"。20世纪30年代的资本主义世界,正值经济危机,工业生产下降40%,外贸减少69%,7万多家企业破产,失业人口达到800万人。纳粹趁机上台,建立法西斯政权。

1933年,海德格尔任弗莱堡大学校长一职,这短短九个月的任职,成为了这位伟大哲学家一生难以抹去的污痕——他参加了纳粹党。对于这段经历,海德格尔从来缄默不语,就连身边的朋友和学生也对此很不解。晚年,他曾在与记者的谈话中,模棱两可地对那段时光有过解说，他当时出任校长并非本愿，也不是纳粹党局指派的，而是前校长无以为继时请他暂代校长一职，而后因为他不能苟同法西斯的暴政，九个月后便辞职了，最终被视为"完全无用"，应召入民团，被赶到前线去挖战壕。

对于一个影响深远的哲学家，世人更倾向于他要"完美无瑕"。因此对于有了这一点瑕疵的海德格尔，世人否定的情绪便被大大地激起来了。后世，一次次翻出海德格尔的反犹言论和反犹态度，以此证明他的纳粹"罪行"。但我们忽略了一个前提，那就是纳粹是反犹的，可是海德格尔不在乎这些，他不反犹太，他甚至喜欢上了阿伦特这个犹太姑娘，还会在他的研究班上允许犹太籍的学生参加，但是他"反人类"，反对那些"非本真"的常人，就是说如果是德意志人"堕落"了，海德格尔也会毫不犹豫地反他们。

但是在那个暴乱敏感的年代里，海德格尔不得不为了自己而做一些令人"遗憾"的事情。他没有参加犹太老师胡塞尔的葬礼，更在《存在和时间》的第五版中删去了给胡塞尔的献词。

海德格尔加入纳粹，这没什么好辩解的，但不代表我们能因为这个就否定他所有的作为。从《存在和时间》里海德格尔就不断强调"本真"，而纳粹在当时的德国像是一种"天命"所在，在那个纳粹的意识形态还没完全确定的时候，海德格尔更想借助纳粹的影响力，制造一场真正的革命。而纳粹却更希望海德格尔能利用在学术圈中的威信，"压一压"那些个教授，巩固纳粹党的统治，没想到海德格尔当了校长后，因为管理不善，反倒激怒了许多的老教授，给纳粹党到处树敌。于是"两边不讨好"的他便成了政治的牺牲品。

/ 五 /

政治上的失败，却给海德格尔带来了思想上的升华。驻弗莱堡的盟军禁止海德格尔授课，理由之一是说他的《存在与时间》中有支持纳粹的言论，因此二战后的海德格尔处于迷茫的状态。

一天，他在弗莱堡的木材市场遇见了中国学者萧师毅先生，两人相谈甚欢，萧师毅用德语为他翻译了一段孟子的话："天将降大任于斯人也，必先苦其心志，劳其筋骨，饿其体肤，空乏其身，行拂乱其所为，所以动心忍性，增益其所不能。"海德格尔顿感释然，深深地陷入了中国哲学的魅力中，于是暑假邀萧师毅一起译读《老子》。虽然这个工作并没有完成，但对海德格尔的影响却十分深远，他之后曾在多篇文章里引用老庄的文字，在他托特瑙堡山上的小木屋里墙上就挂着写有老子语句的条幅。

1951年，禁止海德格尔授课的禁令被取消，他又回到了弗莱堡大学，直到1959年退休。晚年的海德格尔几乎不参加社会活动，只和一些亲近的朋友讨论哲学问题，此时的海德格尔似乎对社会已经失望，当时曾有记者问他："您经常认为别人的思想都是肤浅的，您认为一种真正的思想能够出现，这种思想如何能够被人所理解？"海德格尔回答说："大约要300年的时间吧。"海德格尔很早便有了自己的想法，但那时的人们却并不能完全理解，因此他的一切理论都不得不与整个哲学界抗衡，因此他不得不将他的著作称之为"形而上学"或是"思辨"。

时至今日，我们仍无法真正理解海德格尔，天主教徒始终觉得他还是那个虔诚的教徒，新教徒则觉得他是第二位"马丁·路德"，中国人发现他的哲学与老庄有着共鸣，日本人则觉得用日语能触及他深不可测的思想，德国人认为他是德国最后的一位哲学家，英美人又觉得他是纳粹分子。无论是哪一种，都不得不承认海德格尔是整个西方哲学最重要的转折点。

1976年，为西方哲学开辟新路的伟人，也走到了他生命之路的尽头，在家乡米斯基尔希与世长辞，但是他的思想犹如经久不衰的风暴，蔓延在这僵滞的大地，也催动了新生，而哲学之路因为他的存在焕然新生。

## 跟着海德格尔重走哲学路

**《存在与时间》**

这是20世纪西方哲学最重要的经典著作，毫不夸张地讲它奠定了整个现代西方哲学的基础和方向。这本书也提出了海德格尔一生追求的东西——存在。在海德格尔的存在世界里，你会发现柏拉图、亚里士多德、康德等等哲学家的影子，但这些影子又都打上了"海德格尔"的印记。

**《康德与形而上学疑难》**

本书原是《存在与时间》的一部分，是作者以康德为契机阐发自己思想的作品。海德格尔的魅力不在哲学领域，而在给哲学带来一种预感一般的可能性。他不在乎究竟有谁能懂，他需要的是将这个思想提出来，然后等它满满发芽。"只有当我们不再问康德说了些什么，而是比以前更加坚定地追问，什么在康德的奠基工作中发生了，这样我们才会接近康德真正的哲思。"

### 《形而上学导论》

海德格尔在这本书中把"存在的问题"当作形而上学的基本主题来进行追问，认为形而上学应该追问的是"在"，而不是"在者"。为此，他追溯了"在"的语法和语源，并从历史的角度对各种哲学流派进行了研讨。读过本书，你会发现海德格尔从来不是从零开始，而是从头开始，他将历史上连续2000年的哲学历史在自己这里从头开始。

### 《荷尔德林诗的阐释》

有人说，诗人愈接近语言，也就愈接近哲学，反过来亦是如此。本书出版后，便引起了一阵"荷尔德林"热，荷尔德林与海德格尔像是"诗"和"思"的关系，荷尔德林诗歌是海德格尔哲学思想最好的阐释文本，海德格尔的哲学也是荷尔德林诗歌哲学的升华。

### 《林中路》

本书汇集了海德格尔三四十年代创作的六篇重要文章，几乎包含了他后期思想的所有方面。海德格尔一直坚持本真，哲学如此，艺术也是一样，他认为艺术的本源应从作品出发，海德格尔的初衷其实就是，在这个贫困的时代，哲人何为？

### 《同一与差异》

海德格尔的书，向来是言简意赅、内涵深远，本书也不例外。海德格尔曾经对同一性问题研究了数年，在他的著作中一次又一次地提到这个命题，却从未真正地将其书写成书。他曾指出《同一与差异》是他发表《存在与时间》以来最重要的一部论著。

### 《语言的本性》《通向语言的道路》

这两篇著作都属于海德格尔的后期哲学，也是海德格尔受老庄影响写出的哲学论著。海德格尔在这两本书中都提到了"道"。这一点与中国老子的"道"有着异曲同工之妙，都意味着世界的全部意义是真生命的统一。

### 《克服形而上学》

"形而上学"在西方哲学中早已不止是亚里士多德著作的名字，从其诞生之日起，形而上学就与哲学结下了不解之缘。海德格尔无论是最早的重塑形而上学，还是后期的克服形而上学，都不能简单理解为批判与被批判，而是对古希腊思想的回溯，拿捏住了形而上学的脉络并挖出了形而上学的实质的思维方式。

### 《筑居思》

海德格尔把建筑物分成两种：居所的建筑物和非居所的建筑物。他先说明一般的建筑物和作为居所的建筑物的区别，以此来引出人的栖居。有人开玩笑说，海德格尔的"栖居说"活像是一个房地产商人的广告。但其实这就是伟大哲学家的成功之处，从每一个平平凡凡的现象入手展开哲学思考，他更多的是想强调一种"归宿感"。

### 《路标》

是海德格尔晚年（1967年）自编的论文集之一，晚年的海德格尔似乎和"路""道"干上了，他后期的许多文章和书都以此为名，或与此有关。通过对一条道路的体察，他主张要倾听存在的"声音"，为世人指明一条思想之路。

# 「黑格尔，脚踏实地，仰望星空」

从推崇，到反叛，再到肯定。无论是黑格尔，还是黑格尔的思想都曾受过一定的否认。但即便如此，黑格尔的影响力和地位也绝不容质疑。如果没有黑格尔或许今天的思想和哲学会走入另一条道路，如果说康德的批判哲学诞生前没有哲学，那么黑格尔之后哲学便已经完成了。黑格尔庞大的哲学系统，是每个哲学爱好者都应当去探究的神秘宝藏。

/ 一 /

南京有一对夫妻均是哲学博士，两人在婚后不久便协议离婚了，离婚原因竟是哲学家黑格尔成了"小三"。原来，因为夫妻俩都是哲学研究者，丈夫的研究方向是黑格尔的"绝对理念"思想，并以此写了篇论文，主要论点为"绝对理念"思想的形成可以按照时间顺序分为三个阶段。然而妻子却不同意丈夫的观点，因为妻子懂德语，看得都是黑格尔的原版著作，所以她认为丈夫根本就曲解了黑格尔。为此，夫妻俩争吵了多次，每次都是不欢而散。后来丈夫实在无法忍受，向妻子提出离婚，理由是自己爱哲学胜过一切，所以不能跟一个学术观点和自己不一样的人生活,而妻子也是毫不犹豫地在协议书上签了字。想来,饶是博古通今,上知天文,下晓地理的大哲学家黑格尔也想不到,自己的理论竟然能穿越百年历史,对遥远中国的一对小夫妻产生这样大的影响。

黑格尔是19世纪著名的德国古典哲学家、辩证法大师,是德国古典哲学的代表之一,是哲学发展史上第一个系统地阐述唯心主义辩证法的哲学家,是德国古典唯心主义的集大成者。然而中国人对黑格尔的了解,还是因为一个黑格尔的晚辈——马克思。因为黑格尔的哲学是马克思主义三个来源之一,这可是马克思哲学逢考必有的一题。于是黑格尔的光芒就这么被马克思"吸"走了。不过不知道不代表没有,大多数人知道亚里士多德是百科全书式的思想家,却不知道黑格尔其实和亚里士多德一样,是站在当时思想的最高峰,拢阔了各个领域,是整个思想链的最顶端。

黑格尔出生于1770年德国的符腾堡公国首府斯图加特。祖父是路德新教的牧师,父亲是卡尔·欧根公爵府税务局的书记官,后来又任运输局的顾问。黑格尔的家境优越,与上层阶级的贵族们有着密切的关系,因此身为长子的黑格尔从小就接受着严格的教育。黑格尔的启蒙教育是母亲一手包办的,这个有着良好教育背景的家庭妇女,对黑格尔报以极高的期望。黑格尔从小就很聪明,母亲每日教他的知识,他都能很顺利地掌握,久而久之,母亲就发现仅学习国语已经无法满足黑格尔了,于是她和丈夫决定要让黑格尔开始学习法语。

于是黑格尔每天要先学法语,紧接着母亲的数学课和几何学课又要开始了,最后还要学一些文学知识。一天下来,黑格尔常常累得倒头就睡。父亲见状曾对妻子提出黑格尔的压力太大了,不过妻子并没在意。不久黑格尔就得了天花,昏迷了好几天,医生说他身体太差,很有可能会丧命。这时黑格尔的母亲才开始后悔没有让孩子好好休息。

也许上帝听到了黑格尔母亲的忏悔，将黑格尔又还给了她。在昏迷了几天后，黑格尔终于醒了过来。康复后的黑格尔在母亲的安排下将学习时间调整到每天一个小时，并且开始练习击剑、骑马等等。体育锻炼最直接的表现就是当斯图加特一带流行严重的传染病时，他们全家都受到感染，黑格尔的母亲还因此去世了，黑格尔虽然也受到了疾病的感染，却没什么大碍。

## / 二 /

少年时期的黑格尔就是"别人家的孩子"，成绩好，学习认真刻苦、博览群书，甚至将自己的"小金库"都用来买书，在各种比赛中获奖等等。值得一提的是，黑格尔曾参加过三次演讲，题目分别是："安东尼、屋大维和雷比达关于三头政治对话"；"希腊人和罗马人的宗教"；"论古代诗人的若干特性"。虽然当时的黑格尔在别人看来是个"不靠谱的演说家"，但能看出从小黑格尔便对哲学有一定的理解。

1788年10月，黑格尔到图宾根神学院学习哲学和神学。同住一个寝室的还有另一位著名的哲学家谢林和诗人荷尔德林，三个人志向深远，当法国大革命达到高潮时，三个人响应思想的"号召"，加入了学校的政治俱乐部。黑格尔发表了一篇关于博爱和自由的演说，引起了极大的反响。马林则是将法国的《马赛曲》翻译成德文在校园内流传。俱乐部的人甚至还窝藏被政府通缉的法国雅各宾派的人，最后俱乐部的行为激怒了学校，学校领导将俱乐部的几个"活跃分子"揪了出来，其中就有黑格尔和马林。校方决定要开除他们，后来还是马琳的父亲出面，才保住了他们。

在图宾根学习了五年后，黑格尔毕业了。由于口才不好，加之在毕业文凭上老师的评语是"看来不是一名优秀的传教士"，于是有"自知之明"地选择了哲学。1793 年，黑格尔去到瑞士，给当地的贵族卡尔·弗里德里希·施泰格尔的三个孩子上课。在贵族家有许多藏书，尤其是哲学方面的书籍，于是在不上课的时候，黑格尔便去看书和摘抄。

当黑格尔在伯尔尼教书的同时，谢林正在研究康德、费希特的哲学，后来甚至开创了自己的哲学体系。对此黑格尔感到十分骄傲，也受益匪浅。他在给谢林的信中写道："你不要期待我对你的论文的评论，我在这方面只是个学徒。"

1797 年，当黑格尔得知好友荷尔德林在法兰克福的一个银行家贡塔尔家里做家庭老师后，便立即决定动身去法兰克福。在法兰克福，荷尔德林为黑格尔找到了一个给当地商人戈格尔家当家庭教师的工作，虽然工资不高，但好在有朋友陪伴，过的倒也舒心。没过多久，荷尔德林因为喜欢上一个有夫之妇而陷入抑郁，最后因为爱人的去世而神经错乱，不知所踪。最初黑格尔还试图找过好友，后来也就放弃了，毕竟在理性至上的黑格尔看来，找不到等于死亡。

俗话说"祸不单行"，在好友精神错乱没多久，黑格尔的父亲又去世了。这双重的打击让黑格尔一时难以接受，在将父亲的遗产分割好后，黑格尔决定离开福兰克福，找个新的地方散散心。

/ 三 /

经过一番思考，黑格尔决定去耶拿。耶拿是德国哲学的中心地，而且好友谢林也在此地当哲学副教授。

到了耶拿，黑格尔已经是 30 岁，但此时的他却一无所有。在耶拿，谢林推荐黑格尔成了耶拿大学的一个无俸教师，两人又成了室友。不得不说的是，当黑格尔申请职位的就职论文是关于行星轨道的，在论文里黑格尔通过引用德国天文学家开普勒所发现的三大天文定律和天文学家波德·提丢斯所提出的算术级数，主张火星与木星之间找不到行星。但事实上，早在同年的 1 月，巴勒摩的皮亚齐就在火星与木星之间发现了谷神星。这也成了黑格尔的"小尾巴"，被无数反黑格尔的人抓住反复诟病的一点。

来到学校的第一年，黑格尔便帮助谢林创办杂志《哲学评论》。杂志的所有文章都是两人完成的，当时的人们知道是谢林和另一个人创办的，却不知道这"另一个人"具体是谁，后来才开始了解，不过仍管他叫"这位先生"或者是"图宾根的硕士先生"。在学校，黑格尔还认识了著名的思想家、作家歌德，两人相见恨晚，结下了近 30 年的友谊。

当黑格尔奋斗在《哲学评论》的"第一线"之时，好友谢林却在烦恼自己的爱情。原来，他和一个有夫之妇相爱了。不得不说，黑格尔身边很多朋友都对别人的妻子更感兴趣，而深处其中的黑格尔并没有受到多大的影响。说回到谢林的爱情，谢林爱上的是作家威·施莱格尔的妻子卡罗列娜，一个比自己大 12 岁的女人。最初卡罗列娜因为欣赏谢林想将自己的女儿许配给他，不过因为女儿早逝这段姻缘也就结束了，现在这段姻缘却被谢林和卡罗列娜"续写"上了。在好友歌德的帮助下，卡罗列娜和丈夫解除了婚约。虽然后世认为这段幸福婚姻对谢林的哲学思想有着极大的推动作用，但是在当时人们看来这确实一段不合常理的恋情，因此很多人在背后说两人的坏话，这给卡罗列娜造成了极大的困扰和压力。于是为了妻子，谢林决定离开耶拿，避开这些闲言碎语。

谢林走后，副教授一职就空缺了，黑格尔得知校方有意要晋升自己的竞争对手弗里斯已为副教授时，黑格尔十分愤怒，一来弗里斯已比黑格尔年轻，二来其授课资格也没有黑格尔早，于是在歌德的大力推荐下，黑格尔最终取代弗里斯已成为了副教授。黑格尔的思想并没有停滞不前，他竭力建造属于自己的"黑氏哲学"，任过多年的酝酿，《精神现象学》的第一部大体完成。

在普法战争爆发之时，黑格尔以为拿破仑是个开天辟地的革新者，于是不遗余力地分享拿破仑的事迹。但当拿破仑的军队占领耶拿后，黑格尔才发现原来自己"太天真"。士兵们将黑格尔等人的钱财洗劫一空，无奈之下，黑格尔只好投奔自己的朋友。战火纷飞，黑格尔仍旧没忘了带着他的《精神现象学》，他日夜"兼程"，点灯熬油地整理完了书稿的最后几页，并于1807年出版。

/ 四 /

因为受到战乱的影响，耶拿大学里原本优秀的与黑格尔交好的教授大都离开了，耶拿大学也开始由盛转衰。黑格尔也开始考虑自己的将来，毕竟单靠写作、讲课和薪俸的收入根本不足以维持生活。在黑格尔纠结未来时，好友尼塔默向他伸出了援助之手——他为黑格尔找到了一个在《班堡日报》做编辑的工作。1807年3月，黑格尔开始担任《班堡日报》的编辑，虽然收入也只是勉强够维持生活，但好在是做些和政治有关的工作，这样"一向偏爱政治"的黑格尔很有兴趣。当然黑格尔还是太乐观了，在当时一个被法军占领的地方，又怎么可能会有言论自由，没过多久黑格尔的雄心壮志就被磨得没了声息。

当事业受挫后，开始打退堂鼓的黑格尔又想到了自己那"助人为乐"的好友尼塔默。在尼塔默的介绍下黑格尔于1808年到新合并成立的麦南希特文科中学任校长。在中学教书时期的黑格尔，简直是一块"砖"——哪里需要哪里搬。他任校长一职，还要教哲学，当有老师缺课，他还要代替那些老师上课，他可以教古典文学，还能教高数。如此辛苦之下，1813年，黑格尔被当地政府任命为纽伦堡市学校事务委员会督导。

此时的黑格尔已经是40多岁，但一切却才刚刚开始。开始的不仅是他因为《精神现象学》的出版而日益高涨的声望，还有他为数不多的爱情。作为一个"黄金剩男"，黑格尔到了40岁才意识到自己居然还没有另一半。黑格尔开始着急了，于是他拜托好友尼塔默的妻子帮自己相个亲。

对于这个几十年才开一次花的"铁树"，尼塔默夫妇很是热心。不过这边还没等尼塔默夫妇物色完对象，那边黑格尔已经看上了一个叫玛丽·冯·图赫尔的姑娘了。这个姑娘是纽伦堡的贵族之女，小黑格尔20岁。小小地经历了一番波折后，黑格尔将小姑娘娶回了家。有娇妻陪伴的日子当然和独自一人的日子大不一样，人逢喜事精神爽，黑格尔也就趁此机会完成了内容极为深奥晦涩的《逻辑学》第一卷。很多人不可能不知道黑格尔是个典型的处女座。这从哪看得出来呢？一是处女座的人一丝不苟，脚踏实地，黑格尔就是，踏了40年才踏出一点亮光；二是处女座的人追求完美，还极为理性，因此他出版的《精神现象学》"委婉"地批评了好友谢林的理论，以致谢林看了个序就没再看了，并于半年之后才回黑格尔的信。两人虽然不至于老死不相往来，但却绝口不谈哲学。

此时的黑格尔事业有成，又娶了个娇妻，也难怪他在给好友的信中感叹道:"我终于完全实现了我的尘世愿望;一有公职,二有爱妻,人世在也,夫复何求。"

/ 五 /

1816 年,海德堡大学聘请黑格尔担任哲学教授。在海德堡大学任职期间,结识了卡尔·道布,后者年长黑格尔 5 岁,两人最初是在信中交流,即便从未见过面却依然觉得十分熟悉。道布自称是黑格尔哲学的追随者,为了让黑格尔能更好地研究,无论是工资报酬,还是住房待遇,都是道布替黑格尔去协商的。甚至是那部象征着黑格尔绝对唯心主义体系完成的《哲学全书》的出版,也是道布为黑格尔奔波处理的。

1818 年,黑格尔受邀担任柏林大学的哲学教授。柏林大学时期是黑格尔一生最有激情的时期,他完成了《法哲学原理》,也使得黑格尔哲学达到了顶峰,当然这也是西方古典哲学的发展达到了最辉煌的时刻。在柏林大学,黑格尔的课场场爆满,甚至有人为了听黑格尔的课,而转学到柏林大学。其中有个有意思的事件,当时和黑格尔同在柏林大学的还有另一个著名的哲学家叔本华。叔本华有意和黑格尔一较高下,要求和黑格尔在同一时间开课,想要看看学生会选择谁的课堂。结果学生无一例外地选择了黑格尔,甚至还有学生站在走廊听黑格尔的课。

黑格尔为柏林大学创造了无与伦比的辉煌,1929 年柏林大学任命黑格尔为柏林大学校长和政府代表,而他的黑格尔哲学被定为普鲁士国家的御用学说。就在黑格尔还对未来热情满满之时,一场突如其来的霍乱却夺去了他的生命,享年 61 岁。

和其他哲学家一样，黑格尔哲学在以后的一段时间内，受到了极大地诋毁。当然，不能否认他的思想里有自大错误的一面，但我们更不能忽视黑格尔哲学的历史性，他将康德创立的德国古典哲学、唯心论哲学发展到了最高点，也是他将一个青年拉进了德国古典哲学的世界，也由此改变了整个世界，这个青年就是——马克思。

## 看看黑格尔都在想些什么

### 《精神现象学》

本书是黑格尔的第一部著作，阐述了起哲学观点和方法论原理。当然也是这本书的出版，使黑格尔与好友谢林的关系恶化，使两个人彻底分道扬镳。值得提醒的是，不知道是内容太多，还是黑格尔写书的时候精神过于疲劳，文中有很多话是同义反复的，当然也可以理解成"重要的东西，要说三遍"。

### 《小逻辑》

逻辑学可以说是黑格尔哲学的核心，握住了它，也就握住了打开黑格尔世界的钥匙。存在论、本质论和概念论是本书的关键词，虽说在本书序言中，黑格尔批判了在他之前的哲学史思想，但事实上黑格尔的哲学是整个哲学史诞生的产物，是整个哲学发展的必然环节。

### 《法哲学原理》

本书系统地反映了黑格尔的法律观、道德观、伦理观和国家观，也是后人研究黑格尔晚年政治思想的重要依据之一。法哲学虽然是一门综合性学科，在正文开头，黑格尔便提出了法哲学的研究对象是法的理念，也就是法的概念及其现实化，也就是黑格尔在精神的发展中找到了"法的本质"，并形成一个新的完整学派。

# 「像叔本华一样悲伤」

很多人都认为现代人是空虚的一代,他们物质富足,精神却贫瘠。每个人身边都有着三五好友,但真正能走进内心深处的少之又少。而叔本华的伟大之处也就在这里,他先于时间、先于世人发现了人类内心中的最大矛盾,他的存在是超越时空,不拘时代的,当人们越发成熟,就越能体会到叔本华的意义。内心常含孤独的人,才是曾经太过认真地活过的结果。

/ 一 /

听过一句话吗?"人,要么庸俗,要么孤独。"这句话出自一个很特别的哲学家——叔本华。如果说到柏拉图就是理念,说到康德就是批判,那么说到叔本华就是悲观,这仿佛是叔本华的另一个名字一样,似乎成了既定的事实。但是如果我们可以深入地了解叔本华的生活,我们会发现,咦?不对啊!这叔本华怎么和想象中的不一样呢?想象中的叔本华,应该是饱受了沧桑悲剧、千难万险的苦行僧形象。但事实上叔本华天天去饭馆,没事就喝喝咖啡,隔一段时间还会去妓院溜达一圈,生活过得十分滋润。这样的人又怎么会悲观呢?

与其说叔本华是悲观，倒不如说叔本华是理性，只是这种理性有些冷血无情的味道。叔本华之前的哲学家，即便有些有着极端的态度，但都不太会有悲观情绪，因为他们本身都是十分热情的人，即便包含批判，也是向往着美好的批判。因此可以说在叔本华之前的哲学都是乐观的，对世界的改变是充满希望的。但叔本华不是，他以极为平静和无情的语言告诉我们的是这个世界的真相其实就是荒谬和悖论。这对于生活在未来的世界里的我们来说，这似乎就是悲剧的，因为我们看透了这个世界，却依然要在这个世界中沉沦。

但是我们要注意到，这就像一部意蕴十足的小说，有些人见其淫，部分人见其财，少部分人见其社会，仅一二人见其悲悯。叔本华就是属于那"一二人"，因为他看出来了，所以他说出来了，至于世人如何看待就仁者见仁智者见智了。

叔本华是当时社会的"产儿"，却又是不被当时社会容纳的另类。造成叔本华如此另类的，有社会的原因，但最基础的却是其家庭的原因。弗洛伊德曾说，"天才的秘密蕴藏在那些终身保留有童心、童年体质的人们中间。"叔本华就是这么一个特殊的存在。

1788年2月22日，阿尔图尔·叔本华出生于荷兰的但泽。这是个极度富裕的家庭，几代人都是当地的显贵公民，据说叔本华的祖父是奥尔地区的地主，父亲亨利希·弗伦极里斯·叔本华则是当地著名的批发商，甚至在后来成为了宫廷顾问。母亲约甘娜·亨利耶塔·特洛齐纳是个小有名气的作家。夫妇二人关系并不好，妻子约甘娜浪漫热情，向往一切美好而自由的事情；丈夫亨利希却完全不一样，他沉默寡言，不苟言笑，十足的大男子主义，他不喜欢女人在外抛头露面，或者换句话说，他嫉妒妻子因为写作而获得的社会地位。因此在约甘娜的小说中，女主角都是些受爱情和婚姻折磨的可怜女性。

不幸的婚姻，让约甘娜对家里的一切都不满意，包括自己刚出生不久的儿子阿尔图尔·叔本华。约甘娜认为因为叔本华的出生，使得自己没了自由，于是对他十分冷淡。母亲对自己不亲不爱，父亲对自己不管不顾，这在叔本华的心里留下了阴影——他感受不到温暖，害怕别人的亲近。

/ 二 /

1789 年，法国大革命爆发。1793 年，因为第二次瓜分波兰，使得但泽丧失了自主权。于是亨利希带着家眷离开了但泽，去到了汉堡。根据自己多年的交际经验，亨利希很快就打入了上流社会。当时很多的贵族名流、文人、外交官都常到亨利希的家里聚会，这可让"交际名媛"约甘娜乐坏了。她将儿子交给了保姆和女佣，自己整天打扮得漂漂亮亮的参加各种聚会。在汉堡时的叔本华大约五六岁，据后来叔本华自述："有一次，父母散步回来，找到了六岁的我，当时陷入完全的绝望，因为我似乎感到他们永远抛弃了我。"

1797 年，叔本华的妹妹出生了。父亲决定要把 9 岁的叔本华送到法国勒阿弗尔的一个好友那里当学徒。叔本华在那里待了两年，那也是叔本华童年最欢乐的时光，在这里老板和老板娘亲切幽默，将叔本华当作自己亲儿子看待。仅两年的时间，叔本华便能说出一口流利的法语，流利到当他回到汉堡时，竟然将自己的母语给忘了。

1799—1803 年，叔本华在一个贵族学校读书。父亲的本意是想让儿子学习一些经商之道，谁曾想，在广泛地接触了文学、哲学、科学后，他开始背叛父亲为自己设计的道路。碍于儿子的执拗，亨利希只好退而求其次选择让儿子当个神职人员。不过后来亨利希发现，当神职人员必须给大教堂一大笔的费用,最后亨利希给了叔本华两条路:一是上中学;二是跟随父母在欧洲长期旅行,之后再回到英尼施学生意。叔本华毫不犹豫地选择了后者,毕竟在实际的体验可比单看文字有趣多了,至于后面的生意,到时候再说。

1803年,叔本华随着父母开始旅行,他们经过不莱梅、阿姆斯特丹、鹿特丹等等,最后达到了伦敦。长期的在外生活,让叔本华知道了很多新奇的事情,也看到了很多美丽的风景,一直到1804年回到德国。

回到德国不久,叔本华的父亲亨利希就因为掉进水沟里而去世了。这突如其来的灾难让一家人措手不及,但事实上亨利希从很早之前精神就不太正常。他的记忆变得模糊了,有忧郁症的倾向。这或许是家族遗传疾病,除了他的父亲外,叔本华的两个叔叔也都有不同程度的精神疾病,甚至后来两个叔叔还因此而被拘禁了起来。不过就他父亲去世而言,至少有一个人是高兴的,那就是亨利希的妻子、叔本华的亲生母亲——约甘娜。她本就对这个婚姻失望,丈夫死了,还给自己留下了一个大公司和一堆钱,这放谁身上不高兴啊!于是,丈夫死后,约甘娜很快就把公司给卖了,自己拿着钱跑到了魏玛"疗伤"。而叔本华则留在了汉堡想要实现父亲生前对自己的愿望。

原本为了享福才搬到魏玛的约甘娜,却偏偏赶上了魏玛最混乱的时期,法国军队占领了魏玛。约甘娜不断地写信向自己的儿子叔本华抱怨生活环境的恶劣和自己的近况。对于母亲的所作所为,叔本华一直保持着冷漠,他在给母亲的回信中对母亲加以"安慰"和"劝解",但其实那意思就是说:"你活该,你就忍着吧。"约甘娜继续自己的自由生活,她甚至还和歌德成为了好友,快乐之余心中仍旧稍微有点遗憾,她开始有点想念自己的儿子了。于是,她声泪俱下地给叔本华写信，告诉他母亲有多思念他。于是"涉世未深"的叔本华就这么被一系列的"糖衣炮弹"给打到了约甘娜为他安排的学校。

## 三

1807年，叔本华来到哥达城上学。聪明的叔本华利用一年的时间就赶上了同学两年的水平，当他将自己的好成绩告诉约甘娜时，约甘娜却让叔本华不要在意，因为那些教师最喜欢吹捧自己的学生。两个极不相同的人生活在一起，矛盾不可避免，约甘娜生活非常"精打细算"，招待客人的东西只有茶水和夹肉面包片。当然她也要求叔本华要"勤俭节约"。而叔本华却不大信得过自己的母亲，他害怕母亲会将属于自己的那部分遗产也挥霍掉，另外他不希望约甘娜再婚，他希望母亲能永远怀念父亲，因为叔本华一直觉得就是母亲一直对父亲不闻不问，才导致了父亲的去世。

1809年，叔本华进入了格丁根大学，母亲将一部分的父亲的遗产转给了叔本华。最初的时候，他学习自然科学，进入了医学系。但是学了两个学期后，叔本华发现哲学似乎更吸引他的注意，这在他第一批的手稿札记里可以看得出。于是从第三学期开始，叔本华转学哲学。初学哲学的叔本华，阅读了柏拉图和康德，但是他很快就发现了康德哲学中薄弱的一点，他希望能将自己喜欢的柏拉图和康德连接起来，却发现这是根本不可能的。

1811年，叔本华决定转入柏林大学继续深造哲学。费希特是他的老师，费希特是康德的追随者，也是当时哲学的时代精神，叔本华对自己的这次学习之行抱有很高的期望。然而费希特对于哲学的自我陶醉，和他的哲学实力一样不容任何人置疑，费希特主张从"绝对理念"

出发，通过自己的反省和感受达到新品质。叔本华对此表示质疑，他认为错误反省的反省，或者是为了感受而感受，这根本就是错误的、无结果的叠加。他开始从之前的期待，变成了疯狂的刻薄，他在课本的旁边不断地注释"疯狂的闲扯""废话"。

上学期间，叔本华赶上了拿破仑大军入侵柏林，整个柏林陷入了动荡和恐慌，大街上伤员、死人比比皆是，叔本华急于想逃离这个"地狱"，他决定要逃到魏玛。预备离开柏林的叔本华准备进行论文答辩，他希望能写出一个大作品，甚至能成为他一生所要研究的事业。他企图找到一个可以证实人的生活和世界是个整体的支点。在魏玛，他完成了博士学位论文《论充足理由律的四种形式的根源》，拿到了博士学位。

回到魏玛的叔本华，和母亲住在了一起。约甘娜邀请了一个新房客与她同住，两个人虽说没有什么亲密关系，但在别人看来却不是这样，这些别人自然包括叔本华。他无法原谅，自己的母亲居然想要找个别的男人来当自己的父亲，因此他成天和约甘娜争吵，约甘娜不得不趁叔本华不在的时候才和那个新房客约会。后来，约甘娜实在受不了自己儿子整日的暴躁，认为两个人最好分开。但叔本华并不愿意离开，一方面是想和自己为数不多的亲人待在一起，另一方面也是想要看着母亲。约甘娜却毫不理解，她给叔本华下达了最后通牒——必须搬走！即便不离开魏玛，也要自己找个房子住。自此，母子关系破裂，叔本华指责约甘娜花光了本属于他的遗产；而约甘娜则觉得叔本华疯了，都是因为叔本华的原因，让自己遭受痛苦。几日后，叔本华离开了魏玛，到死也没有再见自己的母亲一面。

/ 四 /

虽然和母亲关系交恶，但是因为母亲的原因，叔本华认识了歌德。通过歌德，叔本华开始注重颜色理论的探究，并在离开魏玛的一年后，创作出《论视觉和颜色》一书，甚至在书的第二版中直接反驳了歌德的观点，这也为后来两人关系的恶化埋下了因果。

1814年，叔本华来到了德累斯顿，在这里他依旧通过母亲的人脉，找到了当地的一个博物馆主管员。在这个新的地方，叔本华没有到处结交志同道合的朋友，而是自己一个人窝在家里写作，或者自己一个人去看歌剧，他不相信任何人，能勉强算上认识的一个是常去吃饭的饭店老板，一个是合唱队的成员，还有一个就是他的女房主。

在德累斯顿的时光，是叔本华最单纯无忧的日子，他潜心于自己的写作。1819年出版了他第一步核心著作《世界即意志和表象》，出版前叔本华对自己的理论充满信心，他自认为已经创造性地将康德和柏拉图结合在了一起，然而等到书真正出版后，读者却寥寥无几。当时的哲学界早就是黑格尔的天下，与唯物论者相比，唯心论者似乎更"不靠谱"，所有和唯心者有关的皆可弃之不顾。然而，如果没了精神力量的支持，那和行尸走肉又有什么不同呢？

虽说这本书并没引起多大的反响，但至少为叔本华赢得了柏林大学编外教授的资格。好巧不巧的是，黑格尔也在柏林大学教书，而且当时正是黑格尔在柏林大学如日中天的时候，几乎所有说德语的人都对黑格尔敬若神明，学生们为了能听到黑格尔的课，甚至不惜站在走廊外头，如果在校园中谁说没听过黑格尔的课，周围的人都会用一种鄙视加可怜的眼神望着他。于是，内心高傲的叔本华选择在黑格尔上课的时间,同时开课,想要看一下学生到底会选谁。结果很明显,叔本华完败,他的讲座听众甚至都没有超过三个人,最后竟然连一个学生都没有。于是他不得不放弃了,不过行为上的失败,不代表言语上的失败,他开始用最恶毒的话对黑格尔及其哲学进行一系列"对人不对事"的攻击,当然这也使得他在别人的印象中更坏了。

1883年,叔本华搬到了法兰克福。在这里他两耳不闻窗外事,一心只想做研究。1837年,他对康德的纯粹理性书中的差异进行了毫不留情的批判;1841年,他出版了《论意志的自由》和《论道德的基础》两篇论文的合集;1844年,他不顾反对,坚持出版了《世界即意志和表象》的第二版,有意思的是,此时第一版早已经成了绝版,而这前后相差不过25年,当然最后的结果一样是"默默无闻"。1851年,他又秉持着屡战屡败,屡败屡战的光荣传统,又出版了一本《附录与补遗》,皇天不负有心人,叔本华终于凭借这本格言体的小书,火了一把,甚至还有人为他写了《叔本华大辞典》和《叔本华全集》。俗话说"好事成双",当叔本华开始有点小名气之后,有一个叫弗劳恩斯丹特的英国哲学家点评了叔本华的助学,并大加赞扬,在这把火上又浇了点"油",让更多的人注意到了原来哲学界还有这么个大师啊!叔本华,终于是"多年的媳妇熬成了婆"!

这熬是熬过来了,可这命也快被熬没了。在叔本华人生最后的十年中,除了声誉、哲学和钱,就什么也不剩了。噢!还有一个,那就是一只名叫"宇宙精神"的卷毛狗,据说那是为了"纪念"黑格尔才取的名(黑格尔的理论绝对精神,又名宇宙精神)。1860年的一个早上,当叔本华在吃完早餐后,因肺炎恶化永远地离去了,一个一生"无国、无家、无父、无母、无妻、无子、无友"的大哲学家,就这么永远地停止了思考。

## 找找叔本华写的那些"悲剧"

### 《论视觉与颜色》

本书是叔本华为数不多的美学著作,也是叔本华比较早期的著作。这"师傅领进门,修行在个人",总的来说,本书虽然批判了康德的理论,但事实上仍是继承了康德的"批判哲学",主张对于生命非理性的占有和无限制的追求。

### 《作为意志和表象的世界》(《世界即意志和表象》)

本书是叔本华在成名后最著名的著作之一。一方面,它阐释了叔本华的唯意志主义观;另一方面,也将他对社会、人类的看法真实的表露了出来。但是介于本书相对晦涩难懂,建议读本书前,先学习下叔本华的《论充足根据律的四重根》和康德的《纯粹理性批判》。

### 《附录与补遗》

这本书是使叔本华成名的一部书。这本书是格言体著作,叔本华在这本书中,将自己对人生的方方面面的理论都进行了描述。全书基本维持的是这个调调:"一个人从出生的一刻起到死为止,所能遭遇的一切都是由他本人事前决定的。因此,一切疏忽都经过深思熟虑,一切邂逅都是事先约定,一切屈辱都是惩罚,一切失败都是神秘的胜利,一切死亡都是自尽。"可以说是叔本华式的"毒鸡汤"。

# 王阳明的定盘针

我国伦理思想史上一直有一个命题，那就是"立德、立功、立言"，此之谓三不朽。在大多数人看来中国上下五千年，能担得起三不朽之名的一共有两个半，半个是曾国藩，一个是诸葛亮，另一个就是王阳明。儒家思想在中国几千年的历史中始终占领着主位，宋代理学兴盛，因此王阳明的"心学"就成了一个附属品。但是随着时代的发展心学的作用渐渐被更多人接受，王阳明的智慧也就被更多人熟知。

## 一

王守仁，字伯安，自号阳明子，后人亦称其为王阳明。对于王阳明，多数人的印象还是历史书上那个干瘪小老头。书中的"唯心主义思想家"，"提出'致良知'和'知行合一'"，短短的两个标签似乎就已经总结他的一生。在主张强调唯物和科学的历史书中，这样的王阳明就是个不靠谱的、只会空想的"淘汰者"。

中国有句古话，"文能提笔安天下，武能上马定乾坤。"文武双全是很多有志之士的目标，能达到的却屈指可数，而王阳明就是其中之一。文，他名句流传千古，心学影响深远；武，他剿匪寇，平叛乱，实为罕见的全能大儒。

凡成大事者，总带点神话色彩。不是怀孕的时候天降祥瑞，就是出生的时候口含金玉，最次的也要有个喜鹊来报报喜。王阳明自然也不能免俗，他的母亲怀他超过十个月才分娩，在他诞生之前，他的祖母还梦见一个天神腾着云，怀抱着一个男孩从天而降，也因为这个梦，祖父遂为他取名为"云"。但是与出生时的"大阵仗"不同，出生后直到五岁之前的他一直都是"默默无闻"，当然这个"无闻"也不是他自愿的，而是因为他不会说话。当时家人们都觉得他是个哑巴，甚至还有下人私自议论说小公子是个天生的傻子。

一日，一位高僧路过王府，被王家人请进府想让帮忙看一下，高僧看着王阳明，摸了摸他的头说："好个孩儿，可惜道破。"说完便离开了。祖父思考许久，才明白是给孩子取名取错了，于是祖父根据《论语·卫灵公》的"知及之，仁不能守之，虽得之，必失之"，为他改名为"守仁"。说来也神奇，改完名，他便能说话了。

公元1481年，王阳明的父亲王华破天荒地高中状元，于是年幼的王阳明便跟着和父亲到了京城。正常后的王阳明，才智就开始显现出来了，四书五经读一遍就能记住，还能举一反三。能教到一个聪明的孩子，是每个老师的希望，这不仅代表有人能传承自己的智慧，还代表自己能轻松不少。但很快老师便乐不出来了，他发现王阳明除了像其他小男孩一样喜欢舞枪弄棒外，总喜欢问些奇怪的东西。

"山近月远觉月小，便道此山大于月。若人有眼大如天，当见山高月更阔。"这首诗便出自12岁的王阳明手中。父亲王华看到这首诗时，身为状元的他第一次发现他竟然不明白这诗是什么意思，若是当作小儿玩闹的打油诗倒也能理解一二，但王华就是莫名地觉得这首诗不一般。

王华觉得既然孩子想要"山高月更阔"，那就带他去见见。于是便带着王阳明去了关外,这一去不要紧,之后发生的事可让王华悔得肠子都青了。

## 二

这一天,王华在书房看书,王阳明来到书房郑重地对王华说:"父亲,我已经写好了给皇上的上书,只要给我几万人马,我愿出关为国靖难,讨平鞑靼!"王华对这突如其来的一幕,唬得一愣,反应过来后只觉得是小孩轻狂,便黑着脸说了王阳明几句。

本以为小孩子三分钟热度,这件事就这么过了。谁曾想,几天后,王阳明又来找王华,对王华说他不打算出兵打仗,他有了新的志向,王华对此很是高兴,连忙问是什么志向,王阳明坚定地说:"做圣贤。"王华一阵沉默,他突然想起来,前些天夫子和他的"告状"。王阳明问教他读书的先生:"什么是第一等重要的事呢?"先生回答说:"当然是认真读书,将来做官了。"可是王阳明却反驳道:"未必吧。我倒是觉得读书学圣贤是最重要的。"原来,自己儿子不是闹着玩的。于是,王华立刻回复了他一个响亮的耳光。

王华觉得不能再任由他发展下去,便决定要给儿子说亲,认为这男人成了亲就能收住性子了。很快,亲事便定好了,是江西南昌的一个官家小姐,诸养和之女。既门当户对,又能让儿子离开京城这"危险"之地。于是,王阳明懵懵懂懂地来到了江西,懵懵懂懂地博得了岳父岳母的喜爱,又懵懵懂懂地到了这天。

大喜之日,亲朋好友都来祝贺,新娘羞答答地等在一旁,岳父母笑哈哈地招待宾客,等到了吉时要拜堂了,人们才发现少了个人,新郎没了!这可是丢脸丢大了,岳父连忙下令全府的人出去找新郎。直到第二天，才在城郊的一个道观找到王阳明，原来他成亲这天，见还没到吉时，便出门散散风，路遇一个道观，见里面有道士就进去和他聊天，两人越聊越投机，然后王阳明就忘了要成亲了。

最后，亏得诸家心胸宽广，能屈能伸，王阳明还是抱得了美人归。婚后，王阳明带着娇妻返回家乡，路过广信，便决定要拜谒娄谅。娄谅向他讲解"格物致知"之理，这是王阳明第一次知晓朱熹（朱子）的著作，深感其妙，便一头扎进了朱子的"理"海。

回到家里的王阳明捧着朱子的书彻夜苦读。朱子说"格物致知"，说"一草一木之中都包含着至精至纯的道理"，那么作为朱熹"死忠粉"的王阳明怎能不追随他的脚步呢？于是，王阳明和几个朋友决定"格"竹子。王阳明坐在花园里，盯着一棵竹子一动不动。家人问他在干什么，他只道是在格物便不理会了，就这样盯着竹子坐了七天七夜，到最后王阳明也没"格"出个所以然来，反倒"格"出了病。这时，王阳明突然醒悟，朱子的理论似乎哪里出了问题。

对于儿子的一系列不正常的举动，王华忍无可忍，直接告诉王阳明必须要考取进士，否则一切免谈。于是，王阳明便收心准备考试，一举便考中举人。但是好运似乎到此为止，之后的会试都失败了。王华很是忧心，王阳明倒不着急，因为他忽然发现他走了岔路。熟读经书并无大用，学习兵法才是当务之急，这样以后征战沙场，也有用处。于是从26岁开始，王阳明开始学习兵法，修炼武艺，当然他也不敢完全将圣人之言扔掉，便早上习武，晚上习文。就这样，28岁的王阳明在第三次会试后，终于中了进士。

/ 三 /

　　步入仕途的王阳明，第一个职务是在工部，是个喝喝茶水的闲散职位。没干两天，又被调到了刑部，这可是个苦差事，当时的治安不好，犯罪率极高，王阳明不得不跑到各地办案。当然办案之余，王阳明也没忘了自己的"老毛病"——找道士和尚聊天。可以说，王大人是查案查到哪儿，天就聊到哪儿。最出名的，大概就是王阳明在杭州，将一位禅师聊得还了俗。也正是这件事，王阳明真切地感受到，朱熹可能是错的。

　　此时的王阳明虽然有了真理的线索，但却无暇顾及。因为"耿直"的王阳明发现太监刘瑾仗着武宗的宠爱大兴冤狱，将南京给事中御史戴铣等20余人抓了起来。王阳明见刘瑾如此胆大妄为，便向武宗上疏。这胳膊哪里能拧得过大腿，刘瑾的地位丝毫未被动摇，王阳明的官职却被贬了。被贬还没完，刘瑾又找了几个人在路上要截杀王阳明，危急中王阳明跳入水中制造自杀的假象骗过了杀手。一路颠沛，王阳明在南京遇见了父亲王华，王华劝王阳明还是依照圣旨去任职，毕竟这是责任。贵州龙场驿栈"驿丞"，这个"没品"的官职，王阳明倒也做得风生水起。在这个荒凉的地方，王阳明自己建住所，教化当地苗人，开设书院，这些都让他受到了当地百姓的爱戴。

　　白日的王阳明忙忙碌碌过得十分充实，到了晚上独自一人时，内心却满是空虚和迷茫。从前的锦衣玉食、功名利禄已经离他而去，他不懂为什么自己的"潜心修行"为什么还顶不上别人的一句"花言巧语"；他不懂为什么明明是朱子说的"格物致知"，而自己书也看了，物也"格"了，却什么也没得到；他终究不懂这"理"为何物，这"理"从何来。

迷茫中的王阳明，每夜苦思冥想，翻看古人著作，直到夏初的一个午夜，王阳明灵光忽的一现，顿感心明气爽，原本杂乱的脑子，也豁然开朗了。"圣人之道，我心自足。从外物去求天理是舍本逐末。只有颠倒过来，以我心为本，为主宰，下功夫擦明心镜，才能烛照万物。"自此，心学诞生，中国哲学史也因此向前跃了一大步。

悟道之后的王阳明，在日常工作之余，还兼职哲学"演讲家"。当时附近的城镇经常找王阳明去讲道传道，就这样又过了两年，直到刘瑾去世，他才又有了晋升的机会。

## / 四 /

正德五年（1510年），王阳明被任命为庐陵知县。做了七个月知县后，他就奉命去南京报到，当上了刑部主事。这主事的活还没做几件，他又被调到了北京，做吏部主事，然后又调任南京太仆寺少卿、南京鸿胪寺卿。到了正德十一年（1516年），他当上了都察院高级长官左佥都御史，奉命巡抚江西南部。短短的六年间，他扶摇直上到三品官员。这种"祖坟上冒青烟"的事情，是王阳明之前想都不敢想的。

到达江西的王阳明，很快就发现自己的地盘不太安宁，土匪非常猖狂。王阳明发现往常的几次剿匪，不是扑了个空就是反被擒住，看来是军中出内鬼了。于是王阳明将计就计，谎称要大举剿匪，然后便暗中观察各个官吏的动静，发现内奸后，也不惩治，反倒威逼利诱，让他们成了"双面间谍"。接连的失败，让土匪们明白了，这个王大人不好对付！于是，有些土匪便动起了歪主意，假装投降，等时机成熟，再给王阳明最后一击。王阳明倒也大方，来者不拒，只是等土匪都来的差不多了，就突然杀掉了其中曾受过招安又叛变的人，这突如其来的下马威，让很多人心里一惊。就这样，一场假投降变成了真投降。剿匪也在"里应外合"下，顺利结束了。

劫匪结束了，王阳明的名声也起来了。百姓将王阳明传的神乎其神，什么六只胳膊、三只眼，什么厉害说什么。正德十四年，王大人又有事干了——宁王朱宸濠造反了。当时的王阳明在平定盗贼后，就将兵符上交回了兵部，手上正是无兵无人的时候。但是毕竟输人不输阵，王阳明假装传檄各地至江西勤王，在南昌到处张贴假檄迷惑宁王，声称朝廷派了边兵和京兵共 8 万人，会同自己在南赣的部队以及湖广、两广的部队，号称 16 万，准备进攻宁王的老巢南昌。接着为了能争取到时间集结军队，让宁王继续留在洪都，王阳明又来了一招"反间计"，在洪都城内制造"机密信件"，让宁王对身边的两个"军师"李士实、刘养正起了怀疑之心，摸不准这朝廷究竟派没派兵，派了多少兵。这一来二去耽误了十多天，王阳明这边军队也集结好了，就差时机这个东风了。宁王军队浩浩荡荡前往安庆，留守南昌的兵力空虚，王阳明率兵攻打南昌，宁王迅速返回南昌。最终双方在鄱阳湖决战，经过三天的激战，宁王战败被俘。

只能说，这人要是不招人喜欢，怎么做都是不对。王阳明将宁王"缉拿归案"后，朝中曾和宁王一伙的奸佞小人便想要作乱，怂恿皇帝让他将宁王先放了，在亲自将其擒住以彰显"帝王风采"。这等玩闹的说辞，居然也被皇帝同意了。王阳明看情况不对，赶忙将宁王这个"烫手的山芋"丢给了宦官张永，自己溜之大吉了。

于是，原本功劳最大的王阳明反到"悄无声息"。直到皇帝驾崩，新一任皇帝世宗登基，王阳明才得以嘉奖，官拜南京兵部尚书，后又被加封为新建伯。

/ 五 /

嘉靖元年（1522年），父亲王华去世，王阳明离任回家守孝。离任以后，王阳明才真正能够静下心来，好好地悟道，好好地回忆和反思自己的前半生。闲暇时候，王阳明便到处传道讲学，无论穷富，只要一心向学，便教他。于是，才有了徐阶隐忍十载，用心学里的智慧除掉权奸严嵩，官拜内阁首辅；才有了张居正的左右逢源，架空皇权，以力挽狂澜的才智将行将就木的大明王朝续写了整整半个多世纪的历史。

悠闲的日子总是短暂，嘉靖六年，思恩、田州的民族首领卢苏、王受造反。原两广总督姚镆心有余而力不足，皇帝一时无人可用，便又想起了拿"空饷"的王阳明。于是紧急将其召回，并让王阳明以原先的官职兼左都御史，总督两广兼巡抚。皇帝可是找了个好用的人，好用到两个首领一听是王阳明帅兵，毅然决然地选择了投降，两人虽然不知道投降后的结局，但不投降的结局倒是看得很清楚，那可是必死无疑啊！

虽说这仗并没打上，但一来一回的折腾，对于本就身体虚弱，已是知天命年岁的王阳明来说，也够受的了。嘉靖七年，自知命不久矣的王阳明，向朝廷上书祈求告老还乡。还没等朝廷答复，王阳明便自行出发了，即便这样，王阳明也没走到家乡。途中，经过江西，肺疾加重，在小舟中王阳明溘然长逝。一代心学大家，仙逝前徒留一句："此心光明，亦复何言。"响彻中华大地。或许千百年后的今天，心学早已不再被人提及，但王阳明这三个字，却永远刻在中国哲学、军事、政治历史上，永不泯灭，亘古不衰……

## 瞧瞧王阳明都说了些什么

**《大学问》**

古人诚不欺我,他说是"大学问",就是大学问。这本书可是理解儒家圣人学问的初级教科书,也是理解王阳明思想的必备读物。其实这本书的一字一句,都是王阳明的"血和泪",他自己走过的"歪路",已经都标记好,不会让后人们重走。

**《王阳明全集》**

这本书无论是对王阳明的生平、著作还是学术思想都进行了较详细的介绍。本书包罗万象,又一无所有,既可以看作是儒家经典学说,也可以看作是现代人成功修身、强大个人内心的文言文版"心灵鸡汤"。

**《传习录》**

本书记载了王阳明的语录和论学书信,是一部偏纯哲学的著作。无论你是男是女,是老是幼,都能在里面找到让你心灵豁然开朗的言论。本书也告诉读者,别一提到王阳明就是"知行合一""心外无物",王先生几十年的研究生涯,还是有些其他东西可以讲的。

「那些年，
　与弗洛伊德的相爱相杀」

　　佛洛依德，一个永远与心理学相挂钩的名字，在百年的发展中依然闪耀。他的思想晦涩难懂，他的观点直白露骨，但也正是因为弗洛伊德的存在，心理学这本就高深莫测的知识，变得更具有趣味性，也更具有艺术性。弗洛伊德是个心理学家，但他同样也是一个在人类的心理上不断创作的艺术家。

/ 一 /

　　无论在哪个时代，大师总能成为焦点，在大多数人的眼里大师们的所作所为、所说所感只能用一个词形容，那就是"不明觉厉"。弗洛伊德也没能避免这种"俗套"。弗洛伊德经过不断地研究分析，得到了在当时可谓是惊世骇俗的结论。这哥们告诉大家一切源于"性"，"性"占领了人类精神世界的主要地位。人为什么会做梦呢？针对不同的梦，行走街头解梦的"奇人异士"能说出各式各样的答案，弗洛伊德只扔出一颗炸弹就引爆了外界。他说，一切梦都源于人的性冲动。弗洛伊德就这样上了热搜榜，连维也纳医学会都公开宣称和弗洛伊德再无瓜葛。他不仅受到了各界的批判，脸皮薄的女子听到他的名字都是要脸红心跳的。然而，他后来被誉为"精神分析之父"。

弗洛伊德出生时父亲已经三婚了，当然三婚的对象是弗洛伊德的母亲。父母20岁的年龄差让父亲看起来更像是他的祖父。1856年，弗洛伊德的母亲在结婚一年后生下了弗洛伊德。这个时候，弗洛伊德已经有两个同父异母的哥哥了，他们分别已经24岁、20岁了。比起关怀，哥哥们对他影响更多的是造成了他幼年清苦的生活。两个哥哥都做生意，也都失败了。父亲只好拿出大量金钱来帮助他们，弗洛伊德还年幼时家中境况便已经不好了。

幼时的弗洛伊德经历了打击，也开始慢慢形成自己思考问题的方式。这种打击源自父亲。在弗洛伊德还很小时，怀抱好奇的心理到父母房间想要窥探父母的性生活，被父亲发现了免不了获点教训。两岁还在尿床的弗洛伊德毫无例外地再次受到父亲的指责。让弗洛伊德印象最为深刻的事情是七八岁那次自己无意识地在父母房间的地板上撒了尿，父亲很不理解他古怪的行为，有种恨铁不成钢的意味。父亲在心中叹息，一不留神就说出了口。弗洛伊德幼小的心灵受到了打击。

这件事被弗洛伊德一直记在心中，直至成年后还一次次地出现在他的梦中，并且始终与他做出的成就连在一起，这是源于内心的反驳和不满。对于年幼的弗洛伊德这一定是巨大的打击，以至于后来如此这般。

父母的影响也不曾磨灭弗洛伊德的天性，就如同弗洛伊德在两岁尿床后义正言辞地告诉父亲自己将来会买一个很漂亮的床给他。在后来弄脏了椅子，弗洛伊德也这样跟母亲讲。这说明他自小就有这样的意识和责任感。在弗洛伊德五岁时，父亲曾鼓励他和妹妹撕下书里的插图，显而易见这对孩子不是一个好的教育。没想到弗洛伊德非但在日后没有养成撕书的坏习惯，反而有了收集书的爱好。

六岁时，母亲告诉弗洛伊德人是由泥土做的，终究有一天会回归泥土。弗洛伊德听着感觉拗口，想想觉得不对劲，人不是肉做的么？摔跤了还会流血。但毕竟是母亲说的，弗洛伊德本着对母亲的信任又深刻地将自己和泥土进行了一番对比，最后得出了这不可能的结论。母亲看着疑惑的弗洛伊德，什么都没说，默默地搓起了手，好一会儿之后手上掉下了皮肤摩擦产生的碎屑。母亲说这就是泥土。弗洛伊德感到无比惊讶，默默接受了这个说法，从此他记住了人终究都会死亡。这可以说是母亲对弗洛伊德的一种启蒙教育，不过真正担任弗洛伊德启蒙教育的角色是父亲。十岁的家庭教育对弗洛伊德的思考方式和分析方法有着重大影响，父亲并非高材生，讲得知识不够有条理，好在弗洛伊德将这些消化得很好，并在这个时候开始展现出他的分析能力。同时，弗洛伊德喜欢散步也受父亲影响，在少年时期，父亲经常带着弗洛伊德一起散步。这个习惯也伴随了弗洛伊德一生。

/ 二 /

和那些在年少时叛逆玩乐某一瞬幡然醒悟的大师们不同，弗洛伊德一直很清醒。除了小时候的尿床事件让父亲感到失望，从上学开始弗洛伊德便一直表现出他的聪慧。在家庭会议中弗洛伊德的主意让父母都忍不住称奇，从而最后放弃自己的想法接受弗洛伊德的主意。弗洛伊德肯定是有天赋的孩子，在九岁时他便通过了中学入学考试，比正常的孩子早一年进入中学学习。在中学期间，弗洛伊德依旧表现出自己领先同龄人的智慧，名列前茅，八年中有六年都是第一，被保送至维也纳大学学医。

从进入维也纳大学医学院的第三年开始，弗洛伊德开始在恩斯特·布吕克的生理实验室学习生理学，在这期间他完成了四项研究。弗洛伊德在 25 岁时获得维也纳大学医学博士学位并毕业。如果放在今天来看，弗洛伊德应该从此走上飞黄腾达的道路，步入小康生活。而真实情况是弗洛伊德喜忧参半，父亲身体状况已经开始走下坡路，家中几乎没什么生活来源，原本就不富裕的生活变得更加拮据，全家人在很长一段时间都只能吃些难咽的面包。弗洛伊德的压力很大，他要担起维持这个家生计的重任，除去奉养父母，还有弟弟妹妹们的各种花销。唯一令弗洛伊德欢喜的是这个时候他遇到了自己未来的妻子——玛莎。

弗洛伊德作为一个忙碌的研究人士，毕业后在布吕克的实验室工作，过着两点一线的生活。上班在实验室研究，下班后回家直接到自己房间继续研究。这个规则是在玛莎到弗洛伊德家做客的时候被打破的，弗洛伊德下班回家路过客厅看到父母和一位美丽的女子聊得开心，这位美丽的女子一下便住进了弗洛伊德心中。弗洛伊德出乎父母意料地加入这场对话，玛莎和弗洛伊德在第一次见面后便相互产生了好感，玛莎对弗洛伊德而言是不同的，他像是忽然被什么东西所击中，而玛莎似乎只是将弗洛伊德当作一个不错的朋友。

开始相处的一段时间是弗洛伊德内心最为纠葛的时期，他太痛苦了，由于喜欢玛莎反而让他变得处处谨慎。他表现得并不自然，带着一颗萌动的心忐忑了许久。终于，他意识到喜欢这样美丽的女子却不表达出来简直是种罪过。弗洛伊德开始追求玛莎，每天一朵玫瑰花再加上一张卡片。这个时候弗洛伊德发挥了他的才情，在卡片上用德文、英文、拉丁文、西班牙文写上有意义的句子。

不久后，这份浪漫的追求为弗洛伊德赢来了第一次和玛莎单独相处的机会。他们手牵手沿着一条路一直漫步，弗洛伊德拿出准备好的橡树叶送给玛莎当作礼物，没想到玛莎竟然拒绝了。弗洛伊德心灰意冷，以为玛莎拒绝了他的这份爱意，像失恋一般难受，连橡树也讨厌了起来。但剧情没多久就发生了反转，玛莎对弗洛伊德也产生了不一样的情愫，她做了印着自己名字的蛋糕送给了弗洛伊德。弗洛伊德也将一套全新的狄更斯的书送给玛莎作为礼物。在家人聚餐时，全家人都感觉出了他们之间冒出的粉色泡泡。他们就这样接触两个月后便订婚了，之后几年他们都会来庆祝这个意义非凡的订婚日。

面对家庭的窘境和想要早日与玛莎结婚的愿望，弗洛伊德觉得自己必须有所作为来解决眼前的这些问题。弗洛伊德找到自己的导师布吕克教授，表示自己想要成为他的助教。布吕克教授委婉地劝说弗洛伊德让他务实一点儿和病人打交道，去治病。弗洛伊德听了这番话心情十分低沉，仿佛听到了梦想坠落的声音。他一直致力于理论研究分析，对临床研究并没有那么大的兴致。在研究室中研究分析就是他一生所愿。但他不够富有，家里还有一大堆事，他不得不离开实验室。然而，弗洛伊德用实际行动证明了那句有名的谚语：条条大路通罗马。

/ 三 /

26岁的弗洛伊德没能继续留在实验室，他期望的事业终究还是和现实冲突了。梦想固然重要，但面包更加无法舍弃。弗洛伊德不得不面对现实，他开始接受这一事实，思考自己究竟要何去何从。弗洛伊德万分排斥却依旧走上了导师所说的那条道路，开始进行临床医学工作，这是弗洛伊德人生的一个转折。

为了生活和结婚弗洛伊德选择走上了这条道路，但他依旧感到迷茫。他感觉自己在做许多无用的事，从中无法学到他所渴求的知识。

同时，由于刚开始工作他几乎拿不到什么报酬，还十分辛苦。弗洛伊德看不到自己前方的道路，也不知自己要这样工作多久情况才会好转。在这个时候，玛莎成了他情感和心灵的寄托。26岁的弗洛伊德就在这种情况下在维也纳综合医院实习工作了一年。

27岁，弗洛伊德又迎来了人生中的另一个转折。他被调往梅纳特的精神病治疗所，在这里他受到了很深的影响。梅纳特是位精神病学专家，他的思想和品质使弗洛伊德学习到了和以往不同的知识。为弗洛伊德以后研究精神学领域奠定了基础。29岁时，弗洛伊德成为维也纳大学医学院神经病理学讲师，此后又到法国学习。

这些经历冥冥之中带弗洛伊德走上了研究精神医学的道路，也使弗洛伊德与玛莎分离三年。本来痛苦的异地恋在弗洛伊德这儿却成了变相的秀恩爱，平均一天三封信，写高兴的时候还能写20多页。如果不研究精神医学，写写情诗对弗洛伊德也是不错的职业选择。在弗洛伊德看来，玛莎美丽、温柔而又明智。彼此之间的欣赏和吸引使得他们的感情十分稳固。弗洛伊德30岁那年他们步入了婚姻的殿堂，当时他们依旧贫困。据说还是因为玛莎继承了两份遗产他们才得以结婚。

弗洛伊德41岁时父亲去世，自此他开始了对自己的分析。他将自己做的梦记录下来，通过分析梦来分析自己，得出了梦是由性冲动造成的，并且在44岁时出版了《梦的解析》一书。如果说弗洛伊德研究出梦和性的关系让人面红耳赤，那么他的另一种说法就更让人瞠目结舌。他表示孩子会对父母产生性幻想，当时批判声不绝于耳，大家都觉得这完全不可接受，怎么能这么污浊地说纯洁的孩子们。果不其然，《梦的解析》出版八年才卖出了600本。弗洛伊德站在科学的角度自然和世俗的看法不一样，他曾经对同父异母的哥哥菲利普怀有憎恶的看法就是因为误认为哥哥是他的生父，嫉妒他与母亲这样的关系。按照弗洛伊德的分析，这是没有问题的。在余生弗洛伊德依旧坚持每天进行半个小时的自我分析。

到了20世纪，弗洛伊德开始为人们所知。在他65岁以后更是名气大涨，在社会上享有盛誉。

/ 四 /

犹太人在欧洲大陆是特殊的存在，长期受到歧视和侮辱。德国法西斯对犹太人更是残忍至极。弗洛伊德的父母均是犹太人，在很小的时候弗洛伊德便随父母搬到了维也纳。因为犹太人的身份晚年的他不得不颠沛流离。

中年以前的弗洛伊德是贫困的，中年的弗洛伊德承受着舆论的压力，晚年的弗洛伊德则夹杂在病痛与盛誉间。

67岁时，弗洛伊德的下颚癌开始出现恶化。在病痛的折磨下，他仍坚持进行着自己的事业，继续分析研究精神学医学，将自己的成果著书出版。接下来的数年，他都饱受这种疾病的痛苦，在痛苦中顽强写作。比病痛更大打击的是母亲的过世，母亲在弗洛伊德74岁时离开了他，这直接导致了他病情的恶化。这一年弗洛伊德写出的《文明及其不满》获得了歌德文学奖，动了一场手术，还得了支气管肺炎。

弗洛伊德身体状况一直没有好转，在77岁时希特勒上台，法西斯的疯狂让许多人愤怒和逃离。在奥地利的弗洛伊德十分淡定地表示完全不在乎，不会离开，反正也一大把年纪了，要是真发生什么意外就当自然死好了。不过，弗洛伊德没有受到伤害，奥地利也还未受到伤害。弗洛伊德在维也纳度过了自己的80大寿，在生日庆祝之后的六周里弗洛伊德接连收到了从世界各地发来的祝贺，包括让他十分欢喜的爱因斯坦的贺信。

在弗洛伊德生命结束的前一年，法西斯入侵奥地利，弗洛伊德不得不离开。最后弗洛伊德一家来到英国，在这里度过了他生命的最后一段时光。夺走弗洛伊德生命的是已无法救治的下颚癌，在病痛中他享受了最后的生命。1939年，弗洛伊德去世，享年83岁。

## 弗洛伊德分析出了什么

弗洛伊德作为"精神分析之父"，创立精神分析理论。开创了人格心理学、动力心理学和变态心理学这三个新的领域。在一定程度上促进了心理学的发展。弗洛伊德在研究时将潜意识作为研究对象，与传统研究意识为主体的方法不同。可以说，弗洛伊德创造了一种新的方法，摒弃由外向内的探索，而直接从内向外探索。这也是神经分析与心理学的不同。弗洛伊德的精神分析理论也有不正确的地方，但就当时而言，对于这一领域的发展进步是具有重大意义的。直到现在许多心理与精神治疗仍用弗洛伊德的方法作为原理来拓展新的形式进行治疗。

### 《梦的解析》

《梦的解析》是弗洛伊德最具有代表性的作品，是弗洛伊德最重要的贡献之一，标志着精神分析理论的创立和形成。《梦的解析》《物种起源》《天体运行论》并称为致使人类三大思想革命的经典之作。这本分析梦的科学著作提出了许多当时很先进的观点。弗洛伊德指出梦是由最原始的性产生的，其中还讲述了"恋母情结"和"恋父情结"。其实，直白地讲梦就是一种人们自身的期待与愿望。这种存在的潜意识经过转化出现在梦境中，成为已经被扭曲的潜意识。在《梦的解析》中弗洛伊德成为第一个将梦定义为人们与自己的对话，开始探讨梦的意义，并且得出了梦并非是无意义的结论，从一定程度上揭示了人心理的奥秘。

# 福柯，
## 用极致燃烧一生

在这样一个世界，有这样一个人，他吃着"现代化"，喝着"现代化"，但并不感恩戴德，也并不心悦诚服，甚至还会时不时地泼你一头凉水。这个人，有全世界最多的粉丝，跟随他的人更像信徒，他们关注着他的生死爱欲。这个人以撒旦之名，承受着世间难以想象的恶，换来的却是世人永享的礼物——知识考古学、谱系学、哲学、文学、社会学等等。这个人与其他哲学家不大一样，邪魅对他是最好的形容。他就是福柯，称为"法兰西的尼采""20世纪的康德"以及"萨特之后法国最重要的思想家"。

/ 一 /

福柯出生在法国维埃纳省的普瓦捷市。一座满是断瓦残垣而又宁静阴冷的小城。走在街道上，甚至许久都见不到一个人。

福柯的家庭是当地富有的资产阶级，他从小和弟弟、姐姐过着衣食无忧但绝不奢华的生活。母亲向他们灌输外祖父的人生箴言："管好自己的事。"因此，孩子们从小就树立了个人奋斗的精神。

福柯的父亲霸道强势，对福柯进行严酷管制，稍有不满就拳脚相加，家中充满了暴力。医生世家的事实无法改变，做医生的父亲理所当然地要求儿子继承家业，钻研医学，但是福柯没有丝毫兴趣。父子为此争吵不断。

福柯的血液里继承着父亲那种顽固和强势，两个人一个宁死不屈，一个绝不退让，而父亲又乐于以武力解决问题。福柯，就在这样动辄被打骂、羞辱的环境中长大。

对于一个少年，他的经历太过残酷和沉重。小时候，父亲为了让他子承父业，带他到手术现场，看父亲做截肢手术。后来，他又目睹了不贞的少女被关进黑屋子里饱受摧残和虐待。这两个残酷场景他直到临终前还向人说起。福柯后期形成的施虐受虐性倾向，是否和这段被折磨的经历有关，我们不得而知。

成名后，福柯避而不谈童年和少年生活，极力防止记者调查，偶尔谈起来，也往往出言不逊，鄙夷与忿忿之情难以平复。他甚至把名字中的"保罗"去掉，称自己为米歇尔·福柯。对父亲的恨意，无法得到父亲认可的痛苦，使得他一生纠结于寻求同性的爱。

中学时代，他的成绩时好时坏。19岁时，他参加了巴黎高师入学考试，名落孙山。在法国，那是一所顶尖学府，相当于美国的哈佛大学和英国的剑桥大学。从那毕业的人一般都有大好前程，从政或者做教师，都会拥有很高的社会地位。福柯差了些运气，全国100名考生通过笔试，福柯排名101名。但他并没有放弃，做插班生复读一年后，终于如愿以偿。

福柯带着他的期待和梦想离开了家乡，来到了大都市巴黎。那里鳞次栉比、灯红酒绿，对他来讲一切都是新鲜的。他走入了巴黎高师，希望自己可以快乐地度过大学时光。后来事实证明，那也只是个美好的愿望。

福柯虽阅读量大，涉猎广泛，但也仅仅限于书本。对巴黎城市中发生的一切毫不知情。在与同学相处时，他感受到侮辱和排斥。高师的学生都是精英中的精英，骄傲自负，瞧不起人。福柯因为来自小城，缺少见识，经常听不懂同学在谈论什么，他一发问就会引来阵阵嘲笑。

福柯还认为自己长得太丑，相貌一直是他痛苦的源头之一。额头部分的头发稀疏，眼睛稍稍后陷，下巴尖细。在年轻人中，他显得怪异、苍老、颓废。同学们给他起了一个外号叫"狐狸"，时常讥讽他。福柯的举止也有些异常，被同学斥责为疯癫。或许，就从那时起，他开始思考关于疯癫的问题。

福柯不服输的性格使他绝不会甘于受欺，他毫不客气地"回敬"同学。他脾气暴躁，经常打架，还曾经在夜里手持匕首追赶一名同学。

除了这些不快，巴黎带给福柯的还有别的。闻名于世的"花都"巴黎，是尽情享受情爱、追寻自由的代名词。福柯人生第一次发现了同性恋者的幽会场所。虽然这些场所都极为隐蔽，经常有警察过去检查，不过福柯仍然被这种危险又刺激的同性恋活动深深吸引了。

福柯找到了同类，他成为了"黑暗王国"的一员。

隐藏的总会暴露。福柯的秘密被同学们发现了。他们觉得惊恐、恶心，说他是变态。面对无止境的嘲笑和奚落，福柯开始思考关于同性恋的问题。大概，那就是《性史》创作的最初动力。

在1948年和1950年，福柯有过两次自杀经历。22岁的他，与整个环境格格不入，行为已经非常古怪，比如他以戈雅的名画《酷刑》来装饰寝室。一天夜里，一名老师在大厅转过弯，撞见了福柯，他正躺在地上，用剃刀划破自己的胸膛。

不过，福柯的自杀，异于普通的自杀。他并不是只因为痛苦，恰恰相反，他可能是在体验一种"单纯的快乐"。正如他后来公开鼓吹社会应尊重人们的自杀意愿，并设想过"自杀节""自杀村"等形式来为之提供方便，真的令人瞠目结舌。我们永远不会知道，那时的自杀对福柯而言，究竟是在追求真正的死亡，还是追求死亡过程中的快感和美感。

在巴黎圣安妮医院，医生准确地诊断出，福柯的很多压力来自于他必须压抑自己的同性恋性向和极端的施虐受虐兴趣。

大学毕业后，福柯正式进入了法国地下同性恋圈子。他爱上了毒贩，又和异装癖搞到一起。在很长一段时间里，他生活在国外：瑞典、波兰和德国。在那里，他的性取向不会受到太多约束。

同时，他的生活发生了一些变化。他开始富有起来，治学之路也渐渐开阔。他用了近十年时间来酝酿自己的第一部作品，光查资料的时间就长达三年之久，这部惊世之作就是《疯狂史》，它几乎就是福柯对自己前半生的一个回应。它得出有悖常理的结论是：疯狂不是自然现象，而是文明的产物，"疯狂史"就是"迫害史"。

福柯借着《疯狂史》向世人呐喊：你们视我为"疯狂"，可我不过是你们这些"正常人"的他者。当你们建立话语秩序的时候，我被宣判为"疯狂"；当我撰写《疯狂史》时，你们都成为"凶犯"。"世人笑我太疯癫，我笑他人看不穿"，或许正是福柯的写照。

49岁的福柯，已经是教授身份，在学术界也小有名气。他第三次应邀访问美国，在伯克利大学法语系做短暂的教学讲演。

这次加州之行是福柯生活与思想发展史的重要转折。其实，福柯接受应邀还有一个原因，加州是同性恋者的天堂。在卡斯特罗大街、波尔克大街和福尔瑟姆大街这三条街，特别流行虐恋。各种稀奇古怪的施虐受虐行为在这些场合公开展示，警方对此束手无策。

福柯到达加州后立刻沉迷于此。这里的一切都令他大开眼界。在这个疯狂的世界里，福柯追求着性和毒品，那种感受是他极度渴望的。

他的最终目标，是使自己能够"以非常规的方式思考"，能够感到沐浴在"被忘却了的原始光辉"之中，能够感到同自身内部的神秘活力协调一致——这种活力，康德称之为"自由"，尼采称之为"权力"，海德格尔称之为"纯粹的超越性"。

福柯在写作时，就是依靠这种活力。他的许多哲学思考都来自特殊的生命体验。比如，为了真实地完成《性史》，福柯频频光顾同性恋浴室。书出版了，但福柯却也因此弃世而去。

1984年6月25日，58岁的福柯因艾滋病死于法国硝石库医院。吊诡的是，这家医院的前身正是第一部《疯狂史》所剖析过的一家精神病院。命运跟福柯开了一个玩笑，不知最后是他赢了还是世界赢了。是他用自己的死，为哲学的从一而终殉了葬，还是这个世界用他所批判过的事物将他埋葬。

在20世纪70年代末和80年代初，福柯并不知道有一种致命的疾病在那里流行，也不相信会有这样的疾病。但是，他对于自己行为所隐含的危险还是清醒的。他曾说："对于从存在中取得最大收获和最大乐趣的秘诀，就是过危险的生活。""对我来说，那种纯粹的快乐是同死亡联系在一起的。"

福柯曾经谈过他被汽车撞倒的事："有一次我在街上被汽车撞了。当时我正在走路，然后，大约在两分钟的时间里，我觉得，我要死了。这是一种非常非常强烈的、从未有过的感觉……那是夏天的七点钟。夕阳西下，天空碧蓝。"

福柯之死，并不是偶然涉险的结果，而是一种颇具哲学意味的有意涉险的尝试，这种结果在他的意料之中。

## / 二 /

对自己的同性恋倾向，福柯的态度不张扬、不躲闪。

福柯对于美的追求同样不加躲闪，反倒是像一只飞蛾般向着火苗勇往直前。其中他对男子的美，更是毫无抵抗之力。为此，波兰情报局还曾为福柯"量身定做"了一"美男计"。无辜的福柯也因此被迫辞职了。

事发后24小时之内，福柯被法国大使命令离开波兰。福柯的仕途从此基本断绝。但他并未因此放弃对男子的追求，那是他终身的事业。

福柯一生中，拥有很多男人，或恩师，或密友，或情人。他们深深迷恋着他，崇拜着他，也影响着他，改变着他。

阿尔都塞，结构主义哲学家。幸好他出现了，福柯在学校里才不会完全被孤立。他是福柯的导师，也是知己。因被纳粹虐待过，也患有精神病，他理解并同情福柯，在生活和思想上都给予他很大帮助。30年后，阿尔都塞丧失心智掐死妻子，晚年凄惨。已经名满天下的福柯仍时时探望，不忘师恩。

作曲家让·巴拉盖，与福柯在巴黎高师，一见如故，很快就亲密无间。除了饮酒作乐，享受的性的快感以外，他们在精神上也有共同的追求。两人都崇拜贝多芬，后来都迷恋上海德格尔和尼采。文学上的卡夫卡，陀斯妥耶夫斯基；戏剧方面的荒诞派作家贝克特和热奈都是他们谈论的对象。那是一段浪漫而愉快的生活。可惜，巴拉盖最终还是无法忍受福柯残暴的性爱方式，而选择离开。

德菲尔，福柯的终生伴侣，福柯遗稿的整理者，也是福柯全集的编者之一。福柯在34岁时，认识了这位圣·克鲁德高等师范学院的高材生，他小福柯10岁。他们保持了20多年的同性伴侣关系，并同居在一起，他们的合照挂在巴黎的公寓内：共享一只小烟斗。

在1981年的访谈中，福柯这样描述他与德菲尔的关系："18年来，我都沉浸在对某人的激情之中。有时，这种激情表现为一种爱情的形式。但实际上，这就是一种激情，我们俩一直处于激情的状态。"福柯承认："我觉得，当我需要找到他并和他说话的时候，无论什么都不能阻止我去这样做——绝对不能。"

在许多方面，尤其是政治方面，德菲尔对福柯产生过很大影响。正是在德菲尔建议下，福柯、德勒兹和德菲尔于1971年共同创办了影响巨大的监狱信息小组（GIP）。

福柯说，"人拥有的自由比他知道的大得多。"卢梭却讲，"人生而平等无所不在枷锁之中。"好像你生在什么阶层或者你生成同性恋了，你是没法选择的。但在福柯看来，人的不自由是自己约束自己。按他的理论，同性恋应该不屈服于社会规范等压力，拒绝和异性结婚，应该勇敢出柜。他的话非常具有煽动性，他的一生也真实地践行了他的"自由"论。

/ 三 /

福柯知识生涯的地震事件，发生于1953年的夏天。当时他27岁，与爱人正在意大利度假。他看到尼采的书《不合时宜的考察》，书中有一篇文章，名为《历史的用途与滥用》，在这篇文章中，尼采认为：现代学术毒害了我们的阅读和谈论历史的方式。它让我们相信，仿佛有一种公正无私地看待历史的方式，让我们了解过去的一切，原本真实是怎样的。

但尼采以充满愤怒的讽刺抨击了这样的观念,"过去本身并没有什么可以学习的,阅读和学习历史的唯一理由是,挖掘过去的思想观念和经验,以帮助我们过好现在的生活"。这篇文章,使得福柯的思想得以前所未有的解放。

因为尼采,福柯马上改变了自己的研究方向,他决定要成为一名特殊的哲学史学家,回顾过去,以便更清晰地梳理这个时代紧迫的问题。八年后,他出版了《疯癫与文明》。

以往传统的观点认为,相比我们过去的做法,我们现在治疗具有精神疾病的人们,是如此人性化。毕竟我们把他们送去医院,使用不同的药物,让他们由拥有博士学位的人照看。但在《癫疯与文明》中,福柯认为,早在文艺复兴时期,实际上我们对精神病人更好。那时,精神病人被认为是"不同的",而不是"疯狂的",他们被认为拥有智慧,因为他们证明了理性是有其局限性的。他们在许多地方受到尊敬,并被允许四处游荡。

然而,福柯的历史研究表明,到了17世纪中期,新的态度诞生。人们开始以制度化医疗的方式对待精神病患者。他们不再被允许与所谓理智的人生活在一起。他们被迫离开家庭,进入精神病院,人们似乎开始尝试要"治愈"他们,而不是容忍他们的"不同"。在后来的《临床医学的诞生》《规则与惩罚》中,你也可以发现非常相似的哲学观念。

我们应该把福柯的观点作为一种灵感,来看待我们这个时代的主流思想和制度。并通过寻找它们的历史和演变来质疑它们,福柯做出了非凡的成就,他让历史变得更加贴近生活,并且丰富了哲学的宝库。

福柯,自称为"一个尼采主义者"。他关于生活应当成为艺术品的思想与尼采一脉相传。尼采说,"人应该创造自己的生活,通过长期的实践和日常生活赋予它一种风格，给人的个性一种风格——这是一种崇高而稀有的艺术。"尼采还说，"真正的自我并非某种存在于那里可以被找到或被发现的东西，而是某种必须被创造的东西。"

按照福柯和尼采的看法，人的自我是被发明出来的，而不是被发现出来的。因此，福柯一生都力图发明自己，不受传统道德的羁绊。他说："不要问我是谁，也别要求我一成不变。"在生命的最后岁月中，他对一位美国记者说："在生活和工作中，我的主要兴趣只是在于成为一个另外的人，一个不同于原初的我的人。"

福柯是绝对乐观主义者。他的乐观，不是"明天会更好"的乐观，而是"我可以改变的东西这么多，我都可以改变"。

福柯是独一无二的。他的魅力在于，能从一个个自身的焦虑出发去思考问题。他的思想总能和现实的生存状态相连，而不是宏大、抽象和空洞的。他改变了人们的思维方式。

他生命中的那些痛苦，像火山一样喷发出奇异的力量，成为生命的宝贵资源。不断燃烧，涌现出一种奇异的光芒，拓宽了时代的思考维度。

## 福柯的论著和惊天思想

福柯思想的奇诡之处，就是他力求以"非常规的方式"思考。这意味着要弃绝西方自文艺复兴以来形成的理性化、科学化思维传统，意味着要在理性和非理性之间保持平衡。

### 《性史》

本书是自弗洛伊德以来，对性态这一主题最具影响力的理论作品。福柯以相当怀旧的情结，回顾了罗马、中国和日本的文化，在那里他发现了一种教程。

### 《临床医学的诞生》

在本书中，福柯系统性地攻击了"随着时间的推移，医学变得越来越人性化"的观念。他承认，我们现在有更好的药物和治疗，但在18世纪，专业的医生诞生，他们是邪恶的人物，用一种"医学凝视"看待病人，完全不同于人性的态度。他们把病人看成一堆器官，而不是一个人。一个人在这种"医学凝视"下，仅仅是一个有故障的肾脏或肺，而不是一个完整实体的人。

### 《规则与惩罚》

本书出版于 1975 年，讨论了现代化前的公开的、残酷的统治（比如通过死刑或酷刑）渐渐转变为隐藏的、心理的统治。福柯提到自从监狱被发明以来它被看做是唯一的对犯罪行径的解决方式。

### 《疯癫与文明》

本书于 1961 年出版，是福柯的第一部重要作品，是他在瑞典教法语时写的，讨论了历史上"疯狂"这个概念是如何发展的。

### 《词与物》

这本书的问世使福柯成为一位知名的法国知识分子,但也因为"人之死"的结论而饱受批评。让·保罗·萨特就曾基于此点批判此书为小资产阶级的最后壁垒。这本书为福柯带来了巨大声望。

### 福柯惊天语录

"只要男人和男人的婚姻不被承认,就谈不上什么文明。"

"生活和创作的最有兴趣的地方,就在于它们可以使你变得不同于当初的你。……游戏之所以值得,是因为人们并不知道它将如何结束。"

"以支持或反对的名义来解释推理、真理或知识是毫无意义的。"

"知识变得越抽象复杂,产生疯癫的危险性越大。"

"重要的是讲述神话的时代,而不是神话所讲述的时代。"

"当前的目标并不在于发现我们是谁,而是拒绝我们是谁。"

# 艺术狂人培根

伟人之所以是伟人，不是因为他们的成就太过伟大，而是在铸造成就之前的磨难中他们能百折不挠。培根就是如此，从富贵家庭的高峰跌落一无所有的谷底，又从谷底升至加官进爵的云端，最后又坠入深渊。他用自己的一生在追随着自己的主张，那就是现实才是一切的根源和基础。

/ 一 /

说到"培根"，多数学生属性的朋友了解的可能是那个引用在各个作文开头的"知识就是力量"的思想家。其实这句流传千古的励志话语，并没有在培根的哪本著作中被明确地找出来，有人说这是出自他未公开发表的《沉思录》中，但那个时候一没录音，二没视频，说是他说的就是他说的，毕竟培根的"名气"在这里，就算他说"知识什么都不是"，估计也会有很多后人对此加以赞扬歌颂。

这个被马克思称为"英国唯物主义和整个现代实验科学的真正始祖"的伟人，"恐惧是粉碎人类个性最可怕的敌人"，"真理是时间的女儿而不是权威的女儿"，"书籍是横渡时间大海的航船"……这些经典又精辟的语句，都是出自培根的口中，可是这样一个思想家、哲学家、作家却似乎处在了一个"话红人不红"的尴尬位置，在不知不觉中"作家"身份反倒成了多数人对他的印象，而作为思想家的思想理论并不被多数人了解，作为哲学家的哲学研究并不被多数人知晓。这若是被培根知道，估计要气得跳起来了。

弗兰西斯·培根出生于伦敦的一个官宦世家。当时的英国正处于反教皇反僧侣的改革中，因此在政府分为两类政治家，一个是僧侣政治家，另一个类就是非僧侣政治家。而弗兰西斯的祖父就曾是圣·艾德蒙资大寺院的管家，弗兰西斯的父亲则换了一个阵营，成了俗家出身的新大臣。

弗兰西斯出生之时，父亲早已是英国的掌玺大臣，母亲安妮是一位极具文学天赋的家庭主妇，她能熟练的运用希腊文和拉丁文进行交流和写作。除了是有名的才女，她还是称职的妻子和母亲。她温柔、聪明、大度，经常在丈夫心情低沉的时候，默默地陪在一旁，用尽各种方法让其放松。

因为弗兰西斯还有一个大他两岁的哥哥，继承家族的压力没有落在小弗兰西斯身上，所以父亲对于幼子比较宠爱。他经常带着懵懵懂懂的弗兰西斯到宫廷去工作，一来二去，小家伙倒成了女王的"宠臣"之一。女王伊丽莎白喜欢教他"小掌玺大臣"，遇到无足轻重的事情，也喜欢"咨询"一下这位"大臣"。

良好的生活环境，加上父母的优秀基因，让弗兰西斯很小便表现出了异于常人的一面，12岁便被送进剑桥大学的三一学园学习。上了大学的弗兰西斯却越学却越觉得幻灭，他原本坚信的亚里士多德，突然变成了百无一用的空想，这种幻灭绝对不像现在喜欢的男明星突然有了个你觉得配不上他的女朋友的那种失望，那种幻灭是一种世界观的颠覆。于是弗兰西斯决定要独立思考社会人生和哲学的真谛。

思考来，思考去，真谛还没思考出来，弗兰西斯反倒决定要辍学了。

## / 二 /

对于为什么离开大学，弗兰西斯·培根并没有直白的表述，但是从他后来的一些说法和思想能推断出，当时弗兰西斯对以亚里士多德为代表的那一类文字哲学家产生了怀疑，这类哲学家大多将世间万物以一种相对的概念加以区分，如"必然"和"偶然"，他们注重思想上的咬文嚼字，而弗兰西斯则更想知道如何从地里得到矿物，并加工成各种事物，因此渐渐地培根更倾向于实践哲学。

离开大学的弗兰西斯，开始了自己的游法之旅。1575年，他被葛莱公会接收为会员，并有了一次"公费旅行"的机会。他远赴法国，奉命成为了英国驻法大使埃米阿斯·鲍莱爵士的随员。在法国的两年半时间里，弗兰西斯走遍了整个法国，也彻底爱上了这个浪漫之都。他甚至曾想象过一个够资格为智者集会提供召开场地的地方必是巴黎。

没过多久，父亲病逝的噩耗，让弗兰西斯又一次回到了英国。父亲的突然离世，让他猝不及防，不仅原本"少爷"般的生活随着父亲的离世再也没有了，他还背上了一大笔的债。

为了自己的生活，也为了自己的理想，弗兰西斯决定要找个更"优厚"的职业，他盯上了"律师"这个香饽饽。很快，他便取得了律师资格证，还在两年后当选为国会议员。也许弗兰西斯生而为了哲学，政治上的他似乎真的不幸运。国会议员名头看着好看，却没有大的发展，即便他得到了一个可以递补法院秘书的机会，到头来这个职位竟然20年都没有空缺过。

事业上的郁闷，让弗兰西斯更加理解"实践"的重要性，他决心要做科学上的"哥伦布"。可惜，生活还得继续，无奈的弗兰西斯找到了第一座"大山"——姨夫莱博。他给莱博写了一封信，大致就是如下内容：我现在越来越老了，美好的时光没剩多久了，因为赶上了好时候，我只想用自己的微薄之力向我的女皇效忠，可惜家道衰落，我又懒又好浪费，我的健康和前途都经不起消耗，所以我不以发财为目的，只一心想满足我的哲学意向，虽然姨夫你对我的东西不感兴趣，但却能给后代产生极大的影响。弗兰西斯猜到了姨夫对他这些"无意义的东西"不感兴趣，却没猜到即便信写得如此诚心，姨夫依然没有帮助他。

无奈之下，弗兰西斯不得不再找第二座"大山"——艾塞克斯勋爵。艾塞克斯勋比弗兰西斯小六岁，却极有权势，他17岁就入宫为官，一直是女王的宠臣。唯一的一点就是他和弗兰西斯的姨夫是"死对头"。但是艾塞克斯勋爵能提供给弗兰西斯大笔的英镑和别墅，甚至还将他提拔为英国下议院议员和艾塞克斯的私人顾问。

纸醉金迷的日子难免让人飘飘然，弗兰西斯也不例外，他曾被债权人起诉送进了监狱，还是艾塞克斯将他"捞"了出来。出狱后的弗兰西斯即便有着艾塞克斯的帮助，在官场上仍是举步维艰。在这时候，艾塞克斯又遭到了政敌们的集体弹劾，被女王以叛国罪将他送上了法庭。作为好友兼同盟的弗兰西斯也被卷入这场官司中，在弗兰西斯的证词中，他丝毫没有顾忌往日的情分，而是站在了起诉的一方，甚至添油加醋地向女王揭发了艾塞克斯的"罪行"。对于自己的所作所为，弗兰西斯曾说："都是出于我对女王和国家的指责和义务，在这样的事情上我是绝不为世界上的任何人而表现出虚伪和胆怯的。"或许是由于艾塞克斯勋爵罪无可赦，又或许是弗兰西斯精彩绝伦的演讲，法官以不容辩驳的事实判定艾塞克斯死刑。

对于艾塞克斯勋爵究竟有没有叛国，作为后人的我们并不知晓，唯一可以确定的是一代大哲学家就这么被历史和观众冠上了"有才无德"的帽子，有意思的是，"出卖"了好友的弗兰西斯，还获得了政府1200英镑的奖励。

## / 三 /

在艾塞克斯勋爵被处决的第二年，女王也去世了。继位的是苏格兰王詹姆士，这段时间是弗兰西斯政治生涯最光辉灿烂的时刻。詹姆士很是欣赏弗兰西斯，先是封他为爵士，后又任命他为自己的顾问，接着是副检察长、首席检察官、枢密院顾问、掌玺大臣、英格兰的大陆官。除了职位上的变动，詹姆士还封他为维鲁兰男爵，1621年他又授封为奥尔本斯子爵。

职位的不断上升，并没有给弗兰西斯带来愉悦，反倒让他越发反感政治，他更期待自己能"为人民服务"，在新的技术和新的才能方面改善人们的生活。因此这个时期也是他探求科学真理路上的一个小高峰，他的多部著作都出于这段时间。

就在弗兰西斯风光无限之时，又一件事彻底将弗兰西斯从政坛上打了下去——1621年，弗兰西斯被国会指控贪污受贿。因为弗兰西斯在审理奥贝里案时，接受了被告奥贝里赠送的100英镑，并承诺保证奥贝里能打赢官司。这件事被国会指控贪污受贿，被高级法庭判处罚金4万英磅，监禁于伦敦塔内，终生逐出宫廷，不得任议员和官职。对此弗兰西斯曾说："诸位请注意，犯下这一罪的不仅是我，而且是这个时代。"

当时的弗兰西斯职位高于大法官，还被詹姆士封了爵，工资不可能太低，据说1618年的弗兰西斯年收入就达到了16000英镑。但是再高的收入也及不上他无度的挥霍和之前就欠下的堆积如山的债务。因此，弗兰西斯一直是缺钱的，这从他当年跟着艾塞克斯勋爵做事，就能看出来。

对于当时的社会状况，英国哲学家罗素曾在《西方哲学史》这样评论弗兰西斯·培根的"腐败"："在那个年代，法律界的道德有些废驰堕落，几乎每个法官都接受贿赂，而且通常双方的都收。"因此，在那个时代法官接受当事人馈赠的礼品几乎是一种"常例"，是一个公开的秘密，这件事放在别人身上或许也就过去了，放到了弗兰西斯身上就有点"猫腻"了。有人说当时的案子具有复杂的政治背景，牵扯到了许多人，包括詹姆士国王。为此，于公，身为国王的下臣；于私，和詹姆士的私交关系极好，都使得弗兰西斯不得不为了保护国王低头认罚。但是，原因的真假我们无处可知，即便没有这些"黑幕"，弗兰西斯终有一天也逃不过这一劫。毕竟，作为国王詹姆士的宠臣，眼红嫉妒的人比比皆是，因此这场受贿案就被放大了来看。但说到底"苍蝇不叮无缝蛋"，而弗兰西斯自己也曾承认："我的意志软弱，所以也沾染了时代的恶习。"在做出判决后，弗兰西斯也自嘲道："我是50年来英国最公正的法官。但是，这是200年来国会最公正的判决。"

## / 四 /

虽然判决中的罚金和监禁最后都被豁免了，但这次事情后弗兰西斯也"臭名昭著"了。他不得不离开政坛，专心自己的学术研究。

心无杂念的弗兰西斯用了几个月的时间，就完成了《亨利第七本纪》，作为弗兰西斯第一篇的关于政治历史的尝试，也成了近代史中一篇里程碑般的著作。接着他又完成了《风的历史》和《生与死的历史》，而剩下的时间则用来进行《伟大的复兴》的写作。

为了工作，弗兰西斯可以说是"抛头颅，洒热血"，他为了安静，且坚守"因出丑蒙羞而变为比较贫穷"这一现状，晚年的弗兰西斯一直住在葛莱公会的一个小地方。他将"冷"和"热"作为自己晚年研究的重要方向。

1626年3月底的一天，天气极冷，弗兰西斯坐车经过被积雪掩埋的海革特地区，他忽然灵光一现，这不是最好的实验环境嘛！于是，"想得出做得到"的弗兰西斯立即下车，在路边从一个妇女那买了只母鸡，然后就看到这个65岁的老人，步履蹒跚却神采奕奕地将买到的母鸡宰了，往鸡的肚子里填满了雪，想要观察一下冷冻在防腐上的作用。

冷风一刮，弗兰西斯打了个冷颤，他忽然觉得自己的身体可能不对劲，于是便到了附近好友阿伦德尔爵士的房子里避寒。正巧主人阿伦德尔不在家，是仆人接待了他。仆人连忙将主人的好友——这个尊贵的65岁老人带到了有最好的床的房间，以供其休息。刚到房子的弗兰西斯还能头脑清晰地给主人阿伦德尔写封感谢信，在信里弗兰西斯讲述了自己的母鸡实验，甚至开玩笑地将自己为了追求真理而不顾风寒的举动，与老普林尼要在维苏威火山附近看火山喷发的决心相提并论。而他没想到的是，实验的结果有没有老普林尼那么伟大暂且不论，两人的结局倒是异曲同工。老普林尼为了看火山喷发，将自己的命也丢在了火山；弗兰西斯也因为做这个实验而去世了。或许是因为床太潮湿，使得风寒加重，又或许因为自贪污案后本就不好的身体，受了风寒变得更差，总之弗兰西斯得了支气管炎，最后在1646年4月因病去世了。

在弗兰西斯死后，亨利·沃登爵士为他题写了墓志铭：圣奥尔本斯子爵，如用更煊赫的头衔应称之为"科学之光""法律之舌"。的确，对于弗兰西斯·培根，如果说他的灵魂永垂不朽，他或许是第一个跳出来反对的，毕竟这个一生都在追求科学和实践的勇士，是绝不会允许自己在死后被加上一个虚无的称赞的。

## 找找弗兰西斯·培根那些跨世纪的著作

### 《学术的伟大复兴》

事实上这本书并不能称之为一本完整的书，弗兰西斯原定是分成六个部分，但是他到死都没能写完，他只写到第二部分。但这丝毫没有减弱本书对整个17、18世纪西方世界的影响。本书的导论，即《学术的进展》《新工具论》主要是对科学方法的分析，是书中最完整的部分，也可以将其看作是弗兰西斯伟大著作的两个头。

### 《论说文集》

这是弗兰西斯的散文集。弗兰西斯是个极棒的散文家，这在每个小学生的作文中可以看出来，弗兰西斯"活在"每个小学生的作文里，而弗兰西斯名言警句大都出自这本书，例如"读史使人明智，读诗使人灵秀，数学使人周密，物理学使人深刻，伦理学使人庄重，逻辑修辞之学使人善辩"；"合理安排时间就是节约时间"，等等。弗兰西斯的文笔十分优美，很值得闲暇时间去阅读一下。

### 《论说随笔文集》《论古人的智慧》

弗兰西斯的散文一直是英国文学中的典范,并被誉为英语散文发展的重要里程碑。而这两本书都是弗兰西斯自己对社会和人生的认识和思考,记述了许多极富哲理的话语。

### 《新西特兰提斯岛》

这是弗兰西斯·培根的最后一部著作,该书描写了一个虚构太平洋的岛屿上的乌托邦国家。虽然书中的乌托邦情节与托马斯·莫尔爵士的乌托邦有些相似,但是其整个观点却是截然不同的。弗兰西斯的理想王国的繁荣和幸福取决于并且直接来自于集中精力所从事的科学研究。当然弗兰西斯是在间接地"打广告",告诉读者们将科研用好了,你们也能像神秘岛上的人民一样繁荣幸福。

「绯闻之下的
笛卡尔　　　」

笛卡尔的名字或许听起来比较陌生，但说出他的成就之一解析几何，或许知道的人就比较多了。笛卡尔生活的十六七世纪中世纪宗教的藩篱逐渐被打破，但罗马天主教的影响力依然强大，而笛卡尔用一生的时间在与宗教所斗争，正如笛卡尔墓志铭上写的——笛卡尔，欧洲文艺复兴以来，第一个为人类争取并保证理性权利的人。

/ 一 /

1650年，斯德哥尔摩的街头，有个年过半百、衣衫褴褛的"乞丐"，他的全部财产只有身旁的几本数学书籍和几张写满了字的废纸。他每天坐在街边，看着来往的行人和车马默默不语。

直到一个漂亮的小姑娘来到了"乞丐"的身旁，好奇地询问他在做什么，"乞丐"告诉她："我是一个数学家。"小姑娘拿起他的数学书，询问着上面的内容。"乞丐"一点一点地跟小姑娘解释，他发现小姑娘对数学有着极高的天赋，思维方式也极为开阔。后来，小姑娘离开了，"乞丐"也忘却了这件事。

突然有一天，"乞丐"意外地被带到王宫，国王聘请他做小公主的数学老师。在"乞丐"迷惑不解之时，身后传来一阵响动，回头一看，原来是上次路边的那个小姑娘。原来她是瑞典的小公主，国王最宠爱的女儿克里斯汀。

  于是"乞丐"便当起了小公主的数学老师，在一天天的相处过程中，小公主对这个学识渊博、成熟稳重的"乞丐"产生了爱慕之情，而"乞丐"也是对这个漂亮善良聪明的小公主产生了不一样的情感。可惜，没过多久，国王就知道了这件事，下令要处死"乞丐"，小公主不断哀求国王，甚至以死相逼，国王无奈只好放了"乞丐"，但是将他逐出了国家，将公主软禁在宫中。

  为了向爱人表达思念，"乞丐"写了无数封信给小公主，却都被国王拦了下来，直到最后一封信，上面只写了一个"$r=a(1-\sin\theta)$"。国王不知道这个是什么意思，便招来了全国最有学问的人来破解这个秘密，却都没有结果。最后，国王为了安慰整日以泪洗面的女儿，只好将这封信拿了出来，小公主一见到这封信激动地难以平复，连忙找来纸和笔，将这个"密码"破解了出来。原来这是个数学方程图，而图案的内容是一颗心。最后，当国王去世，小公主继位登基，第一件事便是派人去各地找爱人的下落，可惜还是晚了一步，那个"乞丐"已经去世了。

  而这个的故事里的"乞丐"就是被誉为西方"现代哲学之父"的笛卡尔。这个故事，也被一个知名的品牌公司拿来用做了广告宣传。具体这个故事到底是真是假，有待考证，但是仅凭这一件事，笛卡尔就以亲身经历告诉了我们一个真理"学好数理化，走遍天下都不怕"。

## 二

十六七世纪的法国，正处于教会矛盾重重，社会四分五裂、动荡不安的灰暗年代。就在那大战不断、小战不停的时候，笛卡尔出生在了 1596 年 3 月的法国南部的土伦省。

笛卡尔家族是个典型的名门望族，尽管他本人并非纯正的贵族后裔，但当时流行的那些贵族派头他倒是一样也不少，例如出门必配长剑，随行必有仆从，甚至在他从军参战的时候，也没断了仆人的服侍。他的祖父和曾祖父是医生，父亲若亚金·笛卡尔是布列塔尼地方议会议员，母亲是布列塔尼的一个贵族家的大小姐，因此笛卡尔的家境可见一斑。笛卡尔是家里的老三，上面有一个哥哥和一个姐姐，母亲在生下他一年多后，因为肺病去世了。笛卡尔从生下来就很虚弱，还遗传了母亲的苍白面色、不停干咳的疾病。年幼时，笛卡尔因为身体不好，住进了医院，生命垂危，多亏了一个护士无微不至的照顾，才勉强保住了性命。因此笛卡尔十分感激那个护士，对于这份恩情他一直都没有忘记，就连逝世前还想着这个护士，想要给她足够的钱，让她能过得幸福。

生母去世后。笛卡尔的父亲又娶了一个名叫莫玲的女人，婚后还生了四个的男孩。这让原本就缺少母亲关爱，又因为身体虚弱而性格内向的笛卡尔，变得更加沉默。因为他有干咳病，加上生母又是肺病去世的，后母就不让自己的孩子和他玩，怕他传染给了自己的孩子。而这些小孩也不喜欢自己的这个怪哥哥。

于是，没有玩伴的笛卡尔便只能独自一个人呆着。渐渐地，他习惯甚至喜欢上了独处的感觉，他常常一个人思考、发呆，还会向父亲提出各种千奇百怪的问题，父亲常用"小哲学家"来称呼笛卡尔，当然这并不总是"爱称",也不代表父子俩的关系很好,相反,笛卡尔始终认为自己是父亲最不喜欢的孩子,因为父亲向他抱怨过"在我的所有孩子当中,我最不满意的只有这一个(笛卡尔)"。好在笛卡尔还有祖父祖母,他和同父母的哥哥姐姐一直住在祖父的家里。

八岁时的笛卡尔被父亲送去了欧洲最著名的学校拉弗莱舍学院读书。初入学院的笛卡尔并没有什么特别的,在那个人人都是精英的学院里,弱小内向的笛卡尔看起来反倒像个一无是处的坏孩子。渐渐地,笛卡尔的聪明和优秀被更多的人发现,他也成了学院轰动一时的"明星"。

就连校长也给了笛卡尔一个"明星特权"——他不用上早操和晨课。毕竟这么聪明的孩子,还上什么晨课,本来身体就差,再累坏了可怎么办。于是不用早起的笛卡尔,最喜欢的事件就是躺在床上静静地思考。"我鄙视你们这些 11 点之前起床的人,也鄙视你们这些 3 点 31 出门的人。"这句调侃似的话语,后半句说的是康德,而前半句说的就是笛卡尔,赖床成为了笛卡尔一生最大的嗜好之一。

/ 三 /

在学院的生活,奠定了笛卡尔一生的基础。学院开设了古典语言、修辞、诗学、数学、伦理学和哲学等课程。对于前三者,笛卡尔一直有着极深的兴趣,据说他还为此写过一本诗集,不过并没有保存下来,所以也不知真假。至于哲学,笛卡尔有着自己的想法,他不是个盲目崇拜权威的"乖乖仔",相反他一点也不同意老师们的观点。对于被社会教条化的哲学,他经常和老师针锋相对。刚开始,老师看在他是个好学生,家里还有钱,还是能忍一忍,甚至毫无感情地夸夸他"有想法"。久而久之，又有哪个老师能受得了自己的学生老跟自己对着干呢？于是好几个老师便对他的想法进行了猛烈的批判。

其实那时的笛卡尔就已经意识到了，当时哲学的空泛性和虚无性。他需要哲学，但不是主流的自然哲学，他赞同道德哲学，却又不同意已有的道德哲学，但那时的笛卡尔只是有着这样一种"不满足"的感觉，却并没有将它放大研究，而是将注意力转向了他同样十分热爱的数学。他坚信数学和哲学是有关联的，也期待在数学这种简洁严谨的模式下，能推断出一种确实的真理。

哲学上不"靠谱"，但拉弗莱舍学院在数学上绝对是"它称第二，没人敢称第一"。在学院里的学习为笛卡尔后来创立解析几何打下了坚实的基础。1612年，笛卡尔从拉弗莱舍学院毕业。

毕业后，笛卡尔回到了父亲的家里，在这个有着众多人品的大家庭里，笛卡尔即便怎么努力，也显得格格不入。16岁的笛卡尔，处于"三不沾"的时期，在家里待不下去，去上学年龄有点大，去工作年龄又有点小。于是父亲便决定将他送到巴黎长长见识。

于是，17岁的笛卡尔第一次来到这个繁华的大城市便被里面纸醉金迷的生活吸引了。他常常出入各种娱乐场所，不过和其他纨绔子弟不同的是，别人是去"送钱"，而他则是去"挣钱"。因为笛卡尔数学好，凭着自己的才智在数字赌博中还让几个庄家倒庄了。在巴黎，笛卡尔偶遇了拉弗莱舍学院的一个学长——麦尔赛纳神父，两人交谈了很久，而这次交谈也让笛卡尔突然清醒了过来，重拾起对哲学的喜爱。而与数学家米多热的结识，更让他找到了志同道合的好友。

1615年，笛卡尔在父亲的安排下到普瓦蒂埃大学读法律。在父亲的计划下，自己聪明的儿子们会从普瓦蒂埃大学毕业，到布列塔尼任法官，两个儿子都会接自己的班，跟自己走一样的路，总的来说这个计划一大半是成功的，至少笛卡尔的哥哥已经按照这个路子成为了布列塔尼的一个法官，而笛卡尔也已经踏进了普瓦蒂埃大学。可惜，计划赶不上变化，父亲千算万算，却没有想到一件原本风马牛不相及的事情会打断了他的美梦。

/ 四 /

1615年，意大利的天文学家，"日心说"的提出者伽利略受到教士集团和教会中的一些成员的集体攻击，他们控告伽利略违反了基督教义。1616年，教皇保罗五世下达了"1616年禁令"，禁止伽利略以口头或文字的形式保持、传授或捍卫"日心说"。

这件事让笛卡尔大吃一惊，也大失所望。他没想到原来世人已经愚昧到了这种地步，被这些怀疑和错误所围绕，仍不自知。于是他决定放弃学业，去各地旅游，他要用自己的实践去感知世界；他还决定要从人类自身进行研究寻找真理。

在科技还不发达的当时，想要周游各地是个耗时、耗钱、耗精力的事情，独自一人上路并不太现实。正巧，此时荷兰正爆发反对西班牙殖民统治的战争，因为法国和荷兰是同盟国，于是笛卡尔决定自费参军，跟着军队走。有人不理解，参军算什么旅游啊？事实上，以笛卡尔这种贵族后裔的身份，即便到了战场上也不会让他上前线，他不要军功，更没想过要久待，再者笛卡尔可是自费的，毕竟在当时贵族子弟如果没在军队服过役或立过功，那都不好意思跟别人说话。而且别忘了，他可是把他父亲的美好计划可打破了，得赶紧找个父亲不能随便进的地方躲躲。

入伍后，笛卡尔加入了摩里斯的军队，随着队伍走了许多地方，例如丹麦、波兰等。1619年，军队驻扎在德国的一个边境村镇那里临近乌尔姆，对于那个时期，后来笛卡尔曾回忆道："在那里，我找不见任何人消遣……我整天关在一间暖房里，在那儿我有足够的闲暇和我自己的思想打交道。"这样美好的日子，让笛卡尔乐不思蜀，当军队再次出发时，笛卡尔决定留在原地不再走了。

在乌尔姆，笛卡尔遇见了很多有名的学者，其中有一个数学家叫福尔哈贝斯，两人也算"不打不相识"。初见时，福尔哈贝斯并不认同笛卡尔这个瘦小子，想尽办法要刁难他，几个回合下来，福尔哈贝斯反倒被笛卡尔的聪明吸引了。两人常常在福尔哈贝斯的家中讨论数学。一次，有人给福尔哈贝斯看了自己对一个古典几何学家都解过的一道题的解答过程。笛卡尔发现这个问题的解答方法太过复杂，他想试着用代数方法解决它，于是他引入了坐标系以及线段的运算概念，这就是坐标几何学的萌芽。笛卡尔发现这个方法太方便了，他觉得自己可能找到了个新方法，于是便开始不断地思考和实验。

没过多久，笛卡尔又再次入伍，一次是加入了荷兰拿骚的毛里茨的军队，另一次是参加了波汉姆和白山的战役。几年的军队生活，让笛卡尔越发厌倦战争，讨厌血腥和冷漠，1621年他还是决定彻底地离开军队，投身于学识的海洋。

/ 五 /

退伍的笛卡尔，慢悠悠地踏上了回家的路程，回到家中的笛卡尔没待多久，便又离开了。父亲也没有强留他，只是将笛卡尔应得的家产交给了笛卡尔，就让他走了。1623年，笛卡尔回到了巴黎待了几个月，仍觉得不合适，决定回到家乡，将自己的家产全部变卖了，拿着钱又开始了自己的周游。

1625年笛卡尔又回到了巴黎，他准备静心继续自己的研究，可惜每天都有很多人慕名前来，里面真正有学问的屈指可数，这让笛卡尔十分烦恼，他每天都要花一大堆的时间应酬。而随后发生的一件事，更是让笛卡尔"火"了一把。

当时在巴黎城里有个叫尚多尤的炼金术师，他到处宣传演讲自己发现了一个新的哲学体系，这在巴黎造成了极大的影响，很多人前去听讲。这天笛卡尔也去了。在尚多尤口若悬河之后，红衣主教发现了笛卡尔，连忙邀请他上台发表自己的看法，笛卡尔再三拒绝，仍抵不过众人的要求，于是便开始从各个角度反驳尚多尤，他告诉众人不能随便判定真理和谬误，为了让众人信服，他还让在场的人提出自己知道的谬误，他当场反驳，并论证它的真理性。一场辩论下来，在场的人无一不折服于笛卡尔的辩术和哲学思想。

急流勇退或许说的就是笛卡尔，在人们还没回味完他精彩的论述时，笛卡尔已经悄悄地f离开了巴黎，去了荷兰，这一住就是20年。当时的荷兰已经摆脱了西班牙的统治，经济发达、思想自由、风景优美，有很多学者都常驻此地。为了能专心思考研究，笛卡尔不得不像个"通缉犯"一般，不断更换住址，甚至使用假地址和人联系。

对于笛卡尔的情感，很少有记载。除了和伊丽莎白公主关系特殊，唯一有的，也只是笛卡尔在荷兰和他的一个仆人海伦在一起了，生下过一个女儿，不过好景不长，孩子长到六岁因病夭折了。

这不是说，笛卡尔没有魅力，相反他很有魅力，和笛卡尔产生"绯闻"的不是这个女王，就是那个公主。据说，有个公主十分喜欢笛卡尔，为此还有爱慕公主的人找到了笛卡尔，要与他决斗。而笛卡尔只回了一句："你的生命不应该献给我，应该献给那位夫人。"

说了几个笛卡尔的暧昧对象，也该谈谈咱们开头的那个"瑞典小公主"啦。这个"公主"确有其人，两人相识也确有其事。但两人在一起这件事倒不大可能发生，因为两人相识没多久，笛卡尔便因肺病去世了，短短的几个月，估计爱情的萌芽应该长不了多大。

　　事情是这样的，可能命里注定笛卡尔要"死在"女人的手里，凭借笛卡尔的超高名气，有许多人想要请他给自己上课，就这么巧，瑞典女王也就是故事里的"小公主"，也十分崇拜笛卡尔，于是便邀请他给自己做家庭教师，笛卡尔对此百般推辞。但抵挡不过瑞典女王的热情，女王甚至动用军舰前来接他，无奈笛卡尔只好前去教课。原本笛卡尔想得好，不过是在王宫里教书，风吹不着雨淋不着的，还有一大笔钱拿。可是到了瑞典王宫，笛卡尔简直傻眼了。瑞典女王要求笛卡尔每周用三天早晨的时间给她上课，从5点就开始。地理好的朋友应该知道，瑞典可是在北纬60°以北，与西伯利亚大致在同一维度上，而且笛卡尔去的时候是在冬季，他每天要穿过"斯德哥尔摩最萧瑟、最多风的广场"，去给女王上课。最惨的是女王还喜欢在上课的时候开着窗户感受大自然的气息。

　　就这样，从小喜欢赖床，身体还不好的笛卡尔，天天冒着冷风去给女王上课，没过多久就生病了，后来转成肺炎去世了。如果笛卡尔泉下有知，知道后人竟然将自己和"害死"自己的女王配成了一对，估计这个从来极少疾言厉色的大家，也会破口大骂吧。

## 谈谈笛卡尔写的那些烧脑著作

**《沉思集》**

这本书可以用一句话来总结:"我思,故我在;我在,故上帝在"。这部名为"沉思"的著作,却一点也不沉静,反倒极具"对抗性"。笛卡尔在书里先是怀疑一切,再摧毁它,然后又通过一步步的推理,建立起新的观念。

**《探求真理的指导原则》**

在笛卡尔的墓碑上刻下了这样一句话:"笛卡尔,欧洲文艺复兴以来,第一个为人类争取并保证理性权利的人。"本书是笛卡尔思想的雏形,他在书中表现了人们所欠缺的怀疑精神,告诉人们什么是真理,如何探索真理。如果想要深刻了解笛卡尔的思想,本书是你的第一课。

**《哲学原理》**

在本书中笛卡尔用几何学的方式阐述了笛卡尔式"形而上学"。因此与其说它是哲学书,倒不如说是几何学书,笛卡尔在本书中向人们展示了自己的思想体系,他用怀疑构建了自己的思想城堡,他强调确定而真实,反对真实而真实。读懂这本又薄又小的书,想要单靠哲学知识,没有理性思维绝对不可能。

「休谟，
　一个乐观的怀疑主义者」

　　如果不是因为学校考试要靠哲学，我想很多人是根本就没听过休谟这个名字的。《英格兰史》是他创作的，"不可知论"是他提出的，但休谟这个名字却远没有他的思想那么有名。如果说其他哲学家的理念是靠行动和嘴巴传播的，那么休谟就是靠文字。一个一生都消耗在文字中的智者，用自己的笔向世界发起无声地抗争。

/ 一 /

　　"你们，所有执掌权力的人，有一个算一个，都是无赖！"别惊讶，这句话不是一般人能说出来的，一是没那个胆，二是没那个觉悟。说这句话的人是18世纪的一个有名的乐观平和的哲学家。他的一生也算传奇，他做过老师，也做过将军的秘书，但真正让他流传千古的，是他哲学家的身份。他的哲学可以粗略地用一个词概括——怀疑。
　　说到这里，大多数人应该也就知道了，这个哲学家就是休谟。是的，就是哲学课本上，主张"不可知论"的那个慈眉善目的哲学家。说是"慈眉善目"，或许有点偏离现实，心宽体胖更适合他，休谟有着一副典型的商人身材，圆滚滚的肚子，胖乎乎的脸庞，仔细看看，就连他的眼睛也是圆溜溜的。

但就是这个已经去世了241年的大哲学家，或许是他毫无攻击力的外形，或许是他平和幽默的人格魅力，或许是他影响深远的怀疑理论，使他成为了最受当代哲学家喜欢的已故哲学家。在2013年的一份对哲学家的调查结果中，休谟以压倒性的票数战胜了其他知名的哲学家。

事实上，说道尼采和休谟，大多数人只听过尼采，根本没听过休谟这个名字，甚至听过尼采的人，第一印象也是"噢，那个疯子"。如果尼采是"疯子"，那人们可能忽略了一个最大的"疯子"——休谟。尼采的"上帝死了"推翻了人类的信仰，那么休谟则是将人类的所有认识，包括信仰在内，全部动摇了。在黑格尔的"黑氏哲学"倾覆后，哲学上有过一个新康德主义，他们主张"回到康德去"。但追根溯源，就算康德本人也要"回到休谟去"，因为他的哲学几乎是建立在休谟的基础上，当然前面说的尼采也是。

休谟是哲学家中少有的谦谦君子范儿，他没有马克思的"毒舌尖锐"，也没有萨特的"装腔作势"，他被思想家吉尔克认为是"18世纪西方精神的化身"。他强调品德美仪，毫不避讳地直击人的恶性。

这或许和他的人生经历有关，大卫·休谟出生于苏格兰爱丁堡。父亲约瑟夫·休姆在宁威尔区担任律师，属于休姆伯爵家族的一支，而母亲是法尔科内夫人，法律学院院长大卫·法尔柯纳爵士之女。无论是从父亲一边，还是母亲一边，休谟都是不折不扣的"富二代"。可惜，休谟这个"富二代"，却是个"金玉其外，败絮其中"的空壳子，他是家里最小的孩子，不仅继承的家产很少，在他还是婴儿的时候，父亲就过世了，只留下母亲独自带着三个孩子。身为法院院长的女儿，自然不一般，教育孩子、操持家务都样样拿手。有了母亲打下的基础，休谟从小便学习成绩很好。

休谟对文学的喜爱是从小养成的,他对文学的喜爱简直可以用痴迷来形容,然而,他对除了文学外的其他科目都打从心里厌恶。

/ 二 /

休谟是提前了两年上学,因此12岁便进入了爱丁堡大学读书。在母亲的期盼和现实的压迫下,休谟决定选择读他不喜欢的法律。上了大学后,休谟开始接触哲学,他又不可自拔的沉迷其中。上有政策,下有对策,为了能阅读自己喜爱的书籍,休谟"阳奉阴违"的本领也与日俱增,在家人以为他在读法学家富特和维纽斯的著作时,其实他正在偷偷地看古罗马西塞罗和维吉尔的作品。

哲学的学习生活固然快乐,但现实也压得休谟喘不过气,因为没有继承大量家产的资格,仅靠微薄的家产根本无以为继。于是休谟开始试着做些"难以忍受"的商人工作。在接连几次经商的失败后,他决定放弃这条"吝啬"之路,转而去了法国。

在法国,休谟找了一些简单的工作维持生计,后为了从事研读,他隐居乡下,每日节省着度过,仅仅三年的时间就完成了他第一部著作《人性论》。在整个《人性论》的创作过程中,他陷入了癫狂的状态,时常精神错乱,分不清现实和思想,于是1737年,他决定回到伦敦,回到亲人身边。次年,《人性论》便开始发行,不过让休谟难以置信的是,这本书并没有引起什么反响,用他的话说就是"媒体对这本书的反应是一片死寂,甚至没有激起任何狂热者的抱怨"。

没有人看他的著作,没有人理解他的思想,这双重打击,让一向自信的休谟陷入了迷茫。好在天性乐观的休谟,不断调整自己,继续从事研读。1742年,休谟决定重写《人性论》,他认为第一次之所以不火,是因为自己写法的失误，于是又重新修改前面的一部分，推出了《人类知性研究》再次发行。这次果然有效果，虽然不至于"惊天动地"，至少开始有人讨论这本书了。

1745年，休谟受邀和安南戴尔侯爵一道去英格兰，期间也"兼职"安南戴尔侯爵的家庭教师。第二年，休谟又应邀成为了圣·克莱尔将军的秘书。这两年是休谟一生唯一中断研究的两年，但却给休谟带来了足够丰厚的资产，还让他一跃成为"上流人士"。

回到英国的休谟，发现自己的读者仍是屈指可数，这令他感到十分丧气。1749—1751年，休谟接连不断地创作，发行了《政论文集》和《人性论》的后一部分改写的《道德原则研究》。对于自己的重写的作品，休谟充满了信心，但是现实再次打击了休谟，他后发行的书依旧是无人问津，反倒是最先推出的《人性论》开始大火，甚至需要再版才能满足读者的需求。

/ 三 /

总之，几部书下来，休谟总算是"半红不紫"啦。1752年，休谟担任苏格兰律师公会图书馆管理员一职。这份工作虽然工资低，但能看遍任意一个大图书馆里的书，于是休谟便决定写一部《英国史》。这本贯穿了1700年的著作，第一卷一经上市便引起了巨大的"反响"。无论是英格兰人、苏格兰人还是爱尔兰人，辉格党人还是托利党人，教士还是非国会派新教徒，都对这本书大加批判。在强烈的质疑声下，第一年《英国史》仅卖了45本。

对于研究上接二连三的打击，休谟十分气馁。如果不是因为英法战争的爆发，休谟已经打算要更名换姓隐退乡下，再也不写作了。在那样一个特殊的时期下，休谟开始了《英国史》第二卷的创作。好在第二卷的出版，没有再招来其他人的非议，反倒被许多人接受了，一直到1761年休谟完成《英国史》。

完成著作的休谟，在自己的避居地休整了一段时间。期间恰逢同时代的卢梭因出版《社会契约论》《爱弥儿》被各地宗教政党追捕。卢梭和休谟之前便互相敬佩对方，休谟称："卢梭先生的德性和才赋，我素所敬重，甚至可以说，是我素所崇拜的。"卢梭则称赞："在我所认识的人中，休谟先生是一位真正的哲学家，也是唯一一位在写作时不带任何偏见、公正无私的历史学家。"

这时，四处流浪的卢梭经过朋友介绍结识了休谟。期间，休谟给卢梭安排住处，申请年金。但结果两人相处了一年多，却反目成仇。这或许是已知的唯一一次休谟抛开了儒雅的外衣，不惜将二人的争端出版成书，也要占个上风。既没有夺妻之恨，有没有杀父之仇，为什么原本心心相惜的两人会闹到这种地步？其实事情的起因很简单，休谟为卢梭安排住处是为了节省卢梭的费用，将特意安排的邮车说成是搭了顺风车，而卢梭后来看出休谟是骗了他，所以心生怀疑；休谟通过关系为卢梭申请了一笔年金，可卢梭一时没敢直接接受，就被休谟理解为故意要他难堪。

往后发生的一件件小事不过是将两人的友谊越磨越淡，在卢梭那里，休谟是一个笑里藏刀、表里不一的伪君子；在休谟那里，卢梭是一个忘恩负义、无情无义的真小人。最后卢梭以其特有的讽刺口吻写了一封绝交信给休谟，休谟一气之下将两人的争执，用法、英双文出版成书。就这样，两个同样伟大的哲学家，就这么老死不相往来了。

此时的休谟已年过半百，长时间的创作和精神的集中，让他身心俱疲，于是他再次回到爱丁堡，想要在这里颐养天年。可惜，回到爱丁堡的休谟并没有过上自己想要的平静日子，而是身不由己地到处"应邀"。1763年，休谟应邀陪同赫特福德伯爵出使巴黎，后又应邀成为使馆秘书；1765年，休谟应邀成为爱尔兰代理公使；1767年，休谟应邀成为国务大臣。

辗转下来，等休谟安定下来，已经年近花甲。他偶有腹部不适，但他自认自己的身体健壮，并没有加以关注，即便是知道了自己患了肠胃炎，也并不以为然。直到身体每况愈下，休谟才发现事情好像和自己想的不太一样。

当死亡在渐渐走近，休谟倒是看得很开，反倒放心不下自己的研究，《自然宗教对话录》一书是他在1750年开始写的，这本充斥着反宗教的书籍他迟迟不敢出版，反正现在自己也要去见上帝了，再不出版就来不及了。他想好了如果自己还有时间，就自己出版，如果死了，就找个人在他死后将书出版。

他首先想到的就是自己的好友亚当·斯密。两人在1740年相识，那时的亚当·斯密还是格拉斯哥大学的学生，一个热情开朗，一个腼腆内敛，两个人一见如故。休谟利用自己在哲学圈的人脉，将亚当·斯密推向了上流社会。

当休谟定居在爱丁堡以后，两人也没断了联系，在那个陆路交通不方便的年代，两人也经常驱马车几个小时，只为了见个面、聊聊天。休谟将亚当·斯密视作自己最重要的知己，经常向他倾诉自己的想法。1773年，亚当·斯密在修改《国富论》时，身体出了问题，他写信给休谟，称如果自己死了，就由他来处理自己未完成的书稿。

于是，当休谟有了要出版《自然宗教对话录》这个念头的时候，他第一个想起来的就是亚当·斯密，1776年休谟立下遗嘱称："我把我的全部手稿毫无例外地留给我的朋友，格拉斯哥大学前任道德哲学教授亚当·斯密博士，并请求他出版包括在这批遗稿中的《自然宗教对话录》。……我还要托付他全权处理除上述《对话录》以外我的全部文稿。我们之间存在有亲密无间的友谊，我也完全信任他会忠实地履行我遗嘱这一部分有关的责任，但是，作为他费心出力校订和出版这部著作的一点点报酬，我还是要遗赠给他 200 英镑，一出版即付。"

但是，当时的亚当·斯密一方面在进行《国富论》的修改和出版工作，这可是他成功的绝佳时机；另一方面他一直是在学校工作，在当时学校是被教会控制的，如果自己帮休谟出版了《自然宗教对话录》，那自己的好日子也就到头了。于是亚当·斯密迟迟没有回应。

1776 年 3 月 9 日，《国富论》出版，休谟在病中坚持着将书看完，并给亚当·斯密写信表达了自己的欣赏，也表达了自己想要见亚当·斯密一面的期望。不过，此时的亚当·斯密一方面享受着作品成功带给自己的荣誉，一方面又纠结于怎样回复好友。思前想后，终于在 4 月中旬，亚当·斯密还是决定要去见休谟一面，见面后亚当·斯密告诉了休谟自己的想法。

休谟十分失望，但仍期望亚当·斯密或许哪天会"回心转意"，他甚至跟亚当·斯密说："您可以将它们封好放在我哥哥家里，并附文说明您保留您认为什么时候合适就什么时候要求收回这些文稿的权利。"不过亚当·斯密仍是不予回应。无奈之下，休谟只好修改了遗嘱，将书稿的管理权和所有权转给了另一个出版商朋友。即便如此，休谟还是写了封信给亚当·斯密："假使我死后五年内还不见出版，本书版权就归你，您看如何？请立即回信。我的健康状况不容我等上几个月才看到您的回信了。"

由于送信人的疏忽，一周后亚当·斯密才看到这封近乎恳求的书信。但他给这位将死之人的回信依旧是那些"打太极"的话，他甚至还在信中表达自己对那个出版商朋友的不信任,他怕那个出版商会故意推迟出版时间,这样这本书就又会回到自己手上了。这封信,让休谟对这个冷漠的知己彻底死心了。

或许有人会说亚当·斯密太无情和冷血,他缺乏一个哲学家应有的人文主义,但别忘了亚当·斯密哲学家的名头前,永远有个"经济学家"在前面挡着,对于这么一个成功的理性至上的经济学家,利益才是他最先思考的,而友谊永远是多余品。

当时的人们对休谟似乎有着太多误解,这种误解正是建立在无知之上,因为人们惧怕,惧怕这种彻底的颠覆,才选择了冷漠。1776年8月15日,休谟去世了,这颗聪明的大脑终于停止了运转,时至今日人们仍是没有读懂休谟,文学圈中有个"说不尽的莎士比亚",那在哲学群中就有个"说不尽的休谟"。

## 看看那些休谟式著作

### 《人性论》(《人类理智哲学论》《道德原则研究》)

本书是休谟成名的大作之一。在书中休谟强调了意识、激情的重要性,他试图用实验推理的方法说清精神哲学,从理性的角度剖析人性,建立一个休谟式的科学体系。在休谟看来理性的怀疑是生活的一部分,一个怀疑论者当然要去怀疑日常生活的种种,但是仍要自然地去生活。

### 《政论文集》

这本书的出版,给休谟在"哲学家"的名头后面,又加了一个"经济学家"的称号，他或许是为数不多的引入"古典经济学"，并据此建立的新观念的经济学家。这本原本并不被休谟关注的书，反倒让他引起了不小的争论。

《英国史》

这本书倾注了休谟最多的心血，也被看作是一件极具文化意义的事情。它的出版让休谟第一次出现在历史的记录中，虽然是以历史学家的身份。在书中，休谟不仅追溯了国王和政治家们的业绩，还公正无偏地谈论人的软弱、过失、残酷。在当时看来，《英国史》的问世实属一个创举。

《宗教的自然史》《关于自然宗教的对话》

这两本书都是休谟对于宗教的想法，标志着今天人们一般所笼统指的宗教哲学的开端。虽然出版的过程颇为曲折，但到底还是表达出了他的思想，他并不倾向于多神论或一神论，而是站在哲学的角度从外部对其进行冷静的分析和思考，作为一个哲学家，他想通过哲学来达到分析宗教的目的，这或许也是他的使命吧。

# 孤独漫步者卢梭

卢梭的存在，实际上就是激进的代名词。从古至今要论争议最多的哲学家，卢梭绝对榜上有名。如果将卢梭的名字隐去，将他的缺点和怪异单拿出来写成一本书，估计所有人都会觉得这是一个神经病。但将病态和卢梭本人合为一体，很多东西就不一样了。卢梭是天生的哲学家，他有着独特的矛盾性，他从不粉饰自己，反倒是大咧咧地拿出来供人剖析，他难得的真实或许就是他伟大的开始。

## 一

一头蓬松的白色小卷发，似笑非笑的表情，高领紧口的衬衣，土黄色的外搭，这就是大多人对卢梭的第一印象，因为这就是卢梭在历史课本中的形象。我们知道了他主张三权分立，写了《社会契约论》，但是除此之外还剩什么呢？

在大多数人的心中，哲学家是个怪异的存在，他们一天到晚总想着几百年后的人都不一定能理解的问题，他们费劲地推出一个论断，却只是为了证明"我是谁"。那相信当你读了卢梭的作品以后，你会大吃一惊，这个人也是哲学家？

卢梭的人生充满了纠结和悖论。即便如此，我们仍然不能否定他的天赋和成功，就像我们不能否认他这一生的悲剧一样。卢梭这一生的悲剧，似乎从他出生便已经开始了。1712年6月18日，卢梭诞生在一个本应幸福的家里，父亲是日内瓦城里的一个钟表匠，手艺精湛；母亲是个牧师的女儿，贤良淑德，勤劳美丽，两个人的日子过得红红火火、甜甜蜜蜜，但是母亲在生了卢梭之后便因难产去世了，留下了父亲和卢梭相依为命。

都说"女像父，子肖母"，卢梭也不例外，父亲既疼爱这个爱妻以命换命生下来的儿子，又总也忘不掉妻子是因为生了他才去世的。面对着和妻子长得十分相像的脸，痴情的父亲总是伤感地对卢梭说："让·雅克，我们谈谈你的母亲吧！"早已习以为常的卢梭，直接就反应过来"好吧，我们又要哭一场了"。

由于家里并不富裕，卢梭几乎没有上过什么学，这也是他和其他哲学家很不一样的地方，他是唯一一个没有受过正规教育的哲学家。好在他有个嗜书如命的父亲，在卢梭六七岁的时候，父亲便常常带着卢梭一起读母亲遗留下来的书，直到天亮。七岁时，卢梭就已经将家里的书都读完了，开始向外祖父借书，也是在这个时期他看了许多古今内外大文豪的著作。除了父亲外，卢梭的姑母和周围的邻居也很照顾他。因此小时候的卢梭，还算是在一个幸福的环境中成长的，但是好日子没过多久，一件事的发生，让他丧了母，又"丧"了父。

## / 二 /

卢梭十岁的时候，父亲因为和一个名叫戈迪耶的上尉发生争执，将那个上尉的鼻子打出了血，于是那个上尉便诬上了父亲，到处宣扬卢梭的父亲在城里持剑行凶，要加害于他。卢梭的父亲当然不能让人随便污蔑，便反过来控诉那个上尉是贼喊捉贼，诬赖好人。最后这件事也不了了之了，在大多数人看起来本是得过且过的事情，却触及了卢梭父亲的底线，在"捍卫正义"和向"恶势力"低头中，为了自己的尊严，他最终选择了前者，留下卢梭离家出走了。

年幼的卢梭被舅舅收养。他的舅舅是在日内瓦防御工事中任职，他有个儿子与卢梭年龄相仿。于是舅舅便将两个孩子送到了朗拜尔西埃牧师的家中，学习一些拉丁文的基础知识，这也是卢梭唯一接受过的教育。在牧师家的日子里，卢梭渐渐忘记了早年的伤痛，经常和其他孩子在乡村的田间、草地玩耍。此时的卢梭，还没有长大后的尖锐和偏激，他和几个表兄相处得极为和谐。朗拜尔西埃牧师也十分开明，虽然为人严谨却从不束缚几个孩子，倒是牧师的妹妹朗拜尔西埃小姐对他们很是严厉，每当他们做错了事情，便一脸的痛惜，还常常会打几个孩子的屁股以示惩戒。

幼时的卢梭在大多数时候都是温柔、听话的象征，但这并不代表他骨子里的难以驯服和狂傲就消失了。有一天，女仆将朗拜尔西埃小姐的梳子放到了砂石板上想要烤干便离开了，等再回来的时候发现梳子的齿被折断了，她发现屋子里就只有卢梭一个人，便怀疑是卢梭弄坏的，立马告诉了朗拜尔西埃小姐。卢梭说不是自己做的，朗拜尔西埃小姐不相信，认为就是卢梭做的，于是给卢梭的舅舅写信告知了这件事，还说卢梭不听话，知错不改。没过多久卢梭和表兄弟就被舅舅接了回去。

  13岁开始，舅舅就给卢梭找了几个零活，先是让他到法院书记官马斯隆那里学习当"承揽诉讼人"，但卢梭对这个工作非常厌恶，做了没多久就离开了。接着卢梭又给一个雕刻家当助手。他主要的工作就是使用刀锉镂刻一些零件。其实对于本就爱好绘画的卢梭而言，这份工作并不让卢梭讨厌。可惜他遇到了个不好的老板，那个雕刻家老板不仅小气、暴躁，不让卢梭吃饱饭，还经常打骂卢梭，这让本就孤僻的卢梭变得更加胆小懦弱。

  在这样一个充满暴力的环境中，卢梭也渐渐被"同化"了，他变得贪婪、狡猾、爱偷东西，但身陷泥潭的卢梭心里却一直很清醒，他知道偷窃是不对的，大多数时候他只是偷些小物件，想要报复自己的老板。在卢梭工作的地方附近有一家书店，里面可以借书、租书、看书，卢梭经常跑过去看书，一看就是一天，常常是被老板找到以后才想起来要工作。卢梭将自己的零花钱都用来租书，钱不够的时候甚至将自己的衣服抵押给书店老板。在书籍的世界里，他又找回了童年时期的感觉，就像当时和父亲一起读书读到天明一样。

## / 三 /

  不知不觉就这样过了几年，有一次16岁的卢梭和朋友出城玩，几个人一玩起来便忘了时间，等到赶回城里时，卫兵们早已经将城门关闭了。几个人只能待在外面，等到第二天天亮城门再开启。因为之前就有因为晚回去被老板打骂的经历，所以这次卢梭想了想反正回去也是被打，倒不如逃了算了。于是卢梭一狠心，便告诉几个伙伴自己要离开的消息,还让他们帮忙给自己的表兄传个消息,出城来见一面。

等一切完成,卢梭的心真正安定下来,后来他到了一个叫龚非浓的地方。在这里,他认识了一个叫彭维尔的神父。彭维尔神父很可怜这个悲惨的年轻人,于是收留他吃饭,还希望能将卢梭从新教中解脱出来,成为天主教徒,所以他为了感化卢梭,将他送到了一个天主教信徒华伦夫人的家里。

当卢梭在去往华伦夫人家的途中,写了一封长信,介绍了自己的身世,写得十分煽情,他希望这样能打动华伦夫人。当他到华伦夫人家时,恰好赶上她在教堂做礼拜,于是卢梭又马不停蹄地赶到了教堂,在教堂后的花园里,卢梭第一次见到了华伦夫人,她美丽动人、风韵十足,卢梭立刻就被她吸引了。他害羞地将信递给华伦夫人,华伦夫人仔仔细细地看完信后,让卢梭先回家等着,她还要做弥撒。

华伦夫人回到了家中,与卢梭一起吃晚餐。在餐桌上她介绍了自己的过去,她原是一位贵族小姐,与丈夫结婚后一直没有孩子,丈夫很是不满,于是她便离开了家。接着又询问了卢梭的情况,听完卢梭的叙述,华伦夫人非常同情他。

一同吃晚餐的还有华伦夫人的一个朋友,他向华伦夫人建议可以将卢梭送到都灵的一个教养院里,那里都是些准备进行洗礼的新入教者。于是卢梭便又辗转来到了都灵的教养院,在这里每个人、每件事、每个东西都是那么的呆板和教条,要进行布道会、要祷告、要接受天主教知识的"轰炸"。加之无论是卢梭的家庭,还是生长的环境都是信仰新教,养成了卢梭固定的厌恶天主教的心理,这样一来他更加从心里排斥天主教。不过势单力薄的卢梭,现在只能继续待在这里,期待这种日子结束的那天。几个月下来,终于轮到卢梭洗礼。结束后,神职人员们给了他20多法郎当作布施，然后便让他离开。卢梭没想到自己不惜叛教，得到的却只是20法郎。

不过也因此终于离开了那个"监狱"，于是卢梭开始周游整个都灵城，在这里他观看了大音乐家的表演，听过了欧洲最好的乐队的演奏。日子虽好，钱却不足，卢梭先是找了个商店的工作，后因为和老板娘有私情被赶走了。接着又找到了个给病危的作家维尔赛里斯夫人录口述的工作，但没过多久也草草收场了。后来罗克伯爵通过维尔赛里斯夫人认识了卢梭，他推荐卢梭去了另一个伯爵家里做事。待了一段时间，因为卢梭自己心不定，最后也离开了。

/ 四 /

卢梭回到了华伦夫人家里。在一天天的相处中，华伦夫人的热情贴心、开朗大方让卢梭痴迷不已。这种爱恋已经达到了疯狂的地步，他亲吻她躺过的床、碰过的物件，甚至是走过的地板。在华伦夫人家的日子，卢梭是从未有过的高兴和充实，既能看见自己心仪的女人，又能做自己喜欢的工作，每天卢梭阅读书籍，结识华伦夫人的亲戚朋友，他们各行各业，各具才能，让卢梭学到了很多从未接触过的东西。

机缘巧合下，卢梭来到了巴黎，此时他已经是30岁了。在巴黎他深刻地见识到了社会的不平等，在那个"就差向风和云征税的国度里"，人民生活在水深火热之中，他这个"门外汉"经常遇到各种不公平的对待，这个表面繁华的大都市并没给卢梭留下好的印象，也给他后来创作《社会契约论》埋下了萌芽。在巴黎，他还认识了女仆戴莱丝，后来成为了他的妻子。

1743年，卢梭偶然间看见了一篇《科学与艺术的进步是否有助于敦风化俗》，突然间茅塞顿开，他忽然知道了自己的方向，他将这份欣喜告诉了自己在法国认识的好友狄德罗，狄德罗鼓励他说出自己的想法，于是《论科学与艺术》一文应运而生。这篇论文让卢梭第一次尝到了成功的喜悦。他开始疯狂地投身于哲学研究中，甚至为了研究将自己的第一个孩子送到了育婴堂，当然后面的两个也是一样。

　　1754年，卢梭决定抛开繁华的巴黎，带着妻子回到日内瓦"避世"。回到日内瓦，卢梭做的第一件事便是改回自己的宗教，继续做新教徒，这样他才能在日内瓦拥有公民权。在隐居的生活中，卢梭每天都兴致冲冲地投入创作和研究，最重要的就是《政治制度论》的创作，《社会契约论》就属于其中的一部分，期间还写了最富卢梭式幻想的《新爱洛伊丝》。《新爱洛伊丝》的出版收获了妇女们的强烈反响，据说哲学家康德唯一一次中断他午后的散步，就是因为在读《新爱洛伊丝》。

　　在完成《新爱洛伊丝》后，卢梭继续投入《政治制度论》的创作和研究之中。对于这本书，卢梭写得非常小心，他不愿将任何主观偏激的言论放入其中，查询了许多资料，最终于1762年在阿姆斯特丹出版了。紧接着同一年，他创作了三年的教育著作《爱弥儿》也出版了。

/ 五 /

　　与之前的著作不同，《爱弥儿》出版后，让卢梭饱受争议。所有人都在指责批判他，因为这本指责教育的书，触怒了当时的教会，不久法国当局便开始通缉卢梭。不得已，卢梭离开了法国。他辗转多地，最后暂时留在了莫蒂埃。此时的他已经成了全欧洲的逮捕对象，他不得不待在家里，不外出见人。长时间的停滞，让卢梭几近癫狂，他需要找点东西让自己"动起来"。他创作出《山中书信》来回应世人对他的质疑和不解，没想到却是火上浇油，使得当地的一些牧师也开始反对他。

卢梭只能再次离开，到了圣皮埃尔岛。在这个与世隔绝的小岛，卢梭很是惬意，他最常做的事情就是坐在草地上看书，或者回想自己的过去，有一天他突然冒出要写回忆录的想法，也就是后来出版的《忏悔录》。平静地生活了一年后，伯尔尼邦议会下达命令，要他搬出这个小岛，并且终生不能再回来。一时之间，卢梭根本找不到可以去的地方，最后在朋友的帮助下去到了英国，投奔另一个哲学家休谟。

长时间的批判，使得卢梭精神十分紧张，他患上了被迫害妄想症，在与休谟的相处过程中也变得日益尖锐。他控制不住地怀疑休谟，而休谟也不理解卢梭，最终两人分道扬镳，卢梭又到了英国的伍顿，在这里他继续创作《忏悔录》。因为听说有人要销毁这本未完成的著作，卢梭决定偷偷地回到法国。回到法国没多久，《忏悔录》第一部便完成了，很快也就出版发行了。接着又花了一年多的时间，他完成了第二部。但为了以防万一，他与出版商协商后决定，在他死后的20年后才发表。不过，在卢梭去世11年后，出版商便出版了第二部，反响极为热烈。

1777年开始，卢梭搬到了朋友的别墅中，他每天最重要的事情就是散步。从7月开始，他就感觉自己的胸口时常闷痛，他虽然不知道自己的身体发生了什么，但他意识到自己或许命不久矣。每天他都让妻子扶着他到床边看看太阳和草地,他还会坚持到院外采集植物标本。

1778年7月2日清晨,卢梭再次让妻子扶着他走到窗前,此时的他已经瘦弱不堪,他望着窗外看了许久,说道:"全能的主啊!天气如此晴朗,没有一片云,上帝在等着我了。"说完便昏迷了过去,家人连忙将他送到医院,却再也没有等到他睁开眼。一个时代的光辉,一个时代的悲剧,就这样离开了人世,也许对卢梭来说死亡意味不朽的开始。

## 细数卢梭的他人救赎和自我救赎之路

### 《论科学与艺术》

在本书中卢梭抨击科学、抨击文学,甚至全面否认它们的作用,认为它们早已被权力束缚住了。作为一个半理想主义者,卢梭希望的是没有任何约束、想说就说的自由。当然这种自由时至今日也只是一个理想。

### 《论人类不平等的起源和基础》

不得不说,卢梭的每一本书的语言都在进化,如果《论科学与艺术》还只是抨击文学科学,这本书就已经在抨击整个阶级了。他认为人类社会的前进就是用眼泪和血腥推动,他强调人人平等,主张真正的"上帝旨意"。

### 《新爱洛伊斯》

本书是卢梭唯一一本书信体小说,描述了一个贵族少女和平民青年的爱情，卢梭主张只有社会的美好，才能有爱情家庭的美好。所以通俗地讲，就是卢梭换了个方式来抨击。

**《社会契约论》**

这本书相信不用介绍，读者可能更熟悉。在中学的历史书上，在考试的试卷上，到处都有它的影子。即便是再耳熟能详，这本书的价值和作用也不断重提，它是现代民主制度的基石，深刻地影响了逐步废除欧洲君主绝对权力的运动，可以说，后来美国的《独立宣言》和法国的《人权宣言》，甚至是两国的宪法，都体现了其中的观念。

**《爱弥儿》**

这本让卢梭饱经风霜的教育著作，是他用了20年的思考，三年的时间完成的。书中卢梭通过展示自己是如何教育爱弥儿来表现卢梭式的教育理想。一个抛弃孩子，却又反过来说怎么教孩子，这听起来有点荒谬，但不得不说如果卢梭是个平凡人，他或许会是世界上最好的爸爸。

**《忏悔录》**

这本书名为"忏悔"，但其实并不是真的忏悔，而是卢梭将自己"剖开"展现在世人的眼前，让人能够真正地理解自己。所以在书里他还不避讳地提及自己说谎、行骗、调戏妇女、偷窃等等恶劣的行为。历史上写忏悔录的，卢梭绝不是第一人，但能将自己如此坦白地公之于众，卢梭绝对是第一人。

**《一个孤独的散步者的遐想》**

这本书记录了卢梭的晚年生活，这样一个伟大的灵魂，却不得不服从命运的安排，他的怨闷、难过、无奈都在书中展现得淋漓尽致。这是一个强颜欢笑的失败者的自白，更是一代伟人对社会的无奈控诉。

# 康德的人生是一个动词

　　苏格拉底曾说人类唯一的幸福秘方就是哲学，如果要读懂哲学，康德就是每个人的必修课。很多人决定读康德的哲学是最无聊的，这与康德本人的性格有极大的关系。他那"病入膏肓"的强迫症特点，一板一眼的生活规律，在他的哲学上表现出来的就是强烈的批判性和纯粹性。康德从不多言多语，但他的良心就是他自己内心法庭的真正所在。

## 一

　　康德的人生是一个动词，这个动词叫作"思考"。

　　"天才"，这个字眼总被安放在大师身上。大师往往是不安分的，叱咤在自己的时代，特立独行。对于康德，这两点都跑偏了。没有证据表明康德是天才，他的生活也不曾泛起大的涟漪，平稳单调。康德一生从未离开过哥尼斯堡城，也许他的生活会让人感到无趣，但正是在这座小城中，康德思考了"我能够知道什么""我应该做什么""我可以希望什么"这些构成他整个哲学理论的重要问题。

　　1724年，康德出生在哥尼斯堡城，那一年哥尼斯堡城由三个城市合并而成，康德与他生活一生的这座小城同龄。这座城市有4300栋房子和55000人口，还有一个国际贸易港口，占地面积相当于三分之一个柏林，在当年差不多算二三线城市。作为普通马鞍匠的第四个孩子，简单朴实的生活从康德出生便开始了。康德的童年平淡无奇，在六岁那年进入郊区疗养学院，两年后进入王室腓特烈学校，康德上学的费用大部分都是靠朋友的资助。当时王室腓特烈学校被称为德国最好的学校之一，并且有严格的宗教式规章制度，数学、自然科学这样的课程很少，大部分时间为宗教类课程和做礼拜。1740年，康德以优秀的成绩从这里毕业，不过直至晚年康德依旧对这种控制青少年思想的教育方法心有余悸。

康德父母深受虔诚派基督教的影响，康德虽反对盲目迷信，却始终尊敬母亲，大概是因为母亲发自内心的虔诚和头脑的理智。后来康德曾回忆说："我永远不会忘记我的母亲，因为她在我的心灵中植入了第一棵善的胚芽，并加以灌溉；她引导我感受自然现象；她唤醒了并且助长了我的观念，她的教导在我的生命中留下了不间断的、美好的影响。"康德母亲于其13岁时去世，康德在圣诞节前夜埋葬了母亲。

从王室腓特烈学校毕业后，康德通过入学考试在阿尔贝蒂尼斯堡大学就读。阿尔贝蒂尼斯堡大学是康德最初受到哲学启蒙的地方，他在这里学习了六年左右，主修数学、神学、哲学、自然科学、古典拉丁语文学。在这期间受到教授马丁·克努真的影响，对自然科学和自然法有了新的认知，认为牛顿的物理学为严格科学。康德中学时期是由朋友资助才得以上学，大学康德想想自己得自力更生了，便当起了家教走上了勤工俭学的道路。直到1746年康德父亲去世，康德离开学校当起了全职家教，先后在传教士安德施家、大庄园主许尔森少校家、凯泽林伯爵家做家教。

做家教扩展了康德的哲学和自然科学知识，1746年康德的处女作《对活力的真实估量的思想》，表达了人知性的自由，试图来消除欧洲几何学家关于活力（即动能）的争论。这表明了康德对自然科学的兴趣，并且在此后数年都可以看到他对于自然科学的一些思考。显而易见，现在物理课本上关于动能的公式是唯一的，不过这并不妨碍康德成为哲学家和他的批判性先验哲学的创作。康德错估了动能问题，但在他不署名出版的《自然通史和天体理论》中关于土星光环和星云的理论在后来得到了证实。他对宇宙形成的机械解释也对自然科学有重要意义。就这样，毕业后自称为哲学家的全职家教康德先在自然科学插了一脚，分别在物理学和天文学领域出版了作品。

/ 二 /

在康德出了两本"不务正业"的书后，发表了论文获得了哲学硕士。同一年又发表论文《对形而上学认识论基本原理的新解释》获得了大学授课资格。之后，《自然单子论》作为康德申请副教授职位公开答辩的论文出现，在其中，康德将最小的粒子十分时髦地定义为"充满宇宙的力"。之后，康德再次"不务正业"地发表了自己对于信风和季风的解释，又跨界到了地理学科。最后，终于他开始安分地讲课了，在几年之内都没有再出版书籍。原因很简单，康德突然发现自己是个穷小子，在当大学老师的前几年，康德的时间都用在讲课和备课上面。

除了不停地上课，康德还一直努力申请教授职位。1755年秋天，康德开始在哥尼斯堡讲课；1756年，康德申请逻辑学和形而上学替补教授，即他之前的老师马丁·克努真生前的职位，在这位老师去世后已空缺好几年了。在申请失败后，康德于1758年再次申请，依旧没有成功，直至 1770 年康德才获得这个心心念念的职位。当然，康德是位有才华的人，在学术和教学方面都取得了很大的成就。但为什么会在 46 岁才获得教授职位呢？这也得说是康德要求有点多，不愿意出差，也不愿意去一线城市，别的学科也不接受。1764 年，康德拒绝了本校诗艺术教授的职位，因为诗艺术的一部分是大使呈文给国王的写作。1769 年，埃尔兰根大学和耶拿大学曾聘请康德为教授被拒，康德表示自己无法离开故乡还有身体弱，可能这位哲学家真的如此恋家，享受故乡的恬静生活，所以才终身未离开过。现在大家都追寻诗与远方，而康德只愿留在故乡。

尽管在学术方面已初露头角，康德成为老师后的很多年都没有国家薪酬，只有讲课费。直到康德 40 岁才有了第一个有国家薪酬的职务。纵观康德的职业生涯，也真是不容易。

康德在获得教授职位后名望更甚，却一直未发表著作，一年两年还好，时间久了免不了受人诟病，更何况长达 11 年。康德从一线不知掉到了几线，批判他的人也开始拉起了战线，首当其冲的是哲学泰斗摩西·门德尔松，他公开称康德让所有的德国大学蒙羞。当康德的学生在教授聚会上告知大家康德正在写伟大的著作时，得到的也只是大家的调侃。这本书就是著名的《纯粹理性批判》。

《纯粹理性批判》在康德酝酿 11 年后仅用短短五个月便完成了，康德原以为只能写成小册子的这本书最后竟有 800 多页。只是令康德意外的是出版后并没有得到反响，这本被叔本华评价为"当时欧洲所写出的最重要的书"刚开始最多的评价就是晦涩难懂，连很多哲学家也这样认为，简直使人望而生畏。有读者吐槽说："读你的书十个手指头都不够用，因为你写的句子太长了。我用一个指头按住一个从句，十个指头都用完了，一句话还没读完。"好在后来人们渐渐地看懂了这本晦涩的书，很快康德便声名远扬。后来康德分别出版了《实践理性批判》和《判断力批判》。这三本书回答了经典的三个问题："我能够知道什么""我应该做什么""我可以希望什么"，从理性、道德、艺术和宗教各角度讲述了哲学，在哲学领域占有一席之地。

/ 三 /

选择是门艺术，每个人面对选择都有自己的答案。康德一生无疑是在追寻很多问题的答案，这些问题称之为"哲学"。哲学是他的选择，他也为哲学添上了浓墨重彩的一笔。平淡的生活也是他的选择，清净的一生也许正合他意。

康德曾多次担任他所在系的系主任，也曾担任过两个学期的校长。曾经普鲁士部长为他提供过一个很好的机会：到哈嘞担任哲学教授职位，并有望获得内廷参事的头衔。康德很直接地拒绝了，他在信中说："正如您所知，大舞台上的名利对我没有推动力。"他的推动力是知识和思考。康德博览群书，涉猎广泛，正如他收放自如的"跨界"，他研究范围有逻辑学和形而上学、数学、物理、自然地理、人类学、教育学、哲学宗教学说、道德、自然法、哲学百科全书、碉堡建造、烟火制造。

康德一生没有配偶和子女，也不曾有长久而稳定的恋情，也就是说康德打了一辈子光棍。康德对于这事是这样回应的："当我需要女人的时候，我无力养活她们；当我有能力养活她们的时候，女人对我已不再是一种需要。"据说康德也曾有两次想过要结婚，最后都未果。因为他考虑的时间实在太久了，久到对方已嫁他人。也有人认为是他压根不想结婚，只是偶尔动过这样的念头，最后还是说服不了自己。当年欧洲哲学家光棍也不少，不结婚也是十分正常的事情，笛卡尔、莱布尼兹、洛克、休谟、叔本华、尼采都是单身。康德认为爱情并不是美好的，而是辛劳的，就像工作一样，需要耗费精力。

女人对康德而言不是能携手度过一生的存在，但康德也不排斥女性，只要女人不睡在他身边。康德平时也会同女人一起聊天，谈论食物，一起出游，甚至交朋友。曾经有位朋友的妻子为他系过一条剑绶并给了他一个吻，凯泽林伯爵夫人的沙龙也总准备一个位置给他。这些可以看出康德与女人相处还是很愉快的，只是在婚姻这方面他始终无法接受。

/ 四 /

在《纯粹理性批判》《实践理性批判》《判断力批判》后，康德出版了《单纯理性界限内的宗教》，这本书的出版使康德陷入了与普鲁士审查机关的冲突。当时的统治者腓特烈·威廉二世修改了上一任君主开明的宗教政策，致使康德向审查委员会提交这本书时使双方发生不愉快。康德表示自己评价自然宗教没想要诋毁基督教，而委员会振振有词地说康德就是对基督教有意见。康德不服，于是到哥尼斯堡神学院让神学院来判定这本书是否属于神学范围，没想到神学院给出了否定的答案。康德依旧不服，又去找耶拿哲学院院长，得到了许可。但这件事并没有这样结束，相关部门在继续研究康德，毕竟国王看他不顺眼。每个时代都是八卦的，官方消息还没有正式发出，小道消息就已经沸沸扬扬：要撤销康德职务、驱逐流放。

于是，在看热闹不嫌事大的围观群众的煽风点火下，双方终于开始了骂战。康德不久又出版了第二篇哲学宗教论文，里面暗讽普鲁士不可理喻的宗教政策，称这是一种短暂的专制宗教统治。同时在书信中表示自己行为合法，会坦然面对结果。在康德发表这篇论文的三个多月后，文化部长公布了对康德的警示，明确地说明康德对基督教的蔑视，违背了教师的责任，希望康德不要再犯这样的错误，并且还十分客气地威胁了康德。康德十分不客气地回了封信反驳。最后，以康德在国王去世前不再发表任何宗教哲学著作为结果结束了冲突，在国王去世后康德再次发表了一本关于宗教哲学的书。

康德让人感到无趣的主要在于他十分刻板地制定自己的时间表并严格执行，到了晚年更是如此。他多年都保持着早晨五点入睡，晚上十点休息的习惯。据记载，康德每天下午都会去朋友格瑞家，每次他到的时候格瑞都正在睡觉，康德坐在旁边思考着，也慢慢睡着。第三位朋友也会准时到来，和康德一样入睡。直到第四位朋友到来叫醒他们，进行一场热火朝天的交流。这场充满能量和激情的聚会会在七点整准时结束，甚至居民看到康德走过便知道时间了。

康德比处女座还严重的强迫症总能让他抓狂，他的所有东西都要十分有条理、正确地摆放，只要有一点不一样都不能忍受，因为那样会十分影响他的心情。康德曾经因为邻居家的公鸡而不能好好思考问题，最后搬了家。人们很难理解那只公鸡对康德的影响，康德估计也很难理解邻居为什么要养一只公鸡还不肯卖给他。在晚年，康德对自己的要求更甚，十分注重健康。康德原本十分喜爱喝咖啡，自从认为咖啡油对身体有害后便不再喝了。对于药物用量他也严格地控制在每日两片以内。

康德在离世前一年已经感觉到了自己的力不从心，此前他已交付完自己工作，只是对于自己未能完成"遗著"而感到遗憾。在这一年他记录了自己的身体状况和精神状态，他很清楚自己再无力做其他事了。1803年10月，康德第一次身患重病，四个月后逝世。在全城所有的钟声中，由数千人组成的哀悼队伍陪同下葬。后来人们在他的墓碑上刻了《实践理性批判》中的一段话："愈是经常不断地思考，两个事物就愈是以新的赞叹和敬畏充溢我的情感，这就是我头顶上的星辰密云的天空和我心中的道德法则。"

## 康德思考出了些什么呢

康德作为德国古典哲学的创始人，也是"星云说"的创始人之一，被认为是继苏格拉底、柏拉图和亚里士多德后，西方最具影响力的思想家之一。在自然科学和哲学方面都有所建树，留下了许多论文与著作，影响最为深远的是他的批判性哲学思想。

康德提出了三大批判：《纯粹理性批判》《实践理性批判》《判断力批判》。

其中《纯粹理性批判》最受学术界重视，标志着哲学由本体论转向认识论。《纯粹理性批判》回答了"我能够知道什么"，康德表示：我们只能知道自然科学让我们认识到的东西，哲学除了能帮助我们澄清使知识成为可能的必要条件，就没有什么更多的用处了。这样的想法是前所未有的，康德提出了和以往哲学家们截然不同的看法，我们为什么不试着让事物向我们看齐呢？他将这种思维方法与哥白尼的"日心说"相比较：哥白尼以前，人们认为一切星球围着我们地球转，哥白尼却说，我们地球是在围着其他星球转。《实践理性批判》包括"纯粹实践理性的原理论"和"纯粹实践理性的方法论"两大部分，主要突出人本主义精神，强调了人格的重要性。《判断力批判》回答了"我可以希望什么"，康德表示：如果要真正能做到有道德，我就必须假设有上帝的存在，假设生命结束后并不是一切都结束了。这本书涵盖了道德与美学。

康德还调和了经验主义与理性主义。此外，在宗教、伦理学、天文学、政治构想方面都提出了自己的思想并发表了著作。

康德对后世的影响巨大，正如戈洛索夫克尔所说："所有通向哲学之路的人都要经过一座桥，这座桥的名字叫作伊曼纽尔·康德。"

## 泰戈尔的绚烂夏花

泰戈尔在许多读者的心里是诗意和美好的化身。他诗句字里行间中流露出来的爱意和温暖，曾感染了一代又一代的中国人。泰戈尔的一生不乏个人的悲伤和坎坷，泰戈尔的一生也不乏社会的黑暗和污秽，但他始终以温暖而乐观的一面积极应对，始终用一种宽容和怜悯走进人们的内心。

/ 一 /

前两年，那位创作出"万物生长三部曲"，写出了"春风十里不如你"的冯唐在网上又火了一把。他以典型的冯氏语言翻译的《飞鸟集》被广大读者批评谩骂，人们认为他亵渎了泰戈尔和他的诗。但其实对于作为一个孟加拉语的作家，他的作品无论是被译成英文还是中文，都少了那么一点韵味。

在中国，翻译泰戈尔作品的人数不胜数，且都是大家。如《新月集》和《飞鸟集》是郑振铎翻译的；《园丁集》和《吉檀迦利》是冰心翻译的；《采果集》是石真翻译的，刘半农、叶圣陶、徐志摩等大家都翻译过泰戈尔的作品。但无论是谁的翻译，在真正懂得中孟双语的人看来，都无法再现出泰戈尔那美丽的语言。

泰戈尔是个文学史、哲学史上难得的乐观之人。这种乐观不是苦中作乐的强颜欢笑，更不是堆金积玉的追欢买笑，他是发自内心的阳光和无畏。泰戈尔的乐观也折射在了他的著作里，他的文字里总是充满了生活的积极面，充满了美好和善良，像一束阳光照进了每个读过泰戈尔文字的人心里。

这或许和泰戈尔的出生和经历有关。1861年，泰戈尔出生于印度孟加拉的加尔各答。他的家庭属于商人兼地主阶级，是婆罗门种姓，原姓是塔克尔，在孟加拉是一种尊称，意为"圣"，泰戈尔的祖父德瓦卡纳特，是当地有名的思想家，更是社会名流，当时许多进步人士的改革运动都得到他有力的支持。和祖父德瓦卡纳特的八面玲珑不同，泰戈尔的父亲德本德拉纳特是个潜心研究哲学和宗教的人，他不善言辞，内心沉静，温润尔雅，当地人都称他为"大圣人"。

德本德拉纳特有15个子女，泰戈尔是最小的那个，家人都十分疼爱这个可爱小家伙，亲昵地称他为"拉比"。因为家里人多，且作为大家长的德本德拉纳特深受印度的传统文化和西方文化的影响，所以家里常常举行哲学和宗教讨论会、诗歌朗诵会，还会有表演，甚至是音乐会，家里人也大都是些诗人、哲学家、作家、翻译家、音乐家、戏剧家等等。德本德拉纳特的许多诗人朋友、音乐家朋友、学者朋友也会加入这个大聚会，因此虽然当时泰戈尔年龄还小，却已经在艺术和哲学中熏陶了许久。泰戈尔的妈妈卡丹巴丽·黛薇是个优雅博学的贵族小姐，她和德本德拉纳特非常相爱，这让泰戈尔的心灵从小就接受着爱的滋养。

在这样一个充满了艺术和思想的家庭中，泰戈尔在很小的时候就显示出了对文学极高的天赋。还不到九岁，他就能够按照韵律准确地排列两句诗，还在此基础上创作出了他的第一首诗。父亲对泰戈尔的聪明感到非常高兴，但是他又很担心泰戈尔对学校教育的反感会让他变得越来越平庸，于是他决定要让泰戈尔去英国见见世面。

## / 二 /

1878年，泰戈尔来到英国的伦敦大学学习英国文学和西方音乐，不过和之前的几次上学一样，他又没有完成学业，他在见识了西方文化的与众不同以后就离开了大学，回到了印度。

回到印度后，泰戈尔的创作激情一下子就迸发了出来，他完成了自己在英国期间就开始创作的歌剧《破碎的心》，并又写了另一部歌剧《蚁垤仙人的天才》。歌剧的创作并没有让泰戈尔满足，他还需要找到一个更能发泄自己想法的出口。于是他开始创作诗歌，几个月后便创作出他的第一部诗集《暮歌》。1882年这本诗集出版，在文学界反响热烈，成了孟加拉文化史上的一件大事。诗集出版后，泰戈尔立马又投入了长篇小说《王后市场》的创作。此后诗集《晨歌》《画与诗》，剧本《大自然的报复》相继出版问世。

1883年，泰戈尔结婚了。对于泰戈尔的妻子，历史流传的资料并不多，只知道她比泰戈尔小11岁，叫穆里娜莉妮·黛薇，长得一般，还没有什么文化。但就是这么一个看起来不太搭配的夫妻，却一直过得很甜蜜。泰戈尔称他的妻子为"小媳妇"，妻子黛薇也竭尽全力支持丈夫的事业，她为泰戈尔生了五个孩子，不仅把家打理得井井有条，还自己学习了孟加拉语、英语和梵语，成为了泰戈尔工作上不可缺少的得力助手。

1884年，泰戈尔离开生活已久的城市，到乡下和农民接触，体验农民的生活，这为他以后的诗歌创作增添了生活感和亲切感。泰戈尔在农村待了几年，决心要以教育改变社会的落后。1901年，他来到孟加拉博尔普尔附近的圣地尼克创办了一所学校，这也在后来成为了他教育革新的试验点。

1905年，英国政府决定实行分裂孟加拉的政策。这一决定立刻引起了孟加拉群众的强烈反对，很快便掀起了反帝国爱国运动。泰戈尔也毅然投身于这个运动，他创作出了大量的爱国主义诗篇、剧作，甚至还有长篇小说《戈拉》。他创作的爱国歌曲《印度的历程》和《印度的命运之神》也被广泛传唱，后者甚至被定为了印度的国歌。

但当运动发展到一定程度，泰戈尔便与其他人的意见发生了分歧。他不同意抵制英货、辱骂英国人，他认为那是没有任何用处的愚蠢行为。他更加推崇自身的强大，例如到农村发展工业、兴建学校、消除愚昧等等。但是，当时并没有人认同他的观点，因此在很长的一段时间，泰戈尔陷入了迷茫和痛苦中。因为此前泰戈尔就已经接连受了好几个打击：1902年，妻子逝世；一年后女儿夭折；父亲于1905年去世；两年后，儿子沙民德拉死于霍乱。而现在他就连反英运动的同胞们都不理解他，于是泰戈尔决定要隐居一段时间，潜心创作。

/ 三 /

1913年，泰戈尔来到英国，此时的他早已是英国文学界的知名人士了。泰戈尔的朋友把他在1912年创作的诗集《吉檀迦利》送给了诗人叶芝，叶芝读后拍案叫绝，亲自为诗集写了一篇序言。而后叶芝把书转送给诺贝尔文学奖推荐人斯塔尔·摩尔。摩尔读完后连忙写信给诺贝尔委员会推荐了泰戈尔。11月，泰戈尔凭借《吉檀迦利》获得了当年的诺贝尔文学奖。而收到消息时，他早已离开了英国，达到了印度，由于路途遥远，他并没能去到典礼的现场。

1915年，泰戈尔结识了甘地。他早在甘地尚未广为人知，就曾对他在南非进行的反种族主义斗争表示敬意，他也是最早领会圣雄甘地非暴力主义主张的意义并予以支持的人之一。甘地也常派一些弟子到泰戈尔的学院里学习，甚至亲自去访问。虽然两人在政治等一些问题上意见不一，但丝毫没有影响两人的友谊。

1916年以后，泰戈尔开始了周游各国。他先是去了日本，他对这个新兴的东方国家充满了好奇。接着他又去了美国，在这个富饶的土地上，泰戈尔深深地感受到了种族歧视，美国成了他最不喜欢的国家之一。在泰戈尔的排斥列表里，英国也高居上位。其实，早在1881年，年仅20岁的泰戈尔撰写了《鸦片——运往中国的死亡》一文，发表在《婆罗蒂》杂志上。文中义愤填膺地指出，"对中国的鸦片贸易中，隐藏着龌龊卑鄙的动机，其中阴暗的偷窃心理比抢劫还要可恶。"而现在因为英国的"分治"和屠杀政策，使他更加厌恶这个国家。他公开声明放弃英国政府授予他的爵士称号，还在各种场合力陈加强印度教徒与穆斯林团结的极端必要性。他这一系列的做法让英国人至今依然耿耿于怀。

1924年4月12日，泰戈尔第一次来到中国。他一生三次来访中国，被称为是"中国人民的忠诚的朋友"。一踏上中国的大地，这位身材高大、白发银须、高鼻深目、道骨仙风的老诗人就情不自禁地说："朋友们，我不知道什么缘故，到中国便像回到故乡一样，我始终感觉，印度是中国极其亲近的亲属，中国和印度是极老而又极亲爱的兄弟。"

在中国访问的期间，恰逢泰戈尔64岁生日，胡适、梁启超在北京协和大礼堂为他举行了盛况空前的祝寿宴会。他们将泰戈尔的《新月集》里的《齐拉德》编排成了一出舞台剧，由林徽因饰演公主齐德拉，徐志摩饰演爱神玛达那。演出结束后，梁启超还送给泰戈尔一个特殊的礼物——中国名。梁启超说："今天是泰戈尔的生日，理应为他送上一份礼物，表示心意。泰戈尔视徐志摩为知音，为他取了一个印度名字'苏萨玛'。在孟加拉语中，'苏萨玛'意谓雅士。这是对我国年轻文化人的褒奖。今天，我也要给泰戈尔取个好听的中国姓名，作为生日礼物送给他！印度在中国古书中称为'天竺'，就让泰戈尔姓'竺'，古代印度称中国为'震旦'，就让他叫'震旦'，泰戈尔的中国名字就叫'竺震旦'。"

泰戈尔在访问中国的期间，一直由林徽因和徐志摩两人陪同做翻译。泰戈尔非常喜欢这两个聪明的孩子，在他第二次来中国后，他甚至称徐志摩夫妇是"自己的儿子和媳妇"。在他第三次来中国时，他自认为没有多长时间了，便将自己的一件紫红色的印度长袍留给了徐志摩作纪念。而林徽因在泰戈尔访华期间，日日相伴，无论是在工作还是生活上，都无微不至地照顾自己，她还为他翻译，为他演出，这样一个聪敏又可人的女孩子实在难得。于是当他看出徐志摩喜欢林徽因后，便忍不住想撮合两个人，他甚至亲自去做林徽因的"思想工作"，可惜直到最后两人也未在一起。离别前，他送了一首诗给林徽因："天空的蔚蓝，爱上了大地的碧绿，他们之间的微风叹'哎'！"

/ 四 /

从中国回来的泰戈尔，在歇息了几年后，又继续开始了忙碌。他先是访问了苏联，接着又站在了斗争的最前头。意大利法西斯军队侵略埃塞俄比亚，泰戈尔立刻进行谴责；西班牙爆发了反对共和国政府的叛乱，泰戈尔又毅然站在了共和国阵营；德国法西斯发动世界大战，他又撰文怒斥德国的不义行径。每一场的斗争，几乎都能看见泰戈尔正义的身影，而此时的他早已是古稀之年。

5月7日，是泰戈尔的生日，世界各地的人们都会庆祝他的生日。但是1941年的5月7日，泰戈尔却是在痛苦中度过的。连年的奔波劳累，加上战争环境的影响，让泰戈尔的身体每况愈下。他每天都要在床上躺着，疼痛已经让他无法工作，甚至让他难以行走。那时的泰戈尔，身材干枯瘦弱，每天只能喝一点水，即便这样，他依然和他的小孙子开玩笑："看，我现在像一只小蝌蚪，只能喝点水了。"同年的8月7日，泰戈尔口授了人生的最后一首诗后，平静地离开了人世，享年80岁。

这个"亚洲第一诗人"，这个用灵魂创作诗歌的伟人，永远地闭上了双眼。在泰戈尔去世后，成千上万的人自行组成了送葬的队伍，跟在泰戈尔的灵柩后面慢慢前行，送他最后一程。时至今日，泰戈尔的诗依然是被后人引用、传唱最多的诗歌之一，阅读泰戈尔的诗仿佛能打破时空的壁垒，将读者和已逝去的灵魂重新连接，在字与字、句与句之间感受那一份难以言明的默契和感动。泰戈尔已经去世多年，当年翻译泰戈尔著作的人大多也都驾鹤西去，曾经读过泰戈尔诗集的我们也都已成熟，但泰戈尔的诗却历久弥新，影响着一代又一代人。

## 泰戈尔那些凝固在岁月中的著作

**《吉檀迦利》**

"人们从诗人的字句里，选取自己心爱的意义；但是诗句的最终意义是指向着你。"

"吉檀迦利"是"献诗"的意思,即献给神的诗,诗集的主题是敬仰神,渴求与神的结合。泰戈尔凭借本书获得了诺贝尔文学奖,这本书犹如一个拥抱死亡的温暖者,泰戈尔在书的后半部用了20余首诗歌赞死亡,抒写在死亡中与神同一的过程。

**《飞鸟集》**

"世界以痛吻我,要我报之以歌。"

本书是泰戈尔最负盛名的一本诗集,书中包括了325首小诗,非常具有"小清新"的气质。在书中,白昼和黑夜、溪流和海洋、自由和背叛,都在泰戈尔的笔下合二为一,他像是一个无名的过客,为世间万物记录下灵感闪动的瞬间,然后微笑着安静离开。短小的语句道出了深刻的人生哲理,引领世人探寻真理和智慧的源泉。

**《流萤集》**

"我最后的祝福是要给那些人——他们知道我不完美却还爱着我。"

本书中泰戈尔歌颂了萤火虫这类的小昆虫,歌颂那些如它们一样微小而倔强勇敢的生命,即使它们从不被欣赏,也依然在天空中飞翔。表达了泰戈尔积极健康的世界观,记下了诗人对宇宙和人生的哲理思考,抒写了对儿童的热爱和赞颂之情,它如同点点流萤,熠熠生辉,永远给人以启迪和美的享受。

**《新月集》**

这是一部著名的儿童散文诗集,也是泰戈尔散文诗的第一本。那时的泰戈尔不仅事业成功,还升级做了爸爸,于是诗集里着力描绘的是一个个天真可爱的儿童。他致力讴歌的是人类生活中最为宝贵的东西——童真。他以天才之笔塑造了一批神形兼备、熠熠闪光的天使般的儿童艺术形象。

《戈拉》

本书是泰戈尔批判现实主义的一部小说，围绕主人公戈拉展开，通过描写戈拉由一个激进的爱国主义青年到发现自己不是印度种族而做出的自我改变，反映了作者对维护种姓制度、遵守印度教各种腐朽传统的错误做法的激进主义人士的批判，推崇"做真实的自己"。

## 泰戈尔感动我们的句子

"当我们爱这个世界时，才生活在这个世界上。"

"你看不见你的真相，你所看见的是你的影子。"

"信仰友谊和爱情之间的区别在于：友谊意味着两个人和世界，然而爱情意味着两个人就是世界。在友谊中一加一等于二；在爱情中一加一还是一。"

"水里的游鱼是沉默的，陆地上的禽兽是喧闹的，空中的飞鸟是歌唱着；但是人类却兼有了海里的沉默，地上的喧闹与空中的音乐。"

"如果错过太阳时你留了泪，那么你也要错过群星了。"

# 罗素的三种激情

每个哲学家似乎都不可避免地会出现偏执，罗素却总能平衡得很好，他主张逻辑经验主义，却又不像其他人那样执着于学术，过于呆板和无趣；他和其他哲学家一样喜欢思考人生，却又不像其他人一样会陷入无尽的绝望或是过高的希望，他总能在哲学的跷跷板上找到最好的平衡点。而罗素的这些大智慧体现在生活各处，需要人们慢慢体会和探究。

/ 一 /

有这么个人，他评价黑格尔哲学思想时说"他的哲学基本上都是错的"；他认为叔本华是一个"极品伪君子"；在对尼采进行评价时，直接讥讽他"尼采对妇女的谩骂全部是当作自明的真理提出来的，既没有历史上的证据也没有他个人经验中的证据以为支持。当然关于妇女方面，他个人的经验几乎只限于他的妹妹"；对于马克思，他也没有放过，他说马克思"声称不论好人还是坏人，都只是经济力量具体化的人，然而事实上，他认为资产阶级是罪恶的，并着手煽动无产阶级对资产阶级强烈的憎恨。马克思的《资本论》在本质上是煽动无产阶级对敌人的战争热情"。

　　他就是被誉为"世纪的智者"的罗素。作为20世纪伟大的哲学家、数学家、文学家和社会活动家，罗素的名字早已享誉世界，他的思想也成为现代人类思想的宝贵财富。然而大多数人对他的印象却是——怪人，而大多数人更了解的也只是他"梅开四度"的感情史。和众多超越时代的哲学家一样，他并不完全被人理解。

　　罗素的出生很好，他出生在一个贵族家族里，因为他的爷爷约翰·罗素就是伯爵，父亲安伯力·罗素是子爵，他虽然还没有什么爵位，但生在这样的家庭中，完全可以算是"含着金勺子出生"。不过，富裕虽富裕，却不大幸运，在罗素四岁的时候，母亲、姐姐、父亲便先后去世。可怜的罗素便被祖父祖母领养，祖母是个极其刻板固执的人，在道德方面的事情上相当严苛。她为罗素制定了非常严格的学习计划和清规戒律，例如不许他同别的孩子接触，也不许看规定之外的书籍。她要求罗素一年四季清早起来就进行冷水浴，然后是半小时的钢琴练习，8点参加家庭祷告。但这并不代表罗素和祖母的关系不好，相反他很感激祖母，小时候的罗素常常想："如果有一天祖母死了，那该多可怕啊！"长大后的罗素也不只一次在著作中提及祖母在他生命中的重要性。

　　童年时期的罗素虽然孤独，但是却很幸福和充实。祖母知书识礼，精通四国语言，常常为罗素讲解名篇，祖母曾送给罗素一本《圣经》，并写上了一句话："你不应仿效众人做坏事。"这句话也成了罗素一生的座右铭。祖父有一个极大的藏书室，罗素没事的时候就待在里面读书，一读就读一整天。有时祖母怕他身体吃不消，便将他上课的时间缩短，但罗素却偷偷点着蜡烛做功课和看书。

　　因为有个固执、叛逆的长孙为例子，祖母并不相信学校的教育，她不愿让历史在罗素的身上重演。于是，祖母决定让罗素在家接受保姆和家庭教师的教育。于是罗素的童年除了在一家幼儿园度过短暂的校园时光，其他时间便是被包围在形形色色的女性教师之中。

/ 二 /

由于祖母管得严，加上罗素本身害羞孤僻的性格，他并没有什么朋友，于是他最大的娱乐场地就是家里的花园，他甚至能清楚地说出花园里每一棵树在那一年长了多高。罗素曾对自己的童年回忆道："我的父母都已过世，我经常会想，不知道他们在世时是什么样子的。在孤寂时我总是在花园中徘徊，不是捡集气儿的蛋便是沉思于那飞驰的时光。"

因此，习惯思考和发现的卢梭在还小的时候就已习惯了探究。当别人告诉他地球是圆的，他不信，就在花园里挖了个洞，想看看是否能见到澳大利亚。人们还对他说："当他睡着时，天使们就在他身边看护着他。"他却说自己从没见到什么天使，人们便对他说："你刚刚睁开眼睛时，天使们就都飞走了。"于是当天晚上他就把眼睛闭紧，装作睡着了，然后突然伸出手猛地一抓，但是一无所获。

在祖母家的单调生活一度让罗素陷入抑郁。他对自己平常所做的事情感到无聊，但是又找不到新的事物，更"可怕"的是，罗素发现自己对家里的一位女家庭教师产生了不一样的感情，自己越发难以抵御对性的渴望。他曾在一篇用希腊文写的日记中记载道："我可以这样说，如果再让我待在家里，我很可能会变得怪癖。至于我内心的郁闷，我想这主要是因孤寂造成的。"

罗素11岁时，哥哥教他欧几里得的几何学，这是他第一次接触数学。很快罗素便沉迷在数学的世界中，他从不知道世界上还有这样一个如初恋般美妙的东西存在，罗素后来也曾说"正是这种想多学一点数学的欲望，才使得他没有在年轻时自杀。"但是随着学习的深入，罗素开始发现数学有点"不太合理"，例如在学到代数时，老师要求罗素记住"两个数的和的平方等于它们的平方之和加上它的乘积的两倍"。可是无论罗素怎么背也记不下来，老师气得拿书打罗素的头。可是每个人都只告诉他欧几里得证明了很多定理，而这些定理都是从公理出发的。罗素却怎么也不明白为什么这些公理就是对的？为什么当他对公理提出质疑时，人们会觉得他会愚笨？此时的罗素开始对数学产生了怀疑。

1883年，罗素的叔叔罗洛将家搬到了罗素家的附近。罗洛是个业余的气象学家，罗素非常喜欢这个叔叔，经常跑到他家去玩，于是在学习数学的同时，罗洛也不时地给他讲一些科学知识。随着对书籍阅读的广泛和思想的发展，罗素发现自己一直坚信的宗教和科学不大一样，甚至是截然相反的，渐渐地他开始怀疑宗教，最后甚至放弃信仰基督教。

16岁时，罗素被祖母送到了陆军应考补习学校去准备剑桥大学三一学院的奖学金考试。在补习班里，罗素学完了正常孩子六年要学的课程，并且在1889年考上了剑桥大学三一学院。

/ 三 /

罗素的父亲就曾在剑桥大学读书，不过和父亲不同的是，罗素选择剑桥单纯是为了在这里学习数学。罗素的数学天赋在还没入校前就已经被人"盯上"了，这个"盯"他的人就是阿尔弗雷德·诺思·怀特海。他是罗素的主考官，在考试的时候他便觉得罗素"潜力无穷"，于是动用了自己的"私权"。怀特海将考试中一个分数比罗素高的年轻人的成绩单烧掉了，接着他又极力向其他考官推荐罗素，最后罗素成为了怀特海的学生。

在剑桥大学的生活对罗素而言简直是一种"重生"。他每天学习的是最高深的思想，接触的是最顶级的老师，他的朋友遍布各个学科，有数学的、哲学的、古典学的等等。在剑桥大学的学习期间，正值英国思想转变的动荡时期。罗素常和几个朋友围在一起谈政治学、哲学、数学、文学、宗教和其他所有感兴趣的书籍和问题。他们常常一谈就谈一整天，等第二天吃过早餐后又继续前一天的讨论。老师怀特海戏谑地称："这是一部柏拉图每日对话大全。"

原本是为了数学而进入剑桥的罗素，似乎有点"不学无术"，整日去听麦克塔格特讲的黑格尔学说，而对自己的老本行数学却没那么用心了，他在剑桥大学数学学位考试中，位居一等及格者中的第七名，这个名次看起来不错，进了前十，但对于罗素这种数学天才而言，第七似乎是个不太好意思说出去的成绩。不过他本人倒是不太在意，因为剑桥大学的数学课注重做题，而与数学探究本身没有多大关系，于是每次考试他就利用自己的"小聪明"蒙混过关。

于是对数学稍显失望的罗素，又投入了哲学的"怀抱"。尤其是在第四年师从导师乔治·斯托特的时候，让他难以自拔地成为了一名黑格尔派。其实对于这个"变心"也不是罗素的突发奇想，早在罗素初学数学时就对神学产生了怀疑，加之科学知识的学习，则更让他怀疑宗教神学。因此罗素后期会选择学习哲学也是一种必然。

剑桥的哲学学的是康德和黑格尔。最初的罗素对于哲学完全是一片迷茫，老师说什么罗素便学什么，但当学了一段时间后，他又发现了问题。或许这就是一个哲学家的伟大之处，永远也不会被世人牵着鼻子走。因此，1894年当罗素考过道德科学优等考试之前，他便完全转到了一种半康德半黑格尔的形而上学去了，直至最后完全抛弃康德和黑格尔的哲学。

很快在剑桥的学习生活就结束了，罗素获得了伦理科学学士学位。当时的他正面临着一个艰难的选择——究竟是以哲学为一生的职业，还是继续自己的老本行，在经济学的道路上继续"前进"，这让罗素十分犹豫。经过思考他最终还是选择了哲学，他撰写了一篇关于非欧氏几何学研究员资格的论文，从而获得了三一学院为期六年的研究员资格。

/ 四 /

1900年，罗素与老师怀特海一起参加在巴黎举办的国际哲学大会。在这次大会上，罗素认识了意大利数学家皮亚诺，罗素受到了他的思想的启发，回到费恩赫斯特便开始全身心地研究他的符号逻辑系统。

由此罗素将符号运用到了关系逻辑上，突然发现很多自己难以解释的问题，在运用了符号后轻而易举的便找到了答案。他将自己的想法写成了论文寄给了皮亚诺。同年10月，罗素和老师怀特海将新发现写成了一本书，并在1910年、1912年和1913年相继出版，也就是后面奠定了罗素在数学界独一无二地位的《数学的原理》。

在创作完《数学的原理》以后的相当长的一段时间，罗素不停地在各地参加演讲和授课，他先是到了美国，在哈佛大学授课，接着又回到了英国剑桥。随着第一次世界大战的爆发，罗素开始作为一个反战积极分子投入到了写作、演说和组织活动中去。他创作了《战争恐惧之源》和《社会改造原则》，即便是后来因为组织了"拒服兵役委员会"被政府逮捕入狱后，也没有断了创作。

出狱后的罗素，在1920年访问了苏联，又在同年8月访问了中国。当时的中国恰逢五四运动前后，知识分子的热情达到一定的高度。他们急于了解西方，急于向西方学习，因此对于罗素这样一位大哲学家的到来，表示了热切的欢迎。在中国，罗素做了好几场演讲，既有哲学的，也有专攻中国困境的"有感而发"。罗素在中国待了九个月左右，后来因为第二任妻子朵拉怀孕，罗素急于回去和第一任妻子离婚，才离开了中国。不过在走前罗素说了一句话让当时的国人受益匪浅："你们必然会经历一段与俄国共产党独裁相类似的阶段，因为只有通过这种方式，人民所必需的教育才能完成，工业资本主义的发展才能实现。"

有了孩子，罗素就要积极地挣"奶粉钱"，单靠写稿子远远不能满足一家人的开销，于是罗素决定带着家人到美国讲学挣点外快。这次的访美，却让罗素有点失望，他在给情人的信中不只一次地提到美国的缺点，他并不认同美国的整体社会风气"这里一切势利、钻营的念头要比在社会秩序稳定的社会中更活跃。更有甚者，赚钱成为衡量智慧的标尺"。但是在美国的访问，却能给他带来一万美元的收入，因此至少从经济情况看来，是有收获的。

20世纪30年代末40年代初，第二次世界大战的爆发，罗素被困在美国，无法返回英国，因为战时受金融条例的控制，他在英国的版税收入不能转到美国来，因此罗素一家陷入了困境，仅靠着罗素微薄的津贴生活。1940年2月，加利福尼亚大学聘请罗素担任纽约市立学院教职。此外，罗素还答应在1940年秋季为哈佛大学开设威廉·詹姆斯讲座。纽约高等教育委员会也答应聘请他从1941年3月1日起担任哲学教授，一直到1942年6月30日结束。因为这期满之日恰好是他70岁退休的时间，既能保证现在的生活，又能保证日后的生活，罗素欣然答应了。

/ 五 /

不过当罗素任职的消息刚一发布，便遭到了一系列的反对声。一个主教认为他是个"反宗教、反道德的宣传家，他还为通检辩护"。还有人甚至提出控告，认为罗素是个"淫荡、无神论、谎话连篇的小人"，而且他还不是美国人。对此美国的麦吉汉法官提出了自己的"见解"，他认为因为罗素是特殊人才，因此他对学生的影响是很深刻的，因此高等教育委员会聘请罗素任教，实际上是设立了一个"下流"的教授职位，这"侵犯"了人民的公共健康、公共安全和公共道德。最后他宣布罗素将不能被高等教育委员会聘任。当罗素对于判决表示不服要上诉时，麦吉汉直接驳回了他的上诉请求，就连当时的市长也为了不在战时弄出麻烦，而宣布直接结案。

哈佛大学却并没有理会法律上的"结果"，而是继续聘用罗素。可是当在哈佛大学的课程结束后，罗素依然陷入了失业的困境。当时由于政府施压，学校不敢聘请他，报纸不刊登他的稿子，好友的救济也不是长久之计，一时间罗素陷入了孤立无援的地步。这时百万富翁巴恩斯博士找到了罗素，他聘请罗素去宾夕法尼亚的巴恩斯基金会讲授西方哲学史，为期五年。虽说实际上罗素只在那里工作到1942年便被解雇了，但这段教育经验为他日后创作《西方哲学史》奠定了基础。

1944年，历经千辛的罗素回到剑桥大学教学。重回家乡的罗素非常激动，他又投入到了教育和研究中去。1949年，他被选为英国科学院荣誉院士，1950年，英国国王乔治六世向他颁发"功绩勋章"。同年，在访问美国的时候，他收到了他凭借《婚姻与道德》获得了诺贝尔文学奖的消息。1955 年,他还争取到了爱因斯坦的支持,发表了《罗素—爱因斯坦宣言》。

当一切都在向好的方向发展时,灾难又降临了。1961 年,罗素因为煽动非暴力反抗运动和妻子再次入狱,此时的罗素已经是 89 岁高龄。罗素在监狱待了一周后,因为身体不适被提前释放了。即便如此,罗素依然抱病工作,他参加各种和平组织,建立"罗素和平基金会"。高强度的工作和高度紧张的神经,让罗素的身体再也坚持不住了,1970 年 98 岁的罗素病死在家中。

在装有罗素遗体的棺材上,只有一束淡黄色的水仙花和蝴蝶花,旁边还配有"深切的怀念"字样。历经一个世纪的沧桑变换,罗素带着世人难以企及的思想和博大的爱心,永远地化作了一盏明灯,照亮人类发展之路。

## 罗素那些独领风骚的著作

### 《数学原理》

古希腊曾有句话叫"一部大书就是一项大罪"。那么创作出本书的罗素可就是犯了个"弥天大罪",他和老师怀特海合著的这本《数学原理》,包括了数学、逻辑学、分析哲学等等学科,为罗素在学术上奠定了崇高的地位。最有意思的是,由于本书范围太过庞大,中国国内还没有完整的中文译本。

### 《数理哲学导论》

本书是罗素继《数学原理》后出版的一部书,因为《数学原理》

过于复杂难懂，因此为了阅读方便，罗素便以简洁明了、通达晓畅的语言写了本书。本书依旧是陈述了数学原理研究中确定的科学结果，适合普通群众阅读。

《哲学问题》

本书名叫《哲学问题》，但事实上并没有提到什么具体的哲学问题，甚至就连哲学是什么都没有提及，估计是后人错加上去的。罗素在本书中主要讲的是知识，例如什么是知识，知识是怎么形成的等等。

《婚姻与道德》

罗素凭借本书获得了诺贝尔文学奖，这是一本讨论婚姻道德的著作。在人类的婚姻里，男人和女人是永远难以说清的话题。罗素以明快活泼的语言讨论了家庭、离婚、试婚、人类价值与性等问题，辛辣地批判旧有的婚姻道德观念，提出了以幸福高尚的生活为目标的婚姻制度改革设想。

《西方哲学史》

罗素从人类的第一个哲学学派——米利都学派着笔，向读者描述了自公元前6世纪以来，直到近代哲学的发展轮廓；在几千年的哲学历史中，几乎任何一个重要的哲学观点我们都可以本书中找到清晰的评述。这本书也让许多人对哲学大大改观，原来哲学也不是那么高高在上，它也是可以泼辣大胆的。

《幸福之路》

本书也许是哲学史上最"平易近人"的著作了。在这里，你找不到佶屈聱牙的大段句子，也没有不知所云的生词生句。罗素只是将自己的经验和观察证实过的一些关于生活哲理集合起来，希望能为感到郁闷的人，找到一定的解决之法，让其走上幸福之路。

# 费尔巴哈两代狂想曲

或许是老费尔巴哈从法学到哲学再到法学的"艰辛"童年，才让小费尔巴哈有了从哲学到哲学再到哲学始终如一的追求。一个人的一生，家庭的影响至关重要。作为"第一个看透神的人"，小费尔巴哈的成就，隐藏着老费尔巴哈对哲学的追求，或许父"梦"子继也是一个家庭最好的表现形式。

## 一

1775 年，在德国耶拿的一个汉尼辛小镇上，费尔巴哈诞生了。他的全名为保罗·约翰·安塞尔姆·冯·费尔巴哈，在德文中，这个名字的寓意就是"冰与火"。但他的父亲显得有些不知所措，因为他太年轻了，这时只有 20 岁，还是一名大学生。

费尔巴哈的母亲比父亲大四岁，来自一个法学家庭，父亲是一位侯爵，祖父是法史学家布鲁奎。母亲十分钟爱着这个孩子，视若珍宝。

费尔巴哈的父亲在大学毕业后，去往法兰克福吉森做了律师，这里有费尔巴哈的祖父，也是一位法学家。

因为出生于法学世家，父亲就想将费尔巴哈培养为接班人。一个原因是家庭掌握了很好的行业资源，不传给儿子实在浪费了；另一个原因就是在当时做律师收入很高，可以生活得很滋润。可怜天下父母心，于是我们经常见到的一幕上演了，费尔巴哈的父亲强迫儿子一定要学法律，即使儿子心里很不情愿。

每个孩子都尝试过反抗这种家庭强权，费尔巴哈也不例外。他想坚持自己的理想，学习哲学和历史，相比较法律，这两个学科更能够让他找到热情和归属感。不过，很快他的反抗就失败了，因为父亲使用了杀手锏——拒绝交学费。

在成长的过程中，费尔巴哈不断找机会坚持自己的梦想，又不断受到很多来自父权的压迫，父子关系也因此而走向负面，甚至在最紧张的一段时间，他的父亲恨铁不成钢，很想将他送进监狱。

不知道是父亲的压迫使得他很想强大起来，还是他天生就有比较强的虚荣心。这个少年在不断努力的过程中，显得有些着急。他十分向往功名，在18岁那年的日记上，他写了这样一句话，"一想到我已经18岁了，却还不为世人所知，我真是感到羞愧和难过。"

/ 二 /

20岁那年，费尔巴哈获得了哲学博士的学位，比他的父亲当年还要有出息。

不过，既然到了成家立业的年纪，现实问题也渐渐显露出来。哲学并不能使他获得温饱，结婚生子以后，经济负担和责任越来越重，他只好无奈转而继续研究法律，毕竟这是生存的唯一办法。

四年后，费尔巴哈获得法学博士学位，而后成为一名大学教师，在耶拿大学授课。

费尔巴哈显然不是一位好脾气的老师。他不懂得圆融，身上处处是棱角。学生对他极为喜欢，但是他与同事关系极差。两年后，他决定离开耶拿大学，跳槽到德国北部的基尔大学。走的那天他差点泪流满面，因为耶拿大学的学生们组成了一个骑马队给他远行的马车开道，场面十分壮观，令他内心五味杂陈。

本想重新开始新生活，但是到了新的学校，费尔巴哈还是看不惯周围的一切。重复的情节再次上演，他告别了基尔大学，去了慕尼黑大学。

在慕尼黑大学，他与校长针锋相对，所以结果可想而知。终于有一次，他的学生居然站出来反对他，他索性借着怒火发泄了一番，指责这位学生不尊重老师，并质疑他是校长的爪牙。事情闹得很大，费尔巴哈只得从慕尼黑大学离职。

他的职业生涯充满了矛盾，尽管这个天才一般的人物，后来在法学和哲学两个阵地都取得了不错的成绩，但当费尔巴哈面对自己的儿子时，他还是真切地说出了自己的心声：

"在我的小时候，就发自内心地不喜欢法学，甚至直到现在，我也没有办法承认它是一门科学。我最愿意去研究的还是历史和哲学。它们就像是我的两个'情人'，让我将最美好的大学时光都奉献给了它们。有那么一些年，除了它们我不去思考任何东西，也不敢想象如果没有了它们，我该怎么办。

"20岁时，我获得了哲学博士学位，从此之后以一个哲学教师的身份生活着。也就在这个时候，我遇见了你们的母亲，家庭生活让我必须肩负责任，我必须使我去考虑法律，它不是我的最爱，但是可以带来更好的职位和收入。

"这是一个令我痛苦的抉择，也是不得不做出的转变。这种草率让我从心爱的哲学转向讨厌的法学,但是我告诉自己,并不要因此而不开心,并下决心要在新的领域做得更好。

"于是,我的孜孜不倦,我的由于纯粹义务而生的激奋勇气,使我在两年后就已荣升到了讲座席位;我的强制、紧迫和生计科学通过著文立说而丰富,并由此获得了一个立足点。由此立足点开始,我突然成名并且极为幸运地出人头地,而且在同时代的人那里赢得了响亮的证明:我的人生已有所作为!"

这样的一番话语,令费尔巴哈自己激动了好久。

/ 三 /

从费尔巴哈的职业选择来看,他貌似为他的家庭付出很多,可能对他的妻子很有情感。不过,童话却总是骗人的。38岁那年,费尔巴哈就看上了别人的妻子,并爱得十分深切。

那是一个商人的妻子,长得很美丽。这件事让费尔巴哈的妻子很恼火,家庭生活变得十分紧张,致使两人分居。后来,这位商人的妻子不幸早早去世,爱情的火焰也由此熄灭,费尔巴哈夫妻两人渐渐又回归了往日的家庭生活。

费尔巴哈这个人,一辈子都与人发生冲突,虽然成就很高,但总伴随着这样那样的不愉快。后来,他还被希特勒免去了教授职位以及司法部长的职务。

论及费尔巴哈的成就,在法学领域他被称为"近代第一个真正的刑法学家",撰写了《刑法学教科书》。在哲学领域,他承袭了康德的观点,并且与法律相结合,提出罪刑法定主义等等。

自己的职业生涯如此多舛,他对儿子的教育和职业规划十分重视。之前说的那一番言论,就是他真实的心声。

在哲学史上，真正有影响力的，其实是他的儿子——小费尔巴哈。另外值得一提的是，我们都熟知的费尔巴哈定理，是他另外一个儿子提出的。由此可见，在吃了自己父亲的亏之后，费尔巴哈对儿子们的培养是不遗余力的，也是成功的。

就像他的名字一样，他的一生就在"冰与火"的矛盾与共生当中度过。直到 1833 年，这个倔强的老人因为脑出血而意外离开人世，这一年，他 58 岁。

## / 四 /

哲学史上最出名的这位小费尔巴哈出生于 1804 年 7 月 28 日。

这位狮子座男士性格很鲜明，虽然在职业规划上，他得到了父亲的大力支持，但他还是没有选择顺风顺水的人生路线。最令人争议的，就是他当时对基督教的批判，可谓一石激起千层浪。

当时德国教会与政府正处在斗争状态，小费尔巴哈的言论被很多极端主义分子加以利用，影响了许多人。后来我们都知道的马克思就是其中之一。

小费尔巴哈先在黑森州的海德尔堡学习神学，并加入了青年黑格尔学派。他的盛名正是因为他对宗教的出言不逊，因此被一些人看作眼中钉，同时也被另一些人看作英雄。

他觉得黑格尔的哲学是伪宗教的。从 1834 年他开始发表公开言论，到 1848 年开始德国层出不穷的革命运动将他推向舆论高潮，再到 1860 年他离开波鲁克堡，搬到了纽伦堡。十年后，小费尔巴哈加入了德国社会民主党，两年后离开人世。

小费尔巴哈一直不愿意承认自己是无神论者，但其实他是。他建立了一个称为是"人道主义的神学",重新树立了上帝的形象,也就是人本身。可这样的理念,不过是不愿捅破最后那层窗户纸罢了。

作为德国哲学史上第一个公开与基督教决裂的哲学家,小费尔巴哈的目的就是将神还原成人。他不愿意人们为了一个虚幻的目标而活着,所谓的"天国",只是一种幻想,而脚下的生活才是应该精心走下去的。

## 费尔巴哈狂想了些什么

在哲学思想上,老费尔巴哈受康德的影响很深。康德把道德看作本体,法是现象,认为法不过是道德的外在显示而已,因此康德并没有对法律与道德严加区分。而小费尔巴哈接受了康德的观点,但却将法律与道德的界限彻底划清,并出于对个人权利的关怀,在法与道德区分的基础上提出了罪刑法定主义、权利侵害等。

小费尔巴哈哲学属于德国古典的形而上唯物主义,主张用自然界代替存在,就排除了社会存在;用生物学上的人代替社会人的思维,排除了人思维的社会性;把人的本质就视为生物学上的本质等等。他最主要的影响力在于从三个角度批判了基督教:

揭露了基督教的本质,指出不是神创造了人,而是人创造了神,上帝是人们按照自己的本质幻想出来的;人对上帝的崇拜,实际上是对人本质的崇拜。

揭露了宗教产生的认识根源,指出宗教产生的基础是人的依赖感和利己主义。

揭露了宗教的反动社会作用,指出宗教是科学的"死敌"。

费尔巴哈是德国哲学史上第一个公开批判基督教人，他将人上升到了神的位置上，指出人们应该为现实而生活，认为基督教的上帝只是一个幻像。

「 萨特的
　　虚无与自由 」

　　作为 20 世纪法国最伟大的知识分子，作为列维口中的继伏尔泰和雨果之后"法国知识分子最后的荣耀"，萨特不仅仅是拥有着丰富智力和影响力的杰出思想家，还是一个有名的"话唠"，一个爱自我否定并且毫无愧色的悖谬大师，一个用自己的存在本身阐释了选择和自由的真谛的怪物。他身材瘦小，相貌丑陋，却因为其思想而吸引了无数的女子，留下了诸多风流韵事；他的哲学著作读来晦涩而枯燥，却被热情的群众奉为圣经，甚至一度引起骚乱，以至于活跃在公共舆论界的人物都对他忌惮三分，即使是戴高乐也不得不违心地对其大加称赞。他就是一个自由的、博爱的，永远处在矛盾和误解中心的萨特。

/ 一 /

　　1905 年 6 月 21 日，萨特出生在了繁华的巴黎。他的母亲名叫安娜·玛丽·斯维泽，年轻漂亮又高雅脱俗，父亲则是一位海军军官，只可惜在萨特还不满两周岁的时候，父亲便去世了，母亲安娜随后嫁给了一位工程师，但继父和小萨特相处得并不融洽。

　　萨特的童年是在外祖父母家度过的。他的外祖父是一位出色的语言学教授,办公室里全部都是书。对于彼时尚不识字的小萨特来讲,这些被外祖父小心翼翼地呵护起来的书籍就像是一块块形状各异的大石头一般,它们彼此积压着竖立在书架格子里,仿佛是一堆高雅而古老的文物。

萨特的外祖父从来不允许别人碰他的书籍,只有每年10月份开学的时候,萨特才有机会帮外祖父去掸一掸书面上的灰尘。然而,外祖父越是这样"吝啬",小萨特对这些书籍的兴趣便越浓。他经常在晚上,偷偷地跑到外祖父的办公室,虔诚地触摸这些书籍,嗅一嗅书中散发出的混和着墨汁和菌味的气息,虽然他还不知道这些书籍的含义是什么。

萨特的外祖父爱看书,萨特的外祖母也一样。小萨特经常看到外祖母手里拿着一本装帧十分讲究的小说坐在靠近窗子的地方,戴着她的老花镜,低着眼睑认真地看手里的书。这些书通常都是崭新而洁白的,书页闪闪发光,像是包糖果用的砑光纸做的一样。这是萨特的外祖母从一所阅览室里借来的。

每当外祖母看小说的时候,母亲总会要求小萨特同她一起保持沉默,但外祖母读到有趣之处时,则会情不自禁地将萨特的母亲叫到身边去,用手指着刚刚读到的内容让女儿看,而萨特的母亲也常常会在看完以后和外祖母交换一个会心的眼神。不过,萨特和他的外祖父都不喜欢外祖母看的这些书籍,外祖父甚至常常会在外祖母看书的时候将玻璃窗敲得咚咚响,或者干脆将小说从外祖母的手里夺走,最后惹得外祖母大发脾气。

萨特认为外祖父看不起这些"给女人写的玩意儿"是有道理的,因为他认为外祖父和受人尊敬的教士的裁缝、管风琴的制造者一样,是创造圣物的专业巨匠。的确,萨特的外祖父写过很多大部头的硬皮书,并且能够不辞劳苦地一遍遍校正印刷的错误,所有外祖父的这些行为在萨特看来都十分的"神圣"。

在外祖父母的影响下,小萨特开始要求有他"自己的书"可以读,于是,外祖父特意从他的发行人那里拿来了一本诗人莫里斯·绍尔根据儿童的特点而改编的民间传说——《故事集》。

一拿到书,小萨特便迫不及待地将它翻开,极力想要弄懂它到底讲了什么。他亲吻它、摇晃它,像对待一个玩具娃娃一样,然而这一切当然是白费劲,他到底还是没能搞清楚它是怎么回事。无奈,小萨特只好泪眼汪汪地跑到母亲安娜面前,将书摊开放在母亲的膝盖上向母亲求助,母亲则温柔而陶醉地为她的小宝贝讲起那些美丽动人的故事来:砍柴人的奇遇,善良的仙女们……小萨特沉浸在这些奇妙的故事里,也产生了很多奇妙的遐想。

但是久而久之,心高气傲的小萨特已经不满足于母亲为他讲述的这些内容相差无几的民间故事了,他找到一本《在中国:一个中国人的苦难》,躲进一间堆放杂物的小屋子里看了起来。他认真而又吃力地读着书上那一行行黑色的字,高声地朗读它们的每一个音节,最终,家人们发现了萨特的这一惊人举动,于是开始教小萨特学习字母。小萨特勤奋地学习着,并开始阅读更多的书籍,慢慢的,像《流浪儿》这样的故事他也能够读懂了,甚至可以背出来,这让小萨特感到欣喜若狂。

学会认字后的萨特被允许在图书室里自由活动,立志要满腹经纶、无所不知的小萨特立刻开始如饥似渴地埋头苦读那一本本经典书籍。他读各式各样的书籍,并且渐渐地形成了唯心论的思想,这种童年时期形成的习惯和思想对萨特的影响是根深蒂固的,直到30多年之后,他才稍稍改变了一些。

## 二

　　1915年，萨特以优异的学习成绩考入了亨利中学。期间，萨特学习并吸收了尼采和叔本华等人的哲学思想。1924年到1928年，萨特则在被盛誉为是"现代法兰西思想家的摇篮"的巴黎高等师范学校攻读哲学。1929年，大中学校教师资格会考，萨特名列榜首，而后来成为他终身的灵魂伴侣的西蒙娜·德·波伏娃则紧跟其后取得了第二名。据说，当时评审老师在决定两个人的名次时还犹豫良久，因为两个人都太过优秀了，实在难分伯仲。

　　萨特对波伏娃的第一印象是"很漂亮，很随和，但穿的太糟"，但很快，他便与这位女子单独约会了。

　　西蒙娜·德·波伏娃出生于1908年，比萨特小三岁。"波伏娃"是她的家族姓氏，"德"则是贵族的意思，因此，她真正的名字应该是西蒙娜。

　　尽管从小生活困窘，父母离异，但波伏娃却始终充满了自信心和生命力。她对待任何事物都充满了热情，又高度自律，并坚信自己终将追寻到人生的幸福，凡是妨碍她幸福生活的东西，她必将一一铲除或者拒之门外。不仅如此，她还立志成为一个自由独立，可以掌控自己的人生和命运的女性，而绝不肯将自己对幸福的追寻完全寄托于婚姻和家庭。这种与众不同的个性和追求使得波伏娃渐渐感受到了内心上的绝望和孤寂，她十分渴望能够与一个同龄的人分享内心的想法，但是她又认为这是不可能的，这个世界上并不存在这样一个同龄人，直到她遇见了萨特，一份惊世骇俗的爱情和陪伴才轰然降临。

　　精神上的共鸣让波伏娃和萨特总是一聊起来就停不下来，甚至她认为即便是聊到世界末日，时间也太短了，从生活、前途到朋友、读书，他们总是有说不完的话题。他们还结伴出行，并且每天都通信。在信里，萨特则亲昵而肉麻地称波伏娃为"温柔的小海狸""我的小亲亲""我的小可人儿"。

就这样，波伏娃迷上了时刻都在思考中的萨特，这个满足了她15岁时对另一半的全部幻想的男人，这个能够和她分享一切，并且鼓励她坚持自由、真诚和好奇心的男人。可以说，她和萨特的感情是真正"谈"出来的，是源于思想的互通和精神的共振。

尽管波伏娃兼具女人的敏感和男人的智力，但她所受的教育使她清楚地知道婚姻将是她不可避免的结局，因此，当两个人的关系进入实质性的阶段之后，波伏娃坦诚地向萨特表明了自己的心迹，然而，萨特则明确地表示，他绝对不要成为一个有妻室的人，他厌恶安定的婚姻生活，他只想周游世界，体验生活中的各种阅历和感受。

对于萨特的反应，波伏娃似乎早已有心理准备，或者说，从本质上来讲，他和她是同一类人，所以她能够彻底地理解他。因此，在某一个黄昏，两人在巴黎卡鲁赛尔公园的长椅上对彼此做出了最坦诚的誓言：他们将一同分享生活、事业和情感上的一切经历与感受，绝对不要向对方隐瞒任何事情，绝对不欺骗对方。

就这样，两人开始了一种特殊而微妙的关系结合。事实上，萨特和波伏娃一生不但没有结婚，甚至也从未正式地同居过，并且，在萨特的日常生活中，情人无数，私下富有情调的幽会和旅行总是接二连三，其中还有很多是波伏娃的学生或者表妹，这些在一般人看来难以理解的丑闻却似乎从来没有动摇到萨特和波伏娃对彼此的信任和爱慕。他们之间这种不受任何道德和世俗约束的感情默契遭到了当时很多人的敌视、憎恶以及疑惑。但不可否认的是，两人的确经受住了时间的考验，成为了真正意义上的灵魂知己。

其实，萨特和波伏娃的两性关系相当复杂。两人不但是男女相悦的情人关系，更是精神领域的至交，事业上密不可分的伙伴和"同谋"，萨特的每一篇作品都要经过波伏娃的"审判"。因此，也许波伏娃不是萨特一生中的挚爱，但她绝对是与之最和谐的那一个。这种和谐的关系模式，复杂却又令人疑惑，异类却又令人嫉妒，所谓完美的"自由情侣"，大概便是这样了吧。

/ 三 /

除去政治思想家的身份，萨特还是一个擅长小说、戏剧、书信和论文等各类文体的作家，早在其34岁的时候，萨特就发表了其著名的长篇小说《恶心》，并且一举成名，其主张的"存在主义"开始为人们所知晓，而到了40多岁的时候，随着《墙》《苍蝇》和《存在与虚无》等一系列重要作品的问世，萨特开始转型为职业作家，他的事业进入了如日中天的阶段。

年轻时的萨特身上"愤青"的痕迹，他的文字自由肆意，动辄就是千万字，内含的情感体验却艰涩而抑郁，但所有这些背后，藏着的都是一个本色而率真的萨特，而这种真实性也是萨特写作时所一贯坚持的理念。

据说，读书时期的萨特就经常在上学的路上拦住同学们，然后对着人家就开始滔滔不绝地讲起来，丝毫不觉得尴尬或者难为情，给亲朋好友写信的时候，也是什么都能写上两大张纸，而且作为大文豪的萨特，在书信的开头也常常喜欢用今天天气如何如何这样的语句，读起来不但不令人生厌，反而更觉得这样一位"话唠"的大师更加真实可感，质朴可爱。

萨特有一句名言："我是个百依百顺的孩子，至死不变，但我只顺从我自己。"事实上，萨特的一生也正是这样实践的。年轻时的萨特虽然思想丰富，著作颇丰，但在对社会生活的"介入"和"参与"方面则显得过于安静了一些，而一个成熟的哲学家终究是要让他自己的思想回归到真实的人群中去的，对错先不论，但至少信奉自由和选择的信条的萨特能够顺从内心，主动把自己的思想融入生活的举动仍是其"现身说法"的一种表现。因此，无论是1940年萨特的应征入伍，还是随后作为战犯被关在200多人的集中营里，被释放后又和其亲近的伙伴们建立了早期的抵抗组织，同"法共"联系密切等行为，其实都是萨特选择让自己的哲学进入生活，并试图影响大众的一种尝试和努力，而这种选择和尝试本身，便是其主张存在自由的最根本含义。

因此，所谓的"萨特反对萨特"这一萨特终身信奉不渝的信条也就不难理解了。表面看来，他似乎是渐渐进入了两个极端，没有人可以说得清楚他究竟是宣传自由的哲学家还是集权主义的辨士，现在的萨特永远都在清算过去的萨特，对此，说萨特爱撒谎也好，爱自我否定也罢，所有这些悖谬的现象背后，都不过是萨特从自己的思想出发，用思想碰触生活体验后做出的自由选择而已，也是他身体力行的自由理念的核心表征。可以说，那些误解萨特的人，其实是从未真正读懂萨特的人。这位充满行动力和自由思想的萨特，他既不是一些人口中过誉的伟大学者，也不是一些人口中集权主义的辩护者，他不过是一个简简单单的充满生命力和活力的思考者而已。

关于人们对自己的误解，萨特一直无暇好好辩驳和反击，直到《文字生涯》的出版，萨特才多多少少得到了人们的一些谅解，甚至为他赢得了一个更高的美誉度。诺贝尔奖委员会在阅读了这本书之后，更是立刻以之为名，表示希望授予萨特1964年的诺贝尔文学奖，但萨特在权衡之后拒绝了这一奖项，理由是他无法接受来自西方和东方任何官方机构的荣誉，他必须遵从自己内心的想法和选择。

1980年，萨特逝世，成千上万的人纷纷涌来参加他的葬礼。他们多多少少都经受过这位思想家的自由和存在哲学的感染，因而自发地前来送这位哲学家最后一程，这从侧面也证明了萨特的哲学的成功。这个在瘦小的身躯里装满了伟大的自由思想的哲学家，从此永远安息在了他梦想的自由世界中。

## 看看自由的萨特都写了些什么

**长篇小说《恶心》**

这是1938年出版的一部带有自传性质的日记体小说，是萨特的成名之作，通过描写中心人物罗康丹对于世界和人生的观点，表达了萨特最为人所熟悉的哲学理论——存在主义。其核心特征是强调以"自我"为中心，人的一切是在日常行动中形成的而不是可以预先规范好的，人的存在应当先于本质。

**哲学专著《存在与虚无》**

这是萨特1943年在煤炭和电力短缺的艰苦条件下完成的一部专著，浓缩了萨特多年来对人和世界的关系的思考。

**戏剧《间隔》（又名《密室》）**

这部戏剧上演于1944年，剧中只有三个自始至终都出现在舞台上的演员，主要讲述了死后被安排在同一个房间的一男两女的故事，即因为他们中的每一个人都非常需要另外的其中一个人，但是剩下的另外那一个人又一定会妨碍到其他两个人而使得三个人最后谁都没有实现自己的愿望。这次演出不仅取得了巨大的成功，还让萨特那句"他人即地狱"的经典台词为人们所熟知。

### 《辩证理性批判》

这是萨特 1960 年完成的第二部重要的哲学专著，不过只完成了其中的第一部分，即《实用整体理论》。

「瞧，
　这个人是尼采」

　　尼采曾经自诩过他是太阳，光热无穷，只是给予，不想取得。于是尼采的一生就在不断地发光发热，他不惧冷眼，更不惧孤独，因为他知道自己是对的，而且终有一天是有人能懂的。尼采的一生很大胆，也很冒险，与其恐惧未知，他更愿意选择勇敢尝试。尼采的孤独源于他的智慧，而他的智慧也同样源于他的孤独。

/ 一 /

　　"每一个不曾起舞的日子，都是对生命的辜负。"尼采如是说。
　　这位在诗歌和哲学上都富有造诣的大师始终抬起他傲娇的头颅证明着他的智慧。就像他在自传《瞧，这个人》中自恋又理直气壮地写："我为什么这样有智慧""我为什么这样聪明""我为什么能写出这样优秀的书"。在最后他又用充满气质的语调说：这是一本为所有人、也不为任何人写的书。是的，这是一本自带强大气场的自传，尼采表示你们可以看，但看完自杀跳河什么的可不关我什么事。
　　1844年的一天普鲁士举国欢庆，这一天是国王的生日，在一片热闹和喧嚣中尼采出生了。这样的热闹和他人生后期的冷清截然不同。

尼采祖上七代都是牧师，尼采是家中的长子，还有一个妹妹和一个弟弟。因为父亲曾是普鲁士国王四位公主的教师兼新教牧师，国王恩准以自己的名字为这个新出生的孩子命名。与国王同一天生日自然是值得欣喜的，在这样举国欢庆的日子度过自己生日，尼采本人也曾说过这是有好处的。

尼采自小就表现出了"高冷范"，总是用严肃而沉稳的眼神注视着前方，仿佛将一切看得通透。这使尼采得到了老牧师的喜爱，经常带着他一同散步，这时的尼采便表现出了超出幼童的成熟。尼采五岁时父亲不幸患脑软化去世，几个月后，年仅两岁的弟弟也去世了。这些不幸过早地出现在了尼采的生命中，早熟的他在亲人接连去世的情况下，变得更加沉默内向。天性敏感的他这时便将忧郁这颗种子种在了心中，并伴随他一生。

幼时尼采心中还存着延续家族传统成为牧师的想法，经常朗诵《圣经》中的一些章节。十岁时尼采开始在南堡文科中学读书，在这一时期他对文学和音乐有极大的兴趣，这也持续影响了他的一生，那些带着文艺又优雅的诗句也许在这里便开始生根发芽了。14岁时，尼采开始在普夫达中学学习，在这个严苛又充满古典课程的学校，他表示自己不能与这些小朋友好好玩耍，他并不喜欢这儿。不过既来之则安之，尼采吸收了许多想法，也思考了很多，头脑理智迅速发展。他开始将音乐与诗歌作为自己情感的寄托，没人一起玩总得自己找点事做。

20岁时，尼采进入波恩大学攻读神学与古典学，半年后尼采放弃了神学的学习。成为牧师之后，这样的选择过于特立独行，这就不难想到数年后的某一天尼采拿着自己的书大声嚷嚷着"上帝已死"的言论。在放弃神学转而专修古典文学后，尼采偶尔的叛逆不羁也被彻底收了回去，喝酒打架不再出现在他的生活中。他开始认真地思考起了人生，但似乎得不到自己想要的答案，尼采开始变得恍恍惚惚。有人认为，这是他生命中的第一次精神危机，尼采那个时候想必是看到了这样的生活背后自己的模样。

尼采在21岁时转学去了莱比锡大学，只因他爱戴的古典语言学老师李谢尔思去那任教。也是在这个时候尼采邂逅了与自己"相爱相杀"的哲学家叔本华，当尼采无意间在一家旧书店买到叔本华的《作为意志和表象的世界》。读完后，尼采感觉自己找到了寻找已久的答案，他终于看到了一位伟大的哲学家，他几乎觉得这本书就是为他而写的。在这本书里，叔本华将生命悲观地总结为一段痛苦史，尼采终于为自己的忧郁找到了出口，原来生命本来就是悲痛的，在心中夸奖了叔本华不知多少遍，感觉高山遇流水，终于觅到了知音。尼采心想原来不是自己有问题，而是生活中遇到的那群小伙伴觉悟太低。

然而，数年后，尼采却又站出来反对叔本华，还将生命分为三个阶段，认同叔本华只是他的第一个阶段。

/ 二 /

被尼采"相爱相杀"的可不只有叔本华一个，尼采只是在与叔本华写的书较量，对于瓦格纳这位曾与自己惺惺相惜的浪漫音乐主义大师，尼采最终却选择了绝交。

在叔本华哲学还能带给尼采美妙的感受时，24岁的尼采遇到了同样受叔本华哲学影响的瓦格纳。瓦格纳是尼采一生中最有名的朋友，两人相差31岁，但这并未妨碍他们在接下来的七八年中成为好友。瓦格纳作为继贝多芬后19世纪重要的音乐家，将叔本华哲学融入音乐，在当年也是非常著名。尼采很欣赏他的才华，瓦格纳也觉得尼采挺有才，一来二去两人便成了好友。尼采常常去瓦格纳家中做客，与瓦格纳妻子相处也很愉快，这好似尼采另一个家。

尼采25岁未参加考试，仅凭一纸论文便获得了莱比锡大学博士学位。同年，经过导师的推荐进入巴塞尔大学任古典语言学副教授，并在一年后就转为正教授。推荐尼采的那位导师是第一位看到尼采的才能的人，他说从未见过尼采这样年轻又这样成熟的人，并预言尼采将会是个奇迹。尼采也的确没有辜负导师的期望，仅凭任职演讲就已经让大家刮目相看。这样看来，尼采的高度自信也是可以理解的。

任职演讲让尼采成为巴塞尔学术界的新宠儿，他的才华毫不谦逊地展露出来。但尼采接下来并没有安分守己地研究学术，或写出一本关于古典语言学的大作，反而研究起美学和哲学，并在两年后，出版了处女作《悲剧的诞生》，这本书充满了浪漫色彩和奇妙体验。他开始走向了那条注定属于自己的道路。这本书在当时引起了轰动，褒贬不一。受到赞扬的是这本书太新颖了，从来没有人这样来写。受到贬低是因为作为堂堂一教授，写这些乱七八糟的来批判苏格拉底和柏拉图的书，太过荒谬。不可否认的是，这本书的确拥有独特的美学价值。比大家的评论更加明显的是尼采的教室开始变得冷清。当时尼采还拥有心灵的慰藉：叔本华和瓦格纳。想想自己好歹还有精神食粮，尼采又宽心了。

剧情反转太快，不仅围观群众没有想到，恐怕连尼采和瓦格纳也不曾想到他们的交情会走向终结。尼采开始反对基督教，瓦格纳开始对宗教感兴趣。瓦格纳在德皇支持下举办了声势浩大的音乐会，尼采看到瓦格纳的表演和观众的庸俗，对瓦格纳彻底失望了，他本以为瓦格纳会是欧洲文化复兴的希望。两年后，瓦格纳将最后一部歌剧《帕西法尔》寄给尼采，尼采将自己写的批判瓦格纳的书《人性的，太人性的》寄给瓦格纳。两人从此绝交，再无往来。此外，尼采还写过《瓦格纳事件》和《尼采反对瓦格纳》来批判瓦格纳。

与瓦格纳绝交的同一年，尼采与大学时期最亲密的朋友洛德也决裂了，也因为身体原因停止了在大学授课。尼采一直在追寻着什么，可是仔细想想他自己也不知道自己究竟想要追寻什么。接着尼采就很潇洒地辞职结束了他的教学生涯，开始了漂泊之旅。

/ 三 /

如同许多伟大的哲学家一样，尼采也终身未婚。尼采的未婚说起来倒有几分滑稽的色彩，他是想结婚的，可惜姑娘最后都拒绝了。尼采的《查拉图斯特拉如是说》中有这样一句名言："是去找女人么？别忘了带上你的鞭子。"在今天看来，尼采肯定是要被抨击"直男癌"了，在当时其言论也被不少人所诟病。尼采为何会说出这样得罪广大女性的话来？罗素在《西方哲学史》中如是说："十个女人有九个会让尼采丢掉鞭子。他是明知如此，所以才要避开女人呀！"

尼采的父亲很早便去世了，家里只有他一个男人。都说三个女人一台戏，然而现在他身边却有五个女人（母亲、外婆、两个姑姑、一个妹妹）每天围着尼采转，尼采对女人的敏感和自卑自然而然便形成了。但这也不至于使尼采说出这样的话。《查拉图斯特拉如是说》是在尼采最后一次追求姑娘失败后在漂泊中写出的，想必是被姑娘拒绝伤心了。

尼采看起来像个花花公子，因为他太容易对女人动心了。当他还在巴塞尔大学任教时，32岁的他和在日内瓦旅行时认识的荷兰姑娘在湖畔一同散步了四个小时后，他便向这位荷兰姑娘求婚了，然而这位姑娘却拒绝了他。真正带给他绝望的是俄国姑娘莎乐美，莎乐美是当时的欧洲名媛，追求者甚多，尼采也很快对她产生了爱慕之情。毫无疑问，尼采再次被拒绝了。莎乐美欣赏尼采的才华，但对他并没有男女之情。

在爱情方面饱受挫折的尼采认识到不管是朋友还是恋人都无法填补他的空缺，尼采开始了他的漂泊之旅。灵魂只能独行，在漂泊中尼采是孤独的，这种孤独深入骨髓，甚至在某个瞬间让他无法忍受。他说："我期待一个人，我寻找一个人，我找到的始终是我自己，而我不再期待我自己了！"他甚至寂寞到想要随便拥抱一个人。可他又矛盾地向往着孤独，孤独是他所需的养分。他说他需要孤独，他在人群中会比一个人更加孤独。

在这种孤独中，尼采走过了瑞士、意大利、法国等地，住过100多家旅店。他让身体和灵魂都行走在了路上。他思考着、感受着，在漫游中写下他诗意般哲理的文字。在独自行走的近十年间，他写下了《道德的谱系》《重估一切价值》《瞧，这个人》等作品。无家可归的漂泊感对于尼采而言不知是欣喜还是失落，而这是一条无论如何他都会选择的道路。他不知找寻什么，但一定要找寻。

/ 四 /

尼采可以说是超越他所处时代的存在，他实在是太独特了。他写的文章新奇，他的思想独具一格，他自身也酷劲十足，像疯子一样的天才。

与其他哲学家不一样，他直接说"上帝死了"，不留一点余地。他不像康德那样理性，虽然讲这是不存在的，但为了道德我们要承认上帝存在。尼采认为上帝只是假设，上帝不存在，人类应该重估一切价值。关于"上帝死了"尼采还编了两个故事：上帝因怜悯而窒息身亡，上帝因嫉妒而笑死。尼采大概是最有文采的哲学家，随手写下的诗歌都能看到哲学的影子。

尼采45岁时，在意大利街头看到一名车夫正在用力鞭打着一匹老马，突然间冲上前去抱着老马泣不成声，不知这位哲学家究竟想到了什么。随后尼采被送入医院，被诊断为瘫痪性麻痹和精神分裂。尼采彻底疯了，他生命的最后十年终于被迫安静地度过。尼采先住在耶拿大学精神病院，后被母亲接回家中居住，直到母亲去世。在母亲去世后，尼采被妹妹接走照料，一直到尼采走向生命的终点。尼采始终有着家庭这个温暖的港湾，所有的家庭成员对尼采都既体贴又照顾。尼采却始终不曾为这份温暖而驻足，他真正想要的只有他的思想。只有当他在行走、漂泊，在孤独而落寞时，他才真正拥有自己。

尼采所在的时代不曾承认尼采的伟大和独特，他不止一次地被误解。在今天人尽皆知的著作那个时候也只是冷门书籍，他并未获得主流的认同。他提出的"上帝死了"让他获得的更多是批判，他的思想离那个时代还有些距离，因而不能得到大家的认同。当他疯了，他才开始小有名气，也仅到小有名气的程度。

尼采第一次名声大噪却是因为法西斯，尼采被扣上了法西斯主义思想家的帽子。这源于世人的误解，真实情况是希特勒看尼采的"超人主义"不错，想拿来鼓舞士气，于是开始宣扬尼采。他隔三差地五去尼采博物馆，还要自带记者拍照，表示自己十分尊敬尼采，这便使得纳粹文人开始追捧尼采。这样一来，尼采少不了被一些热血青年和正经文人所抨击。真正使尼采受到质疑的是在其去世后，拥有尼采所有著作权的妹妹曾大肆修改尼采部分作品，那些文字让尼采看起来像反犹太主义者。这种历史误解持续了一段时间,使得尼采饱受争议,尼采知道自己有一天会因才华而出名,却没想到先靠政治火了一把。好在后来人们看到了他的才华,而不再是因为其他而关注他和他的作品。

不过这位哲学家一直都对自己充满了自信,他深信在自己百年之后一定会被人发现,他的作品将被人狂热地购买。他说:"我的时代还没有到来。有的人死后方生。""总有一天我会如愿以偿。这将是很远的一天,我不能亲眼看到了。那时候人们会打开我的书,我会有读者。我应该为他们写作。"

不得不承认尼采的才华撑得起他的骄傲。

## 傲娇的尼采留下了什么

尼采的主要作品有《权力意志》《悲剧的诞生》《不合时宜的考察》《查拉图斯特拉如是说》《希腊悲剧时代的哲学》《论道德的谱系》等。

尼采作为19世纪德国伟大的诗人和哲学家,在哲学方面的成就影响更为重要,并开创了西方现代哲学。虽然尼采并没有建立庞大系统的哲学体系,但他写出的散文、格言、警句都十分引人入胜。他与以往的哲学家不同,他颠覆了许多传统观念和思维方式,提出一种新的思路。他赞扬人们曾厌恶的,批判人们曾深以为然的道德。尼采的与众不同使他的思想成为了现代思想的一座里程碑。

尼采的诗歌读起来会感受到他的闪光点、他的个人魅力。人们不由得好奇究竟是怎样一个人写出了这样的作品。

尼采对现代思潮的影响:

尼采提出"上帝死了"的观点,与传统价值观截然不同,引发人们思考。尤其在 20 世纪引起了人们更多的关注与思考：人究竟是什么，人所追求的自由又是什么。在"上帝死了"的基础上，尼采又提出了既然上帝已死，那么需要价值重估。这意味着人必须为自己创造价值，这又是一个新的问题。尼采还在弗洛伊德之前揭示了人的心理中无意识领域并加以剖析，在这一方面，尼采是第一个明确提出这样看法的人。尼采作为西方现代哲学的创始人之一，对于人性方面提出了诸多现代化的观点。有人还将尼采和马克思一同看作 19 世纪最伟大的思想家。

## 那些年，尼采的狂言

"许多真理都是以笑话的形式讲出来。"

"大多数思想家写得拙劣，因为他们不仅要传达自己的思想，而且要传达思考的过程。"

"对真理而言，信服比流言更危险。"

"与怪物战斗的人，应当小心自己不要成为怪物。当你远远凝视深渊时，深渊也在凝视你。"

"不要停在平原，不要登上高山，从半山上看，世界显得最美。"

## 后记

哲学家，是这个地球上最神奇的物种之一；哲学家，是这个地球上最"变态"的职业之一。他们整天研究的都是"你是谁？""你从哪里来？""你到哪里去？""何为真实？"……这类看似神经病一样的问题。"为什么"是他们一生中说过的最多的话，思考是他们一生中做的最多的事。可以说，真正的哲学家才是真正懂得世界的人。

即便如此，又有人说了，"懂得世界有什么用？哲学家脑子都有问题啊！"确实，能想出这些哲学问题的人，确实异于常人。但是，大家可能没注意到一点，那就是死于自杀的哲学家远远没有作家人数多。例如川端康成自己吸煤气中毒、杰克·伦敦服用大量的吗啡自杀、海明威用猎枪朝自己开了一枪、海子卧轨自杀、顾城杀妻后上吊自杀、老舍投湖、傅雷自缢……这些作家都将世界看得太透了，却又找不到能直接解决的办法，因此才失去了活下去的动力。而哲学家不同，虽然他们也将这个世界看透了，但他们从不纠结于从高处改变世界，他们思考的大多是最基础的问题，他们从"地面"出发，思考人为什么要活。因此他们能活得相对更长。

哲学家其实一点都不"高"，哲学也一点都不"难"，本书希望能通过介绍一个个历史上著名哲学家的人生经历，告诉每一个对哲学不感兴趣或者是感兴趣却站在哲学"门口"迟迟不敢走进去的人们：哲学家也是人，他们也要吃喝拉撒，也有爱恨情仇，也会些"独特"的个人技能。勇敢地走进来吧，哲学的世界不迷茫。